Inhalt

Vorwort

Der Titel der vorliegenden Schrift ist alles andere als exotisch, wenn man zur Kenntnis nimmt, daß Empowerment schon seit einigen Jahren vor allem in der amerikanischen Sozialarbeit und Behindertenhilfe zu einem Schlüsselbegriff geworden ist. Empowerment steht für ein neues Konzept der „Selbst-Bemächtigung Betroffener", das inzwischen nicht mehr wegzudenken ist. Damit hat im Bereich der Sozialen Arbeit eine Revolution stattgefunden, mit der sich auch die Heilpädagogik – genauer die Geistigbehindertenpädagogik, um die es in diesem Buch vor allem geht – beschäftigen sollte. Sowohl in Deutschland als auch in Österreich ist bislang die Auseinandersetzung mit Empowerment vernachlässigt worden, weil von dieser Philosophie keine wesentliche Bereicherung für die rehabilitative Arbeit mit geistig behinderten Menschen erwartet wird. Dieses Vorurteil, an dem besonders Repräsentanten der orthodoxen Wohlfahrtspflege und Heilpädagogik Interesse haben, soll mit der vorliegenden Schrift ausgeräumt werden.

Hierbei kann es nicht darum gehen, den Begriff Empowerment einfach zu importieren und vorbehaltlos für die Geistigbehindertenpädagogik zu übernehmen, sondern dessen Grundaussagen müssen kritisch gewürdigt und so eine realistische Perspektive für eine zukünftige Behindertenarbeit erarbeitet werden.

Der in diesem Buch vorgestellte Empowerment-Gedanke stellt auch kein fertiges Theoriegebäude dar, ebensowenig dürfen die Aussagen als endgültige Handlungsstrategien angesehen werden. Es handelt sich vielmehr um grundlegende Überlegungen zur Persönlichkeitsentfaltung, Selbstbestimmung und Rechte-Perspektive geistig behinderter Menschen, um Überlegungen zur pädagogischen Begegnung sowie um Prämissen zur Gestaltung von autonomiefördernden und -sichernden Lebensräumen.

Ein Fachbuch, das sich bemüht, ein neues Fortschrittskonzept mit dem Ziel der Selbstbestimmung zu formulieren, kommt freilich nicht darum herum, jene bestehenden Traditionen und Tendenzen zu kritisieren, die sich bewußt oder unbewußt gegen Rechte und Interessen geistig behinderter Menschen richten:

gesellschaftliche Tendenzen, den Wert des Lebens an wirtschaftlicher Nützlichkeit und individueller Produktivität zu messen;

Kostenträger, die öffentliche Sozialgelder so verwalten, als würde es sich um ihr Privatvermögen handeln;

Sozialpolitiker, die behinderte Menschen nach wie vor lieber in kostengünstigeren Großeinrichtungen sehen als in lebenswerten Arbeits-, Wohn- und Freizeiteinrichtungen;

Wissenschaftler und Theoretiker, die Untersuchungen, Theorien und Modelle produzieren, die mit den Bedürfnissen der betroffenen Menschen so gut wie nichts gemein haben;

Heilpädagogen, die die Gesellschaftlichkeit von Behinderung nicht begriffen haben und ihr Tun auf eine individuumzentrierte Methodik verkürzen;

Träger und Organisationen der Behindertenhilfe, die in traditioneller Manier nicht von hierarchischen und undemokratischen Versorgungsstrukturen abgehen wollen;

Betreuer und Experten der Behindertenhilfe, die aus lauter Betriebsblindheit vergessen haben, für wen sie eigentlich da sind;

Eltern, deren einziges Interesse am Pflegegeld die Befriedigung eigener materieller Interessen ist.

Diese Worte mögen hart klingen, und in der Tat stellen wir uns diesen Tendenzen bewußt entgegen, da es uns um die Parteinahme für die Rechte und Interessen geistig behinderter Menschen geht. In diesem Sinne handelt es sich um ein „politisches Buch", das jener Behindertenhilfe oder Heilpädagogik eine Absage erteilt, die einzig und allein auf soziale Anpassung durch individuumzentrierte Behandlung oder Intervention ausgerichtet ist.

Der Empowerment-Gedanke legt ein Programm offensiver Geistigbehindertenpädagogik nahe, welches alles andere als politische Abstinenz bedeutet. Dies geht schon aus dem ersten Teil dieser Arbeit hervor, der in die Empowerment-Philosophie einführt. Der zweite Beitrag befaßt sich mit der Rolle der Wissenschaft in der (Geistig-) Behindertenpädagogik. Auch hier wird ein Konzept favorisiert, das auf Engagement und Parteinahme angelegt ist. Aus zwei verschiedenen Lagern kommend (Wolfgang Plaute als Vertreter der empirischen Tradition und Georg Theunissen als Vertreter eines kritisch-hermeneutischen Ansatzes), geht es dabei nicht um bedingungslose Kritik, sondern um die Suche nach einer produktiven, wechselseitigen Verknüpfung unter dem Ziel des Wohls des behinderten Menschen.

Die nachfolgenden Beiträge greifen Themen auf, von denen wir annehmen, daß sie zum Verständnis und zur Grundlegung des Empowerment-Konzepts für die Arbeit mit geistig behinderten Menschen konstitutive und zentrale Bedeutung haben. In Anbetracht der auch im deutschsprachigen Raum immer aktueller werdenden Diskussion um die Selbstbestimmung von Menschen mit geistiger Behinderung ist es ein wichtiges Anliegen, den Praxisbezug nicht aus dem Blick zu verlieren und der Frage nachzugehen, wie „mehr Autonomie" in den verschiedenen Bereichen der Behindertenhilfe realisiert werden kann: Welche Konsequenzen hat das neue Fortschrittsprogramm z. B. für Frühförderung, Schule, Wohnen, Arbeit, Erwachsenenbildung, Elternarbeit oder heilpädagogische Therapie?

Natürlich können wir kein umfassendes Konzept vorlegen; unser Anliegen ist vielmehr, bisherige Gepflogenheiten und Selbstverständlichkeiten in der Geistigbehindertenpädagogik zu hinterfragen, neue Sichtweisen und grundsätzliche Zugänge zu erörtern, so daß dem Leser Gelegenheit gegeben wird, seine eigene Position kritisch zu reflektieren, zu überprüfen, neu zu bestimmen und für die eigene Praxis anwendbar zu machen.

Genau darauf setzt unsere Hoffnung, wenn wir vom Ende der traditionellen Heil- oder Geistigbehindertenpädagogik sprechen und eine Neuorientierung des Faches auf dem Hintergrund der Empowerment-Philosophie zu begründen versuchen. Die Vorschläge und Ideen, die wir in diesem Buch diskutieren, verlangen ein Umdenken von uns allen. Aber nur durch diesen Prozeß der Neuorientierung kann erreicht werden, daß Menschen mit geistiger Behinderung (und ihre Familien) nicht länger am Rand der Gesellschaft stehen, sondern zu vollwertigen Mitgliedern werden. In diesem Sinne hängt es von uns allen ab, ob die Empowerment-Philosophie eine neue Ära der Geistigbehindertenpädagogik einläutet.

Unser Dank gilt insbesondere den Mitarbeiterinnen Melitta Stichling und Kerstin Ziemen, die mit ihren engagierten Artikeln wesentlich zum Gelingen des Buches beigetragen haben.

Abschließend sei noch angemerkt, daß der Einfachheit halber zumeist auf die männliche Schreibweise (Erzieher, Heilpädagoge, ...) zurückgegriffen wurde, gemeint sind hiermit stets auch Personen weiblichen Geschlechts.

W. Plaute, Salzburg/Österreich
G. Theunissen, Halle/Bundesrepublik Deutschland

1. Empowerment – Schlagwort oder realistische Perspektive für die Arbeit mit geistig behinderten Menschen?

Empowerment – so nennt sich ein neuer, aus dem anglo-amerikanischen Sprachraum importierter Wegweiser für die Praxis der Sozialen Arbeit und der psychosozialen Hilfe. Dieses neue Konzept entwickelte sich aus der Praxis von Selbsthilfeinitiativen, Projekten und Protestaktionen von unterschiedlichsten Adressaten (psycho-)sozialer Hilfen und Dienstleistungen (Arme, Arbeitslose, sozial Benachteiligte, alleinerziehende Mütter, psychisch Kranke, Behinderte) heraus. Selbst-Bemächtigung (Empowerment) war ihr Ziel, die Überwindung sozialer Ungerechtigkeiten, Benachteiligung und Ungleichheiten durch die (politische) Durchsetzung einer größtmöglichen Kontrolle und Verfügung über die eigenen Lebensumstände. Zugleich ist diese Entwicklung aber auch ein Versuch, neue, sozial tragfähige Beziehungen und Netze zu knüpfen, um psychische Krisen, Lebensprobleme oder kritische Lebensereignisse besser bewältigen zu können (vgl. Matzat 1991, 192; Olk 1991, 202). Die traditionellen sozialen Netze haben diesbezüglich an Bedeutung und Anziehungskraft verloren: Zum einen sind sie heute schwerer verfügbar (z. B. Nachbarschaftshilfe), zum anderen wurden sie in der Vergangenheit oft als Träger konservativen Denkens und staatlicher Interessen erlebt (z. B. katholische Kirchengemeinde).

Dieses offensive Empowerment-Programm hat im Bereich der Sozialen Arbeit und psychosozialen Hilfe zu einer tiefgreifenden Umbruchsituation und Neuorientierung geführt: Anstelle der bisherigen Praxis, die darauf ausgerichtet war, Menschen in marginaler Position einzig und allein als Empfänger von Fürsorge, Almosen oder psychosozialer Hilfe zu behandeln, ist ein Konzept getreten, das diese Einbahnstraße einer „Für"-Sorge-Mentalität abzuschaffen versucht. Empowerment ist somit das Markenzeichen für eine Neubestimmung des professionellen Handelns in sozialen Arbeitsfeldern, die ebenso revolutionär wie provokativ anmutet – revolutionär, da sie mit dem alten Paradigma administrativ-bevormundender und kontrollierender Fürsorglichkeit bricht, provokativ, weil sie die Expertenposition nicht mehr den helfenden Sozialberufen, sondern ihren Adressaten zuspricht. Indem die Betroffenen als Experten in eigener Sache gelten, wird das bisherige Bild vom Klienten als „belieferungsbedürftiges

Mängelwesen" (Gronemeyer) ins Museum verbannt. Dieser Bruch mit der jahrzehntelang unreflektierten Gepflogenheit, den Adressaten sozialer Dienstleistungen eine tiefgreifende Hilflosigkeit, Unfähigkeit und Hilfebedürftigkeit zu unterstellen, könnte auf den ersten Blick eine Entprofessionalisierung und womöglich ein Ende der Notwendigkeit von Hilfe vermuten lassen. Davon kann aber bei genauerer Betrachtung des neuen Konzepts nicht die Rede sein. Empowerment steht für einen Prozeß, in dem Betroffene ihre Angelegenheiten selbst in die Hand nehmen, sich dabei ihrer eigenen Fähigkeiten bewußt werden, eigene Kräfte entwickeln und soziale Ressourcen nutzen (vgl. Rappaport 1985; 1987; Stark 1989). Leitperspektive ist die selbstbestimmte Bewältigung und Gestaltung des eigenen Lebens. Dieser Autonomieaspekt wird zugleich als eine wesentliche Voraussetzung psychischer Gesundheit erachtet, da die menschliche Entwicklung wesenhaft an Selbstbestimmung in sozialer Bezogenheit gebunden ist (vgl. Portmann 1970; 1973; Erikson 1973). In Anlehnung an Bobzien/Stark (1991, 173 f.) lassen sich drei Ebenen unterscheiden, auf denen sich Empowerment-Prozesse vollziehen: „Auf der *individuellen Ebene* kennen wir alle Beispiele von Personen, die aus einer Situation der Machtlosigkeit, Resignation und Demoralisierung heraus beginnen, ihr Leben wieder selbst in die Hand zu nehmen ... Die Betrachtung von Selbsthilfe-Initiativen liefert uns Erkenntnisse über die Bedingungen von *Empowermentprozessen von Gruppen* ... Auf der *strukturellen Ebene* sind historische und aktuelle Beispiele in den verschiedenen sozialen Bewegungen zu finden." In diesem Sinne ist Empowerment keine ausschließlich private Angelegenheit sozial benachteiligter Personen, sondern immer auch ein kollektives und gesellschaftlich konfliktträchtiges Unternehmen, das auf Veränderung „des Ganzen" zielt. Mit dem vielgescholtenen Ganzheitsbegriff wollen wir an dieser Stelle unter Hinweis auf Bronfenbrenners „Ökologie der menschlichen Entwicklung" (1981) auf jene Lebenszusammenhänge aufmerksam machen, die das alte Paradigma der Fürsorge, Wohlfahrtspflege und Heilpädagogik weitgehend ignoriert, ausgeklammert oder voneinander abgespalten hat. Das hilfebedürftige, „defizitäre Individuum" galt als alleiniger Adressat verbürokratisierter sozialer Dienstleistungen; Empowerment macht dagegen die Betroffenen mit ihren Bedürfnissen in ihrer Lebenswelt zum Gegenstand der Betrachtung. Für die helfenden Berufe (Sozialpädagogik, Sozialarbeit, Heilpädagogik) bedeutet dies ein Abschiednehmen von der individuumzentrierten Problemsicht, die „ihre Adressaten allein nur in Begriffen von Mangel und Unfertigkeiten, von Beschädigung und Ohnmacht" (Herriger 1991, 223) wahrgenommen hat. Statt des-

12

sen geht es um eine Neubestimmung des Aufgabenfeldes durch eine sozial-ökologische Perspektive, die professionelles Handeln nicht absolut setzt und erhöht, sondern die lebensweltlichen Zusammenhänge berücksichtigt und sich selbst als ressourcenorientierte Assistenz begreift. Dieser Perspektivenwechsel geht von dem Grundgedanken aus, daß professionelle Helfer nicht „für" ihre Adressaten zu handeln bzw. zu sorgen hätten, sondern daß es ihre Aufgabe sei, durch kooperative professionelle Unterstützung, Parteinahme und Konsultation die Betroffenen bei ihrer Selbstbemächtigung und „bei der Beschaffung von Ressourcen zu unterstützen, die eine Lebensform in Selbstorganisation ermöglichen" (Keupp 1990, 118).

Eine wichtige Voraussetzung für gelingende Empowermentprozesse ist das Vertrauen in die individuellen Ressourcen bzw. in die Fähigkeiten der Betroffenen. Notwendig ist eine veränderte professionelle Haltung, die ihren Adressaten nicht mehr aus dem Defizit-Blickwinkel behandelt und auf eine „abhängige Passiv-Rolle ..., auf ein Sich-Einfügen in eine unterlegene Position" (Herriger 1991, 223) festlegt, sondern als kompetente Person in schwierigen Lebenslagen, als „mächtigen Klienten" (Herriger 1989), wahrnimmt, wertschätzt und ernst nimmt. Anknüpfungspunkt der professionellen Arbeit sind damit nicht die zugeschriebenen defizitären Merkmale einer Person, sondern deren individuellen Stärken, ihre Fähigkeiten und Potentiale, die es in (kollektiven) Selbsthilfe-Handlungen zu entfalten gilt. Hierzu ist es wichtig, „die Bedingungen in der sozialen Umwelt bereitzustellen und zu pflegen, die (solche, die Autoren) Empowermentprozesse von Individuen, in Gruppen und sozialen Strukturen ermöglichen" (Bobzien/Stark 1991, 174).

Gelingt es den helfenden Berufen, sich von den bisherigen Mustern eines unreflektierten Routinehandelns und den dahinterstehenden Persönlichkeits- und Alltagstheorien (z. B. statischer Begabungsbegriff, Typisierung, Hallo-Effekt) zu lösen und im Gegensatz zur traditionellen Beratung, Heilpädagogik oder Therapie mit den Betroffenen in einen authentischen, ressourcen- und autonomiefördernden Dialog zu treten, ist die Wahrscheinlichkeit groß, daß Empowermentprozesse zustande kommen, die eine weitgehende Akzeptanz der professionellen Hilfe zur Folge haben und Vorbehalte Betroffener gegenüber der Berufspraxis obsolet werden lassen (vgl. De Jong 1982 b; VIF 1982, 190 ff.; Rüggeberg 1985; 1990). Denn nur auf diese Weise, durch „das Arbeiten mit Menschen in gesellschaftlichen und sozialen Kontexten" (Bobzien/Stark 1991, 176) sowie durch kooperatives Arbeiten an Lebenssituationen, -problemen und -krisen, läßt sich die heute viel beklagte Kluft zwischen Betroffenen und Experten zugunsten einer partnerschaftlichen Beziehung überwinden. Außerdem können akademische Fachleute Selbsthilfebewegungen oder Betroffenen-Rechte wissenschaftlich legitimieren und damit eine „strategisch wichtige" Rolle spielen: „Nicht eine Führungsrolle, aber eine unterstützende Rolle", so zum Beispiel „auf dem Gebiet der ethischen und moralischen Argumentation, in der Entwicklung von Forschungs- und Bewertungskriterien, in der Ausbildung behinderter Menschen für zukünftige Führungsaufgaben im akademischen, professionellen und verwaltungstechnischen Bereich" (De Jong 1982 b, 163). Deshalb sollten „die Führer der Independent-Living-Bewegung ... immer versuchen, Akademiker für ihre Belange zu gewinnen, ohne dabei die Kontrolle über die zu treffenden Entscheidungen zu verlieren" (ebd. 170). Dies bedeutet alles andere als ein „Disempowerment of professionals" (Rosen) oder eine Entprofessionalisierung Sozialer Arbeit, sondern ein neues fachliches Selbstverständnis, das den Adressaten nicht mehr zum „Fall", zu einem bloßen Objekt psychosozialer Hilfe degradiert.

Vor diesem Hintergrund gibt es keinerlei überzeugende Argumente, die gegen eine Zusammenarbeit von professionellen Helfern mit Selbsthilfegruppen Behinderter bzw. mit behinderten Menschen als Betroffenen sprechen (vgl. De Jong 1982 b, 170; VIF 1982, 182). Es bestehen aber gerade im Bereich der Behindertenhilfe deutliche Berührungsängste, die sowohl auf seiten der Wohlfahrtsverbände und der organisierten Professionalität als auch bei den behinderten Menschen auszumachen sind. Die Gründe hierfür sind vielschichtig: So befürchtet die herkömmliche Behindertenhilfe, insbesondere repräsentiert durch traditionelle monopolistische Wohlfahrtsverbände, klinische Heilpädagogik und Rehabilitation, einen Macht-, Zuständigkeits-, Autoritäts- und Kontrollverlust und vor allem auch ein Ende der traditionellen Sondereinrichtungen, in denen die „Inszenierung von Hilfebedürftigkeit" (Herriger), die Verobjektivierung, Domestizierung, Besonderung und Fremdbestimmung behinderter Menschen redlich gepflegt wird. Viele behinderte Menschen haben die Erfahrung gemacht, daß verbandspolitische, berufsständische und wirtschaftliche Interessen sowie das Persistieren auf „Allzuständigkeit" und „Besserwisserei" in sozialen Großsystemen der Behindertenhilfe meistens überwiegen, so daß ihre Dienstleistungen oftmals nicht an den Bedürfnissen der Betroffenen orientiert werden, sondern eher sogar im Widerspruch zu diesen stehen (vgl. Rüggeberg 1990, 444). „Die Dienstleistungssysteme drohen unter dem Einfluß organisatorischer, bürokratischer Regelungsbedürfnisse sich zu verselbständigen und institutionelle Eigenmacht zu entwickeln, so daß sich das Dienstleistungsverhältnis anschickt, sich umzukehren: Der Behinderte wird Objekt und Abhängiger der Eigenbedürfnisse der Systeme, seien es solche nach ‚sauberen‘, verwaltungsmäßig praktikablen Einteilungsbegriffen, nach scheinbar ‚klaren‘ rechtlichen Regelungen, nach tariflichen Absicherungen, rationalisierenden Vereinheitlichungen, nach bürokratischen Zentrierungen, nach optimaler Ausnutzung der hohen technologischen Investitionen etc." (Speck 1982 b, 20). Viele behinderte Menschen werden dazu angehalten, sich den institutionellen „Sachzwängen" und vorgegebenen Normen anzupassen, sich auf ein patriarchales Verhältnis zwischen Helfer und Betreuten einzulassen und diese „unterlegene Rolle" sowie das tradierte Klientenbild anzunehmen.

Dies hat zweifellos das Unbehaben, ja den Widerstand der Betroffenen gegenüber einer Vereinnahmung, Bevormundung und Kontrolle durch die traditionelle Wohlfahrtspflege und Heilpädagogik befördert, der heute seinen deutlichsten Ausdruck in den Selbsthilfebewegungen als Alternative zum organisierten, überprofessionalisierten Rehabilitationsmodell findet. Ihr erklärtes Ziel ist die offensive Durchsetzung und Sicherung des Rechts behinderter Menschen auf ein selbstbestimmtes Leben. Empowerment steht somit auch für diese neue Bewegung, die sich im Verein mit Bürgerrechts-, Verbraucher-, Friedens-, Ökologie- oder Frauenbewegung als ein „kritisches Korrektiv" gegen die Verdinglichung, Verbürokratisierung, Zerstörung, Zersplitterung und Entmenschlichung menschlichen Daseins und sozialer Lebensräume begreift (vgl. De Jong 1982 a, 140).

Begonnen hat diese Entwicklung im rehabilitativen Bereich vor etwa 35 Jahren. Als federführend und vorbildlich gilt die amerikanische Independent Living-Bewegung, die sich zu Beginn der 60er Jahre konstituierte und heute zahlreiche Beratungs- und Dienstleistungszentren unterhält, in denen behinderte Menschen in eigenverantwortlicher Regie ihre Angelegenheiten selbst managen und sich selbst beraten (Peer Counceling; Peer Support). Dies betrifft in erster Linie Menschen mit Körperbehinderungen oder Sinnesschädigungen, die für sich selbst sprechen können (vgl. ebd., 134 u. 137 ff.; Lauri 1982, 120 ff.; Miles-Paul 1992). Ihre wichtigste Errungenschaft ist das Anti-Diskriminierungsgesetz, welches jede Form von Diskriminierung und Benachteiligung aufgrund von Behinderung in allen vom Staat (mit-)finanzierten Einrichtungen und Programmen verbietet (vgl. De Jong 1982 a, 132 f.). Die Bedeutung dieses Gesetzes in bezug auf Bewußtseinsbildung und Sensibilisierung Nichtbehinderter für die Situation und Rechte behinderter Menschen kann nicht hoch genug eingeschätzt werden.

In Deutschland gibt es seit einiger Zeit Bestrebungen, an diesem amerikanischen Modell des Peer Support anzuknüpfen und ein ähnliches Selbsthilfesystem aufzubauen (vgl. Miles-Paul 1992, 116 ff.). Ein wesentlicher Unterschied zum amerikanischen Modell besteht darin, daß in der deutschen Konzeption der „extentiellen Seite von Betroffenheit" stärker Rechnung getragen werden soll. So kritisiert Rüggeberg (1990, 443), die amerikanische Independent Living-Bewegung sei „weithin beim äußerlichen Betroffensein von Behinderung stekkengeblieben, etwa durch die leidigen zu hohen Bordsteine oder zu engen Toilettentüren", habe sich aber kaum mit Sinnfragen bei schicksalhafter Lebenserfahrung beschäftigt. Dadurch seien insbesondere auch sozial-kommunikative Momente, das Angewiesensein auf andere Menschen als Grundbedingung menschlicher Existenz zu sehr aus dem Blick geraten. Auch die hiesigen Initiativen gehen in erster Linie von Körperbehinderten und Sinnesgeschädigten aus, die sich dem Grundsatz, „Experten in eigener Sache" zu sein, verschrieben haben (vgl. Miles-Paul 1992, 11) und für einschneidende Veränderungen auf dem Gebiete der Rehabilitation oder Behindertenhilfe eintreten: Anstelle der bisherigen institutionsbezogenen Praxis soll im Einvernehmen und in Kooperation mit den Betroffenen ein bedürfnis- und bedarfsgerechtes Netzwerk rehabilitativer Systeme entwickelt und aufgebaut werden, das die Behindertenhilfe nicht mehr an traditionelle, separierende (heilpädagogische) Institutionen oder Wohlfahrtsverbände in Monopolstellung überantwortet, sondern das vor Ort, in der vertrauten Lebenswelt, ein bürgernahes, flexibles, mobiles, integrationsförderndes und autonomiesicherndes Rehabilitationsangebot sicherstellen kann. Stichworte wie sozio-kulturelle, funktionale und berufliche Integration, Gemeindenähe, Deinstitutionalisierung, Regionalisierung, ambulante und mobile assistierende Hilfen oder „normales" Wohnen stehen hier für ein Programm humaner und zeitgemäßer Behindertenarbeit, die wohl ohne den „Aufstand" der Betroffenen und ihren Sympatisanten aus dem Lager der Angehörigen und der Professionellen (in Behindertenpädagogik und Sozialarbeit, Sozialpsychiatrie und Gemeindepsychologie, Gesundheits- und Sozialpolitik) kaum denkbar gewesen wäre (vgl. auch De Jong 1982a, 135). Ohne Zweifel ist es ein großes Verdienst der Selbsthilfebewegungen, die fachliche Diskussion auf Probleme gelenkt zu haben, die zu einem radikalen Wandel in der Behindertenhilfe, zu einer Umorientierung der rehabilitativen und heilpädagogischen Praxis sowie des Selbstverständnisses der helfenden Professionen herausfordern. Die folgende Gegenüberstellung soll noch einmal verdeutlichen, worum es bei diesem Paradigmenwechsel geht. Dabei erheben wir nicht den Anspruch auf Vollständigkeit, sondern es werden über alle Differenzierungen hinweg nur die wichtigsten Momente zusammengefaßt.

Herkömmliche Behinderten-hilfe / Heilpädagogik	Empowerment-Konzept
Behinderter = Patient	Behinderter = Experte
professioneller Helfer = Experte	professioneller Helfer = Assistent
Medizinisches Modell	*Sozialwissenschaftliches Modell*
individuumzentrierte (bio-logistische) Ursachenforschung	kontextuelle, bio-psycho-soziale Problemsicht
Defizitorientierung	Ressourcenorientierung
individualistisch-disziplinierende Intervention	lebensweltorienterte Behinderten-arbeit
Ziel: reibungslose Anpassung/ gesellschaftliche Verwertbarkeit	Ziel: Selbstbestimmung
helferdominant/autoritär	betroffenendominant/kooperativ
Segregation	Integration
(totale) Sondereinrichtungen	mobile, bedarfsgerechte, gemeinde-integrierte u. vernetzte Hilfen
Besonderung	Normalisierung
menschliche Entfremdung	sinnerfüllte Lebensverwirklichung

In der herkömmlichen Behindertenhilfe/Heilpädagogik werden behinderte Menschen als Patienten wahrgenommen und behandelt. Die professionellen Helfer haben sich dem „medizinischen Modell" verschrieben und dominieren als Experten (vgl. De Jong 1982a, 143ff.; Miles-Paul 1992, 47ff.). Charakteristische Momente dieses Ansatzes sind, auf dem Hintergrund eines biologistischen Menschenbildes, die Suche nach den Ursachen in der Person, die Beschreibung und Registrierung von Defiziten, Symptomen oder Auffälligkeiten, eine Etikettierungsdiagnostik (zum Teil als Schuldzuschreibung) und eine auf Wiederherstellung der Funktionsfähigkeit bzw. auf Anpassung und gesellschaftliche Verwertbarkeit zielende Therapie, die den einzelnen verobjektiviert und diszipliniert (vgl. Theunissen 1992; 1994a): „Es ist der einzelne, den man verändern muß" (De Jong 1982a, 151). In

17

diesem Modell sind behinderte Menschen von jeder Verantwortung für ihr Verhalten oder Problem befreit. Es wird aber von ihnen erwartet, daß sie die Rolle als hilfe- und anweisungsbedürftiges Mängelwesen annehmen und die Vorschriften der (klinischen) Heilpädagogik oder Therapie befolgen. Durch Selektion, Segregierung und Besonderung behinderter Menschen in Sondereinrichtungen soll dies alles bewerkstelligt werden (z. B. durch besondere Hilfen/Materialien für spezielle Defizite in besonderen Räumen unter besonderen isolierenden Bedingungen). Dies hat auch eine Alibifunktion: Man tut etwas für die Betroffenen. Zugleich soll aber auch die Gesellschaft so wenig wie möglich mit Leid, Krankheit oder Behinderung konfrontiert werden. Für viele behinderte Menschen bedeutet die Betreuung, Förderung und erst recht die Kasernierung in Sondereinrichtungen „einen Verlust des vollwertigen Menschseins" (De Jong 1982 a, 147) und eine lebenslange Abhängigkeit von Pädagogik und Therapie. Behindertenzentren sind häufig „in sich geschlossene soziale Systeme, die dem Personal und Fachleuten verschiedener Art die Möglichkeit geben, ein erhebliches Maß an sozialer Kontrolle auszuüben, wobei wenig Einmischung von außen erfolgt" (ebd., 148).

Die Empowerment-Philosophie betrachtet dagegen den behinderten Menschen als kompetenten Experten in eigener Sache, als Akteur der eigenen Entwicklung. Darin hat ihn der professionelle Helfer bedingungslos zu unterstützen. Anstelle der Medizinierung behinderter Menschen treten, in Orientierung an sozialwissenschaftlichen Ansätzen, Entmedizinierung und Entpsychiatrisierung, Entstigmatisierung sowie die kontextuelle, bio-psycho-soziale Problemsicht (vgl. Theunissen 1992; Lingg/Theunissen 1993). Zum Verständnis von Behinderung werden Lebenssituation, Lebensereignisse, lebensweltliche Zusammenhänge, Interaktionen und individuelle Bedürfnisse als wesentlich, ja bedeutsamer als persönliche Charakteristika oder individuelle Schädigungen erachtet, die immer in einer reziproken Wechselbeziehung mit der sozialen und ökologischen Umwelt stehen. Dabei konzentriert sich der Blick auf individuelle Ressourcen (Coping) und soziale Unterstützungsformen und -systeme, die für eine lebensweltorientierte Behindertenarbeit konstitutive Bedeutung haben. Diese zielt nicht auf reibungslose Anpassung durch funktionsorientierte Therapien, klinische Behandlungsformen oder heilpädagogische Übungsbehandlungen; ihr oberstes Ziel ist nicht die geforderte Norm, sondern die Selbstbestimmung behinderter Menschen. Alle Maßnahmen sind deshalb an der Betroffenenperspektive, Interessenlage und speziellen Bedürftigkeit der behinderten Menschen zu orientieren, und ihre Auswahl ist nur in Kooperation, im Einvernehmen mit den

Betroffenen legitim. Folglich setzt das Modell auf die Verantwortlichkeit der Betroffenen und wendet sich gegen die Verhaltenserwartungen des medizinischen Modells, wie sie in der Rolle des Patienten definiert sind. Diese Form der Praxis, die eine deutliche Akzentverschiebung von der Helferperspektive zur Betroffensicht impliziert, hat einschneidende Konsequenzen für den institutionellen Bereich: Betroffene wünschen sich anstelle der auf Selektion und Separierung hin angelegten heilpädagogischen Reviere ein mobiles, ambulantes und bedarfsgerechtes System gemeindeintegrierter und vernetzter Hilfen. Ein solches System soll ein „natürliches Lernen in realen Lebenssituationen" (integrierte Therapie) ermöglichen und nur soviel Hilfen anbieten, wie nötig, so daß „Normalität" erfahren und gelebt werden kann. Nur dies ist wegbereitend für eine autonome sinnerfüllte Daseinsbewältigung und Lebensverwirklichung.

Zusammenfassend ist festzuhalten, daß der wesentlichste Beitrag dieses neuen Paradigmas darin besteht, daß behinderten Menschen eine eigene Stimme verliehen wird, die ihnen die traditionelle Praxis zu lange vorenthalten hatte. Ferner bleibt festzuhalten, daß durch die Empowerment-Philosophie ein Prozeß in Gang gesetzt wird, der eine tiefgreifende (substantielle) Veränderung für die herkömmliche Behindertenhilfe bedeutet und eine Herausforderung an alle helfenden Berufe darstellt. Der Auftrag an die Heilpädagogik ist eindeutig. Sie soll zur Selbstbestimmung und emanzipierten Beteiligung behinderter Menschen beitragen und sich „soweit wie möglich überflüssig machen" (Miles-Paul/Frehse 1992, 5).

An dieser Stelle stellt sich nun die Frage, inwieweit dieses neue Programm auch für die pädagogische Arbeit mit geistig behinderten Menschen Geltung erlangen kann. Sowohl in Deutschland als auch in Österreich hat die Diskussion um Empowerment erst gerade begonnen, vor allem die engagierte Fachöffentlichkeit im Umfeld der Lebenshilfe sowie Wissenschaftler haben sich der Thematik angenommen. Viele Eltern und Repräsentanten der traditionellen Behindertenhilfe zeigen sich demgegenüber eher reserviert und skeptisch. Anscheinend fällt es ihnen recht schwer, sich mit der „Erblast" im Behindertenwesen, der Medizinierung geistiger Behinderung und der heilpädagogischen Praxis, dem „Modell Heim", der Separierung, Institutionalisierung und Besonderung geistig behinderter Menschen sowie den traditionellen Werten einer christlich-caritativen Hilfe durch Allround-Versorgung (selbst-)kritisch auseinanderzusetzen.

Aus den USA, aus Holland und aus den skandinavischen Ländern gibt es dagegen schon seit einiger Zeit interessante Beispiele, die aufzeigen, daß Menschen mit geistiger Behinderung durchaus für ihre

Rechte und Belange öffentlich eintreten können. Dies geschieht zum Teil in Kooperation mit anderen Behindertengruppen aus dem Spektrum der Independent Living-Bewegung, zum Teil haben geistig behinderte Menschen aber auch eigenständige Interessenvertretungen durch Vereine gebildet. Derartige Entwicklungen dürfen nicht weiter verdrängt oder ausgeblendet, sondern müssen zu einer zentralen Herausforderung für alle Institutionen, Träger und Professionen der Behindertenhilfe werden.

Allerdings sollten wir uns auch mit Befürchtungen auseinandersetzen, die Empowerment-Philosophie könne „ungewollt zu Fehleinschätzungen der Bedürfnisse und Fähigkeiten von Menschen mit geistiger Behinderung (führen), was eine gefährliche Mischung aus Überforderung und Vernachlässigung zur Folge haben kann" (Wendeler 1993, 8; vgl. auch Rosen 1994). Dies hängt zunächst einmal damit zusammen, daß im anglo-amerikanischen und skandinavischen Sprachraum häufig von Menschen mit „geistiger Behinderung" (i. S. v. mental retardation) die Rede ist, während diese Gruppe in Deutschland den sog. Lernbehinderten zugeordnet wird. Eine solche Begriffsausweitung, wie sie auch in Frankreich und Holland üblich ist, führt leicht in die Irre, zumindest aber befördert sie Mißverständnisse. „Die Öffentlichkeit läßt sich gern von der Elite der Behindertengruppen beeindrucken. Bloß durch die problematische Erweiterung der Grenzen erhalten die geistig Behinderten eine scheinbar respektable Spitzengruppe, die durch ihre Leistungen und ihr Verhalten die Öffentlichkeit in Erstaunen versetzt, wozu ‚geistig Behinderte' imstande seien. Das mag Sympathien auslösen, die auch auf die Gruppe der wirklich geistig Behinderten ausstrahlen. Es können sich damit aber auch falsche Vorstellungen vom Grad der Hilfsbedürftigkeit bilden, die für diejenigen, die im strengen Sinn als geistig behindert gelten müssen, fatale Auswirkungen haben können: Ihre – berechtigten – Bedürfnisse nach Schutz und Hilfe werden übersehen oder heruntergespielt, ihre Fähigkeiten zur Selbständigkeit und Eigenverantwortung überschätzt, mit dem leider nicht seltenen Ergebnis, daß eine wohlgemeinte Reform in Gefahr gerät, an denen vorbeizugehen, die sie am nötigsten hätten" (Wendeler 1993, 16). Diese Vorbehalte sind ernst zu nehmen, lenken sie doch den Blick auf die große Anzahl der geistig behinderten Menschen, die nicht für sich selbst sprechen können, die als geistig schwer oder schwerstbehindert bezeichnet werden. Nach McQueen et al. (1987) betrifft dies immerhin über 40 % aller Menschen mit geistiger Behinderung. Deren special needs und Ressourcen müssen in einem Empowerment-Programm für geistig behinderte Menschen berücksichtigt werden. Gerade hier hat sich die neue Philosophie besonders zu bewähren. Denn scheitert sie an diesem Anspruch, ist die Gefahr groß, daß viele geistig behinderte Menschen nicht von der konzeptionellen Neuerung profitieren, sondern weiterhin oder erneut ausgegrenzt und womöglich als „Pflegefälle" etikettiert in Großeinrichtungen oder Wohnheimen untergebracht und versorgt werden. Mit der Einbeziehung sog. geistig schwer oder schwerstbehinderter Menschen steht das Empowerment-Programm somit auf dem Prüfstand. Alle Bemühungen um mehr Autonomie werden daran gemessen werden müssen, inwieweit sie zu vertretbaren Lösungen dieses Problems führen oder ob sie zur bloßen Phrase gerinnen.

Es bedarf somit einer Modifikation des „regulären" Konzepts, das in erster Linie von Betroffenen für Betroffene entwickelt worden ist, um alle Menschen mit geistiger Behinderung mit der neuen (Heil-)Pädagogik erreichen zu können. Hierbei darf allerdings auf keinen Fall das Selbstbestimmungsrecht geistig behinderter Menschen eingeschränkt, ihnen womöglich Empowerment, Autonomie oder Emanzipation nur in einer kolonialisierten, heilpädagogisch und klinisch kontrollierten Lebenswelt zugestanden werden. Im Gegenteil: Wir sind davon überzeugt, daß alle Menschen mit geistiger Behinderung zu wesentlich mehr Entscheidungs- und Handlungsautonomie gelangen könnten, wenn ihnen dies durch entsprechende Rahmenbedingungen und Hilfen ermöglicht würde. Dies setzt ein pädagogisches Konzept voraus, das sich, von der Empowerment-Philosophie durchdrungen, an den Leitprinzipien der Entwicklungs- und Altersgemäßheit, der Subjekt- und Kommunikationszentrierung sowie der Ganzheitlichkeit und des handelnden Lernens in realen Lebenswelten zu orientieren hat. Für eine solche Konzeption, die sich von der traditionellen klinisch orientierten Heilpädagogik scharf abgrenzt, liegen bereits erste Entwürfe und Untersuchungen vor (vgl. Speck 1985; 1988; 1990; Theunissen 1993 a; 1994 a, b; Goll 1993; Gromann-Richter 1989). Die Beiträge dieses Bandes knüpfen daran an und sollen die bisherige Diskussion vertiefen und weiterführen. Unsere Ausführungen zeigen dabei auf, daß das traditionelle heilpädagogische Konzept „mit gutem Gewissen" zugunsten der Empowerment-Philosophie aufgegeben werden kann.

Als Grundzüge eines solchen, für die Arbeit mit geistig behinderten Menschen spezifizierten Empowerment-Programms (die in den folgenden Kapiteln genauer ausgeführt werden) können genannt werden:

1. Die Fähigkeit zur Selbstbestimmung gehört wesenhaft zum Menschsein: „Menschliche Entwicklung ist auf Zuwachs an Autonomie angelegt, auch die Entwicklung von Menschen mit geistiger Behinderung!" (Hahn 1994, 81). Dies schließt freilich nicht aus, daß im

Einzelfall Menschen zu mehr Autonomie angeregt, ja befähigt werden müssen. Vor allem bei Menschen mit geistiger Behinderung sind die Möglichkeiten, selbstbestimmt zu leben, erschwert. Die Gründe dafür reichen von der Unkenntnis dieser Möglichkeiten, über Überbehütung, lebenslange Infantilisierung und pädopathologische Formen der Unterstützung oder Förderung bis hin zur Entwertung der Person, Fremdbestimmung und Hospitalisierung durch totale Institutionen. Hier obliegt der Heilpädagogik die Aufgabe, durch Aufbereitung der Lebensgeschichte an verschütteten Potentialen anzuknüpfen und von „klein auf" Schritt für Schritt mittels systematisch angelegter Arbeitsformen die Entscheidungs- und Handlungsautonomie (wieder) aufzubauen (vgl. Theunissen 1994 a). Dieser Prozeß kann sehr mühselig sein, insbesondere wenn für uns Selbstverständliches (wieder) gelernt werden muß. Zugleich aber müssen desintegrierende und entwicklungshemmende Rahmenbedingungen aufgehoben werden, da eine auf Selbsttätigkeit und Empanzipation hin angelegte Praxis nur unter Verhältnissen gedeihen kann, die Autonomie zulassen. Individuelle Förderung und Veränderung der Umstände sind damit zwei komplementäre, konstitutiv aufeinander angewiesene Aufgaben der Heilpädagogik.

2. Empowerment als Selbst-Bemächtigung kann bei geistig behinderten Menschen nicht vorbehaltlos erwartet werden. Derlei Bedürfnisse entstehen ebenso wie das Interesse, sich in Selbsthilfegruppen zu organisieren, in der Regel nicht von alleine. Dies bedeutet, daß bereits im Vorfeld des „regulären" Empowerment-Konzepts Aktivitäten angeregt werden müssen (z. B. Soziales Lernen), die Menschen mit geistiger Behinderung in die Lage versetzen, Wünsche zu äußern, eigene und kollektive Interessen zu artikulieren und sich in (Interessen-)Gruppen sozial kompetent einzubringen. Hierbei geht es um die Entwicklung von Identität und Bewußtsein, um das Bewußtwerden der subjektiven Interessen wie aber auch um die Entwicklung von Realitätssinn (in bezug auf die Einschätzung der eigenen Wünsche) und von Verantwortungsbewußtsein (mit dem Ziel der Übernahme von Verantwortung). Dafür sind Lernräume zu schaffen und Sozialisationsfelder zu sichern, in denen der Betroffene eigene Entscheidungen treffen kann.

3. Angesichts der zum Teil sehr massiven Lernbeeinträchtigungen besteht bei vielen Menschen mit geistiger Behinderung ein erhöhtes Maß sozialer Abhängigkeit (vgl. Hahn 1981; 1983, 133). Folglich kann auf eine lebensbegleitende pädagogische Assistenz kaum verzichtet werden. Dies aber impliziert eine Gratwanderung zwischen der Förderung von Selbstbestimmung und der Erzeugung oder Aufrechter-

haltung von Abhängigkeit, wodurch sich die pädagogische Arbeit mit geistig behinderten Menschen schwierig gestaltet. Schließlich hat auch eine vom Empowerment-Gedanken durchdrungene Praxis spezifische Probleme wie kognitive Überforderung, soziale Isolation, kommunikative Pauperisierung oder Rebound-Effekte selbstkritisch zu reflektieren, will sie eine tragfähige Alternative zur konservierenden Heilpädagogik oder Behindertenhilfe sein. Ferner muß sie auch davon ausgehen, daß die Möglichkeiten, mit geistig behinderten Menschen Selbsthilfegruppen zu bilden, wesentlich geringer sind als mit körperbehinderten oder sinnesgeschädigten Menschen und daß die praktischen Möglichkeiten zur Selbst-Bemächtigung und Selbsthilfe unter geistig behinderten Menschen ungleich verteilt sind.

4. Die Rolle der professionellen Helfer ist damit anders zu bewerten als in der Rehabilitation körperbehinderter oder sinnesgeschädigter Menschen. Besteht dort deutliche Abneigung gegenüber Formen einer heilpädagogischen Intervention, Therapie oder Anleitung, weil Selbsthilfe und Empowerment sich aus sich selbst heraus tragen müssen, so kann in der Arbeit mit geistig behinderten Menschen auf eine „geleitete" Unterstützung nicht völlig verzichtet werden. Dies gilt besonders für die tertiäre Sozialisation, für die Bereiche „Arbeit" und „Wohnen". Geistig behinderte Menschen können nicht einfach unter der Parole der Selbstbestimmung in die „Normalität" entlassen werden und sich damit selbst überlassen bleiben. Empowerment zielt vielmehr darauf ab, assistierende Hilfe in einer Qualität und Quantität zu organisieren, daß sowohl Möglichkeiten der Selbstbestimmung in sozialer Bezogenheit als auch mehr individuelle Autonomie realisiert werden können. Um so wichtiger ist es, das pädagogische Verhältnis zwischen Helfer und Behindertem neu zu bestimmen. Es sollte eine enthierarchisierte Beziehung angestrebt und nach Möglichkeit auch verwirklicht werden (vgl. hierzu Buber 1962; 1969). Auf jeden Fall kommt es dabei darauf an, daß professionelle Helfer den behinderten Menschen als Vertrauensperson zur Verfügung stehen, wenn dies von den Betroffenen so gewünscht wird oder wenn es sich als sinnvoll bzw. notwendig erweist. Dies gilt insbesondere für die Arbeit mit geistig schwer behinderten Menschen. Auch hier geht es um Unterstützung, ohne zu vereinnahmen. Ein Hauptproblem vieler Helfer ist anscheinend die Umsetzung solcher „dialogischen Verhältnisse" (Buber). Dafür ist nicht zuletzt eine auf Fach- und z. T. auch Fachhochschulebene noch weit verbreitete methodenzentrierte Ausbildung haftbar zu machen, die sich nur auf das Einüben spezieller individuumzentrierter Verfahren oder heilpädagogischer Übungsbehandlungen beschränkt. Eine solche Qualifizierung, die die heilpädagogische

Profession analog zur Beschäftigungs- und Physiotherapie zu einem Heil-Hilfsberuf erklärt, steht einerseits in der Gefahr, geistig behinderte Menschen zu verdinglichen und das Dogma des „defizitären Mängelwesens" zu perpetuieren. Hinzu kommen ein mangelndes Interesse für sozialpolitische Zusammenhänge sowie Unkenntnis über die Gesellschaftlichkeit von Behinderung, die mit Ahnungslosigkeit über alternative Problemsichten und Hilfsformen einhergeht. Andererseits wird das breite Aufgabenspektrum der pädagogischen Profession verkannt, welches gerade im Empowerment-Konzept eine zentrale Rolle spielt, geht es hier doch um Beschreibung, Unterstützung und Bereitstellung von Ressourcen, um lebensweltorientierte Hilfen und deren Vernetzung, um Arbeit mit Bezugspersonen und Öffentlichkeitsarbeit, um Kooperation mit Verbänden, professionellen Versorgungssystemen und Selbsthilfegruppen, Sozial- und Gesundheitspolitik, Medien und anderes mehr.

Diese Neuorientierung ist sehr wohl anspruchsvoll. Sie entbindet die Heilpädagogik keineswegs von Verantwortung und bedeutet auch keine Entwertung der Rolle der professionellen Helfer (vgl. auch Rosen 1994). Gefordert wird eine „neue Fachlichkeit", die den heutigen Erkenntnissen, z. B. systemischen und sozioökologischen Einsichten, Rechnung trägt. Der Begriff der „neuen Fachlichkeit" wurde schon 1977, damals für die Sozialpädagogik und Sozialarbeit, ins Gespräch gebracht: „In Absetzung von Vorstellungen einer klassischen Professionalität wurde mit ‚Neue Fachlichkeit' eine Sozialarbeit verstanden, die gesellschaftliche Verursachungsbedingungen der Problemlagen der Klientel untersucht und berücksichtigt. Sie setzt sich folglich ab von Vorstellungen der individuellen Verschuldung und Bearbeitung von Folgen gesellschaftlicher Ungleichheiten, wie sie der Einsatz klassischer Methoden der Sozialarbeit impliziert. Neue nicht bevormundende Interventionsformen und eine Neustrukturierung der sozialen Dienstleistungsagenturen, die mehr Bürgernähe gewährleisten sollten sowie ganzheitliche Arbeitseinsätze und die Einbeziehung der Selbsthilfe-Potentiale der Betroffenen kamen im Laufe der Zeit als weitere Kriterien hinzu" (Gehrmann/Müller 1991, 31).

Diese Worte haben an Aktualität kaum eingebüßt, insbesondere nicht für die Heilpädagogik oder die Rehabilitation geistig behinderter Menschen, die noch heute auf weiten Strecken unter Obhut des medizinischen Modells operiert. Von einem Ende der Geistigbehindertenpädagogik oder gar von einem Ende der Hilfsbereitschaft kann aber im Zuge dieser Neuorientierung keineswegs – wie manche befürchten – die Rede sein. Wohl aber geht es um eine Wende, die die Verformungen des Faches durch die heilpädagogische Orthodoxie überwindet.

2. Heilpädagogik als Erziehungswissenschaft

2.1. HISTORISCHE SKIZZEN

Der Versuch, die pädagogische Arbeit mit geistig behinderten Menschen im Lichte der Empowerment-Philosophie zu beleuchten, setzt eine wissenschaftliche Standortbestimmung voraus. Dies soll in den folgenden Abschnitten geleistet werden. Da Geistigbehindertenpädagogik eine Spezialdisziplin der Heilpädagogik ist, die sich ihrerseits als Teildisziplin der Erziehungswissenschaften begreift, ist eine kritische Auseinandersetzung mit den hieraus resultierenden wissenschaftstheoretischen Positionen unerläßlich.

Bis zum heutigen Tag ist „Heilpädagogik" eine umstrittene, oberste Fachbezeichnung. Deswegen existieren mehrere Parallelbegriffe wie Sonderpädagogik, Behindertenpädagogik, spezielle Pädagogik, Integrationspädagogik oder – neuerdings wieder – Rehabilitationspädagogik. Ihr gemeinsamer Bezugspunkt ist die Theorie und Praxis der Erziehung, Bildung und Förderung von Menschen, die als behindert, verhaltensauffällig oder entwicklungsgestört beschrieben und bezeichnet werden. Auf die Unterschiede der einzelnen Fachbezeichnungen kann hier aus Platzgründen nicht näher eingegangen werden. Wir bevorzugen in Anlehnung an Speck (1988) den Begriff der Heilpädagogik, den wir auf zwei Arbeitsbereiche beziehen: auf die Berufspraxis sowie die Wissenschaft. Die Praxis hat keinen wissenschaftlichen Zweck an sich, sie ist in erster Linie auf konkretes pädagogisches Handeln, auf Förderung, Unterstützung, Assistenz und Hilfe zur Selbsthilfe ausgerichtet. Sie baut jedoch auf wissenschaftlichen Grundlagen und Erkenntnissen auf und ist von Theorien durchdrungen, die handlungsorientierende Funktion haben. Daraus ergibt sich eine wechselseitige Abhängigkeit von Berufspraxis und Wissenschaft. Heilpädagogik kann daher nur wirksam sein, wenn sie wissenschaftliche Erkenntnisse über ihren Handlungsbereich hervorbringt, „gesichertes" Wissen aus ihren Nachbardisziplinen (insbesondere aus Psychologie, Medizin und Soziologie) verwertet und zur theoretischen Grundlegung ihrer Praxis aufbereitet.

Allerdings existieren innerhalb beider Arbeitsgebiete äußerst divergente Positionen und Ansätze. Zum einen besteht im Lager der Lehre und Forschung keine verbindliche Definition von Wissenschaft, weswegen die „Wissenschaftlichkeit" von Ansätzen, Theorien oder Methoden verschieden beurteilt wird. Zum anderen gehen in der Berufspraxis die Ansichten über „heilpädagogisches Arbeiten" z. T. weit aus-

einander. Die Gründe hierfür sind vielschichtig. So hat die Heilpädagogik als Geistigbehindertenpädagogik, um die es hier in erster
Linie geht, „eine nur sehr kurze Wissenschaftsgeschichte" (Bleidick
1983, 168). Ihre Anfänge reichen zurück zu Georgens und Deinhardt
(1861; 1863), die sich um die Grundlegung einer „wissenschaftlichen" Heilpädagogik als Zweig der Allgemeinen Pädagogik bemühten. Charakteristisch für dieses Konzept war jedoch ein philosophisch-
anthropologischer Überbau, der anscheinend das für die Praxis als notwendig erachtete Maß an Transparenz und „Schärfe" vermissen ließ
(vgl. Krenberger 1912, XV). Deshalb hatte die sich damals gerade ent-
wickelnde Psychiatrie ein relativ leichtes Spiel – versprach sie doch
der bislang unzureichend konstituierten Heilpädagogik mehr Wissenschaftlichkeit, indem sie die Fürsorgeerziehung und Behindertenarbeit mit einem begrifflichen und methodischen Handlungsapparat
zu systematisieren versuchte. Anstelle der Allgemeinen Pädagogik
(Erziehungsphilosophie) wurde nun die Psychiatrie (Medizin) zur
Leitwissenschaft der Heilpädagogik erkoren, die christlich-caritativen Motive und humanistisch-erziehungsphilosophischen Ansätze,
die die Anfänge der Heilpädagogik bestimmt hatten, wurden damit zu-
rückgedrängt. Daß diese Entwicklung geistigbehinderten Menschen
weitaus mehr geschadet als genutzt hat, ist hinlänglich bekannt (vgl.
Theunissen 1994 a). Bis vor etwa zwei Jahrzehnten befand sich die
Heilpädagogik ganz im Schlepptau der Psychiatrie. Formulierungen
wie Heilpädagogik „als angewandte Kinder- und Jugendpsychiatrie"
oder „als pädagogisch angewandte Psychopathologie" dokumentieren diese Abhängigkeit und fachliche Verkürzung, die bis heute ihre
Spuren hinterlassen hat. Denn Bestrebungen, Heilpädagogik in Analo-
gie zur Beschäftigungstherapie oder Krankengymnastik als Heil-
Hilfs-Beruf oder gar als ein paramedizinisches oder klinisch-psycho-
logisches Nebenfach auszuweisen, belegen, daß das Verständnis von
Heilpädagogik als eine erziehungswissenschaftliche Disziplin alles
andere als gesichert zu sein scheint. Gerade in der Berufspraxis ist
man sich dessen häufig nicht bewußt. Anstatt Heilpädagogik als eine
vertiefte, intensivere oder verfeinerte allgemeine Pädagogik zu begreifen und offensiv dieses fachliche Selbstverständnis zu vertreten, wird
unter dem Etikett des „heilpädagogischen Arbeitens" eher eine klinisch orientierte und/oder kontrollierte Besonderung, Entkontextuali-
sierung und Behandlung betrieben, die zum Selbstzweck gerinnt, ein
„Eigenleben" entwickelt und die gesellschaftliche Isolation der behinderten Menschen zur Folge hat. Zwar gab es in der Vergangenheit
gelegentlich Versuche, der vorherrschenden medizinisch-naturwis-
senschaftlichen Orientierung des Faches entgegenzuwirken und eine

eigenständige pädagogische Theorie der Heilpädagogik (Sonderpädagogik) zu entwickeln (vgl. Moor 1951; 1958; 1965; Hanselmann 1941), doch reichten diese Bemühungen nicht aus, die Dominanz der Medizin als Leitwissenschaft zu überwinden. Sowohl Moor als auch Hanselmann orientierten sich noch zu sehr an psychopathologischen Fragestellungen, am medizinischen Denken und an der individualisierten Problemsicht und Behandlungsweise sowie dem Vokabular der Psychiatrie; darüber hinaus hinterließ insbesondere Moors metaphorische Sprache den Eindruck der „Unwissenschaftlichkeit". Dies gilt ebenso (und vor allem) für Bopps „Heilerziehung" (1958), die „kaum den damaligen Diskussionsstand der Allgemeinen Pädagogik" (Bleidick 1977, 53) erreichte. In Anlehnung an die ursprünglich christlich-caritative Tradition des Faches ging es Bopp (1930; 1958) um eine theologische, normsetzende Theoriebildung für die heilpädagogische Praxis. Damit aber war die pädagogische Verortung und Orientierung des Faches erneut gefährdet. Überdies ist gerade im Zuge einer normativen (Heil-)Pädagogik die augenfällige Gefahr gegeben, die Vielfalt menschlicher Entwicklungs- und Entfaltungsmöglichkeiten zu verfehlen. „Für den Behinderten selbst wäre die Verallgemeinerung einer auf bestimmte philosophische, religiöse oder politische Menschenbilder gründenden Pädagogik eine sträfliche Verengung: sie würde nicht die freie – wie auch immer und auf welcher Ebene verwirklichte – Selbstbestimmung des Behinderten und seine offenen Möglichkeiten freisetzen, sondern ein willkürliches Erziehungsideal indoktrinieren" (Bleidick 1977, 59 f.).
Zusammengefaßt kann festgehalten werden, daß bis Mitte der 60er Jahre die wichtigsten Arbeiten zur Grundlegung der Heilpädagogik als eine pädagogische Disziplin lediglich „den Status halbpraktischer ‚Erziehungslehren' oder aber feierlicher Bekundungen" (ders., 1983, 168) hatten.

2.2. ZUR HEILPÄDAGOGIK ALS EMPIRISCH-ANALYTISCHE ERZIEHUNGSWISSENSCHAFT

Das erste umfassende und weitreichende Werk, das die Heilpädagogik aus diesem „vorwissenschaftlichen Stadium" einer Pädagogik herausgeführt hat und dabei die durch die Medizinisierung verursachten fachlichen Unzulänglichkeiten und Verkürzungen zu überwinden versuchte, stammt von Bleidick (1974). Seine „Pädagogik der Behinderten" stellt das verdienstvolle Unternehmen einer erziehungswissenschaftlichen Fundierung des Faches dar, mit der ein Anschluß an den damaligen Stand der wissenschaftstheoretischen Diskussion der Allgemeinen Pädagogik hergestellt werden sollte. In Anlehnung an Brezinka (1971), der seinerzeit eine „erfahrungswissenschaftliche" Pädagogik begründet hatte, nimmt Bleidick eine Zweiteilung des Fachgebietes vor, indem er zwischen Behindertenpädagogik (Heil- oder Sonderpädagogik) als Erziehungswissenschaft (i. S. v. science) und Erziehungsphilosophie differenziert. Mittels dieser Unterscheidung versucht er, für die Erziehungswissenschaft einen strengen Wissenschaftsbegriff zu beanspruchen und zu begründen, wie ihn Popper (1971; 1976) und Albert (1971) mit dem „Kritischen Rationalismus" formuliert haben.

Im wesentlichen geht es Bleidick um ein Programm, das die Wertfreiheit zum zentralen Prinzip der Wissenschaft erklärt. Normen, wertbestimmte Basisbestimmungen, subjektives Handeln oder Wertfragen werden nicht als Bestandteil eines wissenschaftlichen Arbeitens gesehen. „Im strengen, erfahrungswissenschaftlichen Sinne kommt ihnen kein Wissenschaftscharakter zu" (Bleidick 1985, 62). Die Rechtfertigung subjektiver Wertungen sowie die Frage nach dem „Sollen" müsse deshalb abgespalten und auf dem Terrain der Erziehungsphilosophie verhandelt werden. Im Unterschied zum „naiven Empirismus" nimmt der Kritische Rationalismus seinen Ausgangspunkt nicht vom objektiv Gegebenen, indem er die (Erziehungs-) Wirklichkeit als eine „reine" Tatsache betrachtet; statt dessen setzt er an der Formulierung von Theorien an, die als axiomatisch-deduktive Systeme bzw. als Hypothesen betrachtet und auf den Gegenstandsbereich der (Heil-)Pädagogik bezogen werden. Diese Hypothesen gelte es mit Hilfe von empirisch-analytischen Beweisverfahren auf ihre Gültigkeit hin zu überprüfen. Die Richtigkeit eines theoretischen Status allerdings könne niemals bewiesen werden; das Ziel der empirischen Überprüfung bestehe deshalb darin, falsche Hypothesen durch ihre Widerlegung als solche auszuweisen und zu eliminieren (Prinzip der Falsifikation) und hierüber zu immer „besseren" Aussagen zu gelangen. Der Kritische Rationalismus versteht sich zugleich als eine Metawissenschaft, indem er sich selbst zum Forschungsgegenstand macht und seine Methoden, den Objektivitätsanspruch von Theorien sowie das System von logisch verknüpften Aussagen stets kritisch reflektiert. Dieser erfahrungswissenschaftliche Ansatz war in den letzten Jahren das Paradigma der „wissenschaftlichen" Behindertenpädagogik schlechthin.

Aufgrund verschiedener Grundlagenprobleme, die i. f. kurz dargestellt werden sollen, zeigte sich jedoch, daß in der Geistigbehindertenpädagogik die Erwartungen auf gesicherte Erkenntnisse und sicheres

Wissen nicht vollständig erfüllt werden konnten. Zwar kann auf eine empirisch-analytische Erziehungswissenschaft keineswegs verzichtet werden, da sonst die Praxis der Willkür und Beliebigkeit überlassen bliebe (vgl. König 1983, 73), doch sollten die Erwartungen hinsichtlich der praktischen Relevanz von empirisch-analytischen Forschungsergebnissen realistisch eingeschätzt werden. Überhöhte Erwartungen müssen relativiert werden, da es sich gezeigt hat, daß empirisch-analytische Verfahren keineswegs einen Garanten für sicheres Wissen und eine rationale Praxis darstellen. Auch die empirisch-analytische Erziehungswissenschaft kann Ursache und Wirkung innerhalb komplexer sozialer Prozesse und Situationen niemals vollständig erkennen und damit auch nie die optimalen Mittel zur Erreichung eines bestimmten Zieles eindeutig angeben. Allerdings kann sie uns sagen, was Ursache sein kann, was Folge sein kann und welches Mittel in welcher Situation erfolgreicher eingesetzt werden kann.

Trotz neuer Ansätze und sicherlich auch sinnvoller Versuche, eine Brücke zu anderen wissenschaftlichen Positionen zu schlagen, läßt sich aufgrund der zu einseitigen, naturwissenschaftlichen Sichtweise der Erfahrungswissenschaft und vieler ihrer Anhänger „eine deutliche Ernüchterung" (Speck 1988, 80) feststellen. So schreibt Speck (ebd. 69 f.): „Inzwischen sind die Probleme, die die ausschließlich naturwissenschaftliche Denkweise hervorgerufen hat, unermeßlich geworden. Sie kann zwar analysieren und beschreiben, aber nicht angeben, wie der Mensch sein Leben führen soll, wonach er sich richten soll, worauf sein Leben angelegt ist, wenn es Sinn haben soll." Zwar kann es nicht die Aufgabe einer wissenschaftlichen Position sein, verbindliche „Gesetze" zur menschlichen Lebensgestaltung vorzugeben, wohl aber muß sich eine verantwortungsbewußte Geistigbehindertenpädagogik die Frage nach dem Sinn und den Zielen ihres Tuns stellen und diskutieren.

Auch Bleidick möchte die Frage nach dem Sinn heilpädagogischen Handelns nicht ausklammern (vgl. 1974, 322; 1983, 167; 1985, 61). Seiner Ansicht nach müsse dem „Doppelcharakter der Pädagogik" stets Rechnung getragen werden durch die Aufbereitung des „Seins" durch empirisch-analytische Forschung zum einen (Heilpädagogik als Erziehungswissenschaft) und die Betrachtung des „Sollens" durch die hermeneutische Methode zum anderen (Heilpädagogik als Erziehungsphilosophie) (vgl. ders. 1974, 326; 1985, 60). Diese Trennung gelte für die Theoriebildung der Heilpädagogik, nicht aber für die konkrete Erziehungspraxis, in der eine „unauflösbare Einheit von Erkenntnis und Entscheidung" existiere (ders. 1974, 252). „Im Handeln sind wertfreies Erfahrungswissen und wertgebundene Sollvorstellung ungeschieden vorhanden. Gerade darin besteht aber die Aufgabe theoretischer Besinnung gegenüber der wenig reflektierten Praxis: sie hat aufzudecken, von welchen Motiven praktisches Handeln geleitet wird" (ders. 1977, 52). Wissenschaftstheoretisch sei diese Trennung aber notwendig, um die Neutralität, rationale Begründung und intersubjektive Überprüfbarkeit von Wissenschaft zu sichern, um somit „am Erfahrungsgewinn der exakten Wissenschaft teilzuhaben" (ders. 1985, 68), um ihre Aussagen von „subjektiven Verfälschungen", Werturteilen oder persönlichen Meinungen freizuhalten, um dogmatisches Denken, ideologische Einflüsse, „Indoktrinationen und Manipulationen, Hybris und Besserwisserei" (ebd. 73) zu vermeiden und um die „Freiheit der Wissenschaft" in einer demokratischen Gesellschaft zu garantieren. Diese Argumentation wirkt zwar zunächst überzeugend, läßt sich in der Praxis allerdings nur bedingt verwirklichen, denn zuviele Probleme gehen mit dieser Position einher.

Das Problem der subjektiven Wahrnehmung

Weil „alles, was gesagt wird . . ., von einem Beobachter zu einem anderen Beobachter gesagt" wird (Maturana 1982, 139), können wissenschaftliche Erkenntnisse nicht absolut, objektiv oder wertfrei sein, sondern bilden immer auch das Resultat subjektiver Wahrnehmung und Praxis. „Es ist dem Menschen letztlich nicht möglich, die sogenannte reale Welt, die Realität als reines Objekt, also unabhängig von sich selbst als dem beobachtenden Subjekt, zu erfassen" (Speck 1988, 59). Auch die Erziehungswirklichkeit ist dem Menschen nur durch eigene Erfahrung als aktiv handelndes Individuum zugänglich. Dies sieht auch Bleidick (1985, 49), wenn er, Popper zitierend, schreibt: „Tatsachen sind ‚Interpretationen im Lichte von Theorien'". Da es keine endgültige Wahrheit gibt, betrachten Vertreter des sogenannten Konstruktivismus (z. B. Watzlawick) die „Verantwortung" an Stelle von Wertfreiheit und Objektivität als das wichtigste Kriterium wissenschaftlichen Arbeitens. „Weiß man, daß das, was man weiß, eine Folge dessen ist, wie man handelt, dann liegt die Verantwortung für die eigene Beobachtung beim Beobachter" (Keeney 1987, 13). Wissenschaftler bereiten daher ebenso wie Praktiker (in der Geistigbehindertenpädagogik) keine an sich unabhängige Wirklichkeit auf und machen auch keine objektiven Beobachtungen oder Diagnosen – ihre Erkenntnisse stammen vielmehr aus Erfahrungen, die aus der Interaktion mit ihrer Umwelt entspringen und die damit Resultate von Interaktionsprozessen sind.

Nun ist es aber auch Bleidick um verantwortliches Handeln zu tun. Zum einen fordere gerade der Kritische Rationalismus als Metawissenschaft zur Verantwortung heraus, zum anderen schließe das Postulat der Wertfreiheit keineswegs eine politische Haltung oder persönliche Stellungnahme von Wissenschaftlern aus. Vielmehr seien sie dazu verpflichtet, nicht nur Beobachtungen anzustellen, sondern auch Werturteile oder -entscheidungen abzugeben , dies allerdings nicht – und das ist das wesentliche – im Namen der Wissenschaft, sondern einzig und allein als Privatpersonen bzw. als sozial verantwortungsvolle Bürger (vgl. 1985, 63 f.). Es ist allerdings höchst zweifelhaft, ob dadurch ein Mißbrauch von Wissenschaft wirklich verhindert werden kann. Schließlich läßt sich die ethische Reflexion wissenschaftlicher Tätigkeit nicht erzwingen. Mit anderen Worten: Jedem Wissenschaftler ist es letztlich freigestellt, ob er als Privatperson seine wissenschaftliche Tätigkeit bzw. die Ergebnisse seines Forschens moralisch oder politisch bewertet. Die damit verknüpfte Gefahr liegt auf der Hand: Es kann ein unbekümmertes „wissenschaftliches Eigenleben" im Elfenbeinturm geführt werden, losgelöst von allen Konsequenzen des eigenen Tuns für die gesellschaftliche Praxis, womöglich motiviert durch persönliches Macht- und Karrierestreben oder fremdgesteuert durch gesellschaftlich einflußreiche Interessengruppen. Dadurch, daß die (moralische) Verantwortung nur zur Privatsache erklärt wird, besteht die Gefahr der Instrumentalisierung bzw. einer mißbräuchlichen Indienstnahme der Wissenschaft für bestimmte Interessen.

Wenn diese Vorwürfe gegen die empirisch-analytische Forschungstradition erhoben werden, dann gelten diese mit Sicherheit auch für jede andere Tradition. Gerade geisteswissenschaftliche Ansätze sind bezüglich der genannten Probleme noch ungesicherter, denn die wissenschaftlichen Abläufe sind hier noch wesentlich weniger nachvollziehbar. Und auch das „schönste" Postulat nach einem wissenschaftlichen Diskurs kann keine ethische Gesinnung garantieren. Somit führt die von Bleidick vorgenommene Differenzierung in „Erziehungswissenschaft" und „Erziehungsphilosophie" bzw. „Wissenschaftler" und „Privatperson" kaum zu ihrem Ziel. Allein die Offenlegung des gesamten Forschungsprozesses – vom Forschungsinteresse, über die Methodenauswahl bis zu den begründeten Ergebnisinterpretationen und den Verwertungszusammenhängen – kann diesem Dilemma entgegenwirken.

Der gesamte Forschungsprozeß sollte aus unserer Sicht sowohl nomologische als auch daraus resultierende normative Aussagen produzieren, ohne dabei in wissenschaftliche und nicht-wissenschaftliche Aussagen zu unterscheiden. Heilpädagogik (in Praxis und Forschung) braucht gleichwertig beide Aussagen. Es ist allerdings darauf zu achten, daß die unterschiedlichen Aussagen jeweils als solche gekennzeichnet sind. Somit bleibt es dem kritischen Betrachter überlassen, ob er die Wertaussagen, die aufgrund empirischer Untersuchungen getroffen wurden, als begründet und sinnvoll ansieht oder ob er sie (aus den unterschiedlichsten Gründen) ablehnt und zu eigenen Urteilen kommt. Nicht die Trennung in zwei „Bereiche" bzw. „Subjekte" sondern die Offenlegung des gesamten (!) Forschungsprozesses und die „saubere" Bezeichnung der einzelnen Schritte und Aussagen helfen, Mißbrauch zu verhindern und eine wissenschaftliche Heilpädagogik zu begründen, die auf das Wohl behinderter Menschen ausgerichtet ist.

Das Problem der generellen Gesetzesaussagen

Da die klassische empirische Erziehungswissenschaft mehr oder minder naturwissenschaftlich ausgerichtet ist, besteht ihr Ziel in der „Produktion" von allgemeingültigen Gesetzesaussagen, die als Basis für Erklärungen, Prognosen und technologische Erkenntnisse dienen. „Nun besteht Einigkeit darüber, daß sich streng nomologische Gesetzesaussagen im Bereich der Sozialwissenschaften nicht gewinnen lassen" (König 1983, 70). Ziel empirischer Forschung muß daher sein, Aussagen zu treffen, die möglichst nahe an die Wirklichkeit herankommen, also so wenig Ausnahmen wie möglich zulassen. Da es sich in den Sozialwissenschaften aber immer um überaus komplexe Zusammenhänge handelt, die nie (!) von einer einzigen Variable allein beeinflußt werden, muß versucht werden, alle „Störvariablen" zu kontrollieren oder auszuschalten. Gelingt dies – was äußerst fraglich erscheint – kommt man zwangsläufig nur zu sehr eingeschränkten, speziellen Aussagen. Überdies sind dafür Laborbedingungen notwendig, die sich kaum auf normale Lebenssituationen übertragen lassen. Viele Einflüsse, die so leichtfertig als „Störvariablen" abgetan werden, sind für die täglichen Lebensbezüge typisch und charakteristisch.

Von der Lebenswirklichkeit losgelöste, experimentelle und gruppenvergleichende Studien sind daher mit größter Vorsicht zu genießen, da sie, nicht zuletzt auch aufgrund der Stichprobenproblematik in der heilpädagogischen Praxis, kaum von Relevanz sind. Der Blick unseres Forschungsinteresses muß sich auf die individuelle Ebene richten, um durch valide Einzelfallanalysen (vgl. Plaute 1992 a) zu Anregungen zu kommen, die für den Praktiker von Bedeutung sind. Damit wird das naturwissenschaftliche Postulat nach generellen Wenn-

Dann-Aussagen nicht völlig aufgegeben, wohl aber relativiert und nur unter Vorbehalt (z. B. kontextbezogen) sinnvoll übertragbar. Dies ist wohl ein wesentlicher Unterschied zu den empirisch-analytischen Naturwissenschaften.

Das Problem der Subjekthaftigkeit der Forschungsobjekte

Der wohl zentralste Unterschied zwischen naturwissenschaftlichen und sozialwissenschaftlichen Untersuchungen liegt in ihrem jeweiligen „Forschungsgegenstand". Der Untersuchungsgegenstand der Sozialwissenschaften sind lebende Personen, sind Menschen, die Gefühle haben, die denken. Ergebnisse sozialwissenschaftlicher Untersuchungen sind also immer auch davon geprägt, was der untersuchte Mensch fühlt und denkt. Jeder Mensch hat in spezifischen Situationen bestimmte individuelle Gefühle und Gedanken, die darüber hinaus auch von momentanen Stimmungen abhängig sind. Auch aus diesen Überlegungen scheinen allgemeine Gesetzesaussagen nach dem Schema „Wenn-Dann" kaum zu treffen zu sein.

Aus den drei dargestellten Problemfeldern erhebt sich die Frage, inwieweit eine Geistigbehindertenpädagogik als Erziehungswissenschaft unter Ausschaltung weltanschaulicher und auch metaphysischer Aussagen überhaupt sinnvoll und möglich erscheint. Eine strenge Abgrenzung zwischen Geistigbehindertenpädagogik als Erziehungswissenschaft und als Erziehungsphilosophie scheint kaum durchführbar, zumindest wenig überzeugend, wenn man sich die grundlegende Forderung des Empowerment-Gedankens an die Geistigbehindertenpädagogik vor Augen hält: „Die Macht, etwas gerechter zu verteilen – und das dort zu tun, wo es wichtig ist, nämlich im Hinblick auf Selbstbestimmung über das eigene Leben" (Berger & Neuhaus 1977, 8). Gerade die Konfrontation mit den individuellen Vorstellungen geistig behinderter Menschen, die meist in völlig fremdbestimmten Lebensräumen ihr Dasein fristen müssen, läßt einen wertfreien Zugang unmöglich erscheinen. Die Reduktion von Geistigbehindertenpädagogik auf bloßes „Antrainieren" von gesellschaftlich geforderten Fertigkeiten oder „Wegtherapieren" von unerwünschten Verhaltensweisen entspricht (hoffentlich) Vorstellungen vergangener Zeiten und widerspricht den neuen Konzepten.

Auch wenn die normative und politische Seite der Geistigbehindertenpädagogik aus unserer Sicht einen besonderen Stellenwert hat, so darf ein komplexer und möglichst umfassender Wissenschaftsbegriff nicht auf jene Möglichkeiten verzichten, die einen wertvollen Beitrag zur Gewinnung von neuen Erkenntnissen und damit zur Formulierung von Hypothesen und Theorien leisten können. Befragungen, systematische Beobachtungen und kontrollierte Einzelfallstudien stellen wichtige Methoden dar, auf die wir in der Geistigbehindertenpädagogik nicht verzichten können. Doch sollen diese Verfahren dem betroffenen Menschen dabei helfen, ein sinnerfülltes, selbstbestimmteres und qualitativ höherwertiges Leben führen zu können, wodurch sich auch hier der Kreis zum politischen Anspruch der Geistigbehindertenpädagogik schließt.

Um zu erreichen, daß die Geistigbehindertenpädagogik aktiv zur Verbesserung von Lebensbezügen behinderter Menschen eingesetzt wird und sich gegen Mißstände in unserer Gesellschaft richtet, muß sie nicht nur methodenkritisch, sondern auch ideologie-, produkt- und gesellschaftskritisch sein. Folgt man dieser Argumentation, nach der Geistigbehindertenpädagogik stets im Dienste der betroffenen Menschen operieren muß, so obliegt ihr die verantwortungsvolle Aufgabe, sich darüber Gedanken zu machen, „wozu ihre Ergebnisse später dienen: sie muß als Wissenschaft ihren Verwertungszusammenhang reflektieren" (Moser 1978, 17).

Unsere Position hebt sich somit von der klassischen empirisch-analytischen Forschungstradition deutlich ab und resultiert im wesentlichen aus der derzeitigen sozialpolitischen und gesellschaftlichen Situation der Zielgruppe der Geistigbehindertenpädagogik: Solange behinderte Menschen in unserer Gesellschaft eine Außenseiterposition innehaben und eine minderwertigere Lebensqualität erfahren, muß sich Geistigbehindertenpädagogik als politische Kraft verstehen, deren Sinn in der Emanzipation der behinderten Menschen liegt. Es wäre allerdings falsch, wenn man diese oberste Prämisse pädagogischer Arbeit (in Forschung und Praxis) dazu verwenden würde, um wissenschaftliche Qualitätsansprüche zu minimieren oder gar zu negieren. Saubere, d. h. nachvollziehbare wissenschaftliche Erkenntnisse sind ein wesentlicher Beitrag zur politischen Umgestaltung. Allerdings müssen sich die Wissenschaftler auch dafür verantwortlich erklären, anhand ihrer Forschungsergebnisse aktiv an der Verbesserung gesellschaftlicher Ist-Zustände mitzuarbeiten.

2.3. ZU DEN EINFLÜSSEN DER KRITISCHEN THEORIE AUF DIE GEISTIGBEHINDERTENPÄDAGOGIK

Für die Heil- oder Geistigbehindertenpädagogik als eine pädgogische Wissenschaft bedeutet der obige Einwand, vom strengen und zu engen Verhältnis einer Erziehungswissenschaft (als science) Abschied zu nehmen und jene Fragestellungen, die der Erziehungsphilosophie zugewiesen werden, in ihr Programm aufzunehmen. In diesem Sinne bilden Erziehungswissenschaft und Erziehungsphilosophie eine Einheit, ihr Feld reicht von normativ geleiteten Fragestellungen über empirisch-analytische Vorgehensweisen bis hin zur Reflexion und Gestaltung ihrer Verwertungszusammenhänge. Damit wird innerhalb der Heilpädagogik unterschiedlichstes methodisches Vorgehen nicht nur erlaubt, sondern sogar nowendig. Im Bereich von konkreten wissenschaftlichen Fragestellungen im Feld finden empirische Methoden ihre Verwendung; im Bereich von philosophischen Fragen wird die Hermeneutik zu einer wichtigen wissenschaftlichen Methode. Diese spielt bekanntlich in der Philosophie und den Geisteswissenschaften die dominierende Rolle. Ihr zentrales Ziel ist das Verstehen von Sinnzusammenhängen durch die deutende Auslegung des Inhalts von Schriften oder anderen Produkten des menschlichen Geistes. Diese unterliegt bestimmten Regeln (vgl. Klafki u. a. 1971, 129 ff.): Zum Beispiel dürfen Texte oder Sachverhalte (Beobachtungen) nur unter ständiger Bewußtmachung und Reflexion des Vorverständnisses des jeweiligen Wissenschaftlers beschrieben und analysiert werden. Der Sinn sollte nur aus den vorliegenden Gegebenheiten erschlossen und nicht von außen herangetragen werden. Normative oder spekulative Interpretationen können zwar mitunter praktische Bedeutung haben, sie widersprechen jedoch einer erkenntnismäßigen Auslegung und sollten deshalb nur unter Vorbehalt als hermeneutische Methoden in Betracht gezogen werden. Ferner sind Original- und Sekundärquellen unter Berücksichtigung textübergreifender Zusammenhänge vergleichend, kritisch-zirkulär auszuwerten. Dabei müssen vor allem semantische Aspekte, die einem Text immanente Logik und sachliche Zusammenhänge auf Widerspruchsfreiheit überprüft werden. Trotz der Bedeutung der Hermeneutik in den Geisteswissenschaften beschränkt sich ihre Anwendbarkeit in einem sozialwissenschaftlichen Forschungsprozeß auf bestimmte geeignete Teilprozesse, in denen es um das Verstehen von Sinnzusammenhängen geht, ebenso wie sich der gesamte Forschungsprozeß auch nicht allein durch empirisch-analytische Verfahren abdecken läßt. Nur das Zusammenwirken der jeweiligen Methoden ermöglicht einen stimmigen Forschungsprozeß, der auf das Wohl des geistig behinderten Menschen ausgerichtet ist.

Wie wichtig die (wissenschaftliche) Auseinandersetzung mit Sinn-Normen, Wertentscheidungen und Zielfragen für die heilpädagogische Praxis ist, läßt sich auch den Ausführungen Bleidicks entnehmen, der immerhin empirisch-analytische Forschung, erziehungsphilosophische Normenreflexion sowie didaktisch-methodische Umsetzung (Erziehungs- und Unterrichtstechnologie) als „prinzipiell gleichwertig" (1985, 73) betrachtet. Wie bereits oben erwähnt, ist die Heilpädagogik als Theorie und Praxis „unaufhebbar in die Spannung zwischen Sein und Sollen" (Speck 1988, 87) gestellt, wobei „Seinserfassung und Sollensbestimmung" (Bleidick 1974, 283) eng miteinander verknüpft sind. Daher ist es sicherlich nicht möglich, die Erziehungswirklichkeit und das „Sein" des behinderten Menschen einzig und allein mit empirischen Methoden zu erforschen, geschweige denn zu erfassen. Dies betont auch Wember (1992, 373), der als Kritischer Rationalist das hermeneutische Forschen als wissenschaftliche Methode der Heilpädagogik durchaus wertschätzt: „Die Sonderpädagogik (synonym mit Heilpädagogik, die Autoren) ist keine Naturwissenschaft. Sie hat schließlich mit Menschen zu tun, zumeist mit Menschen in besonders schwierigen Lebenslagen, und angesichts dieses Forschungsgegenstandes wäre es geradezu fatal, wollte man den vorsichtig suchenden, einfühlend verstehenden Zugang als gangbaren Weg verbieten. Nur: Wer diesen Weg in wissenschaftlicher Absicht beschreitet, muß wissen, daß dieser nicht immer und schon gar nicht automatisch zum angestrebten Ziel führt. Wer diesen Weg beschreitet, muß um die Tücken des Weges wissen." Auch Klafki (1973; Klafki u. a. 1971) und Mollenhauer (1972 a) für die Allgemeine Pädagogik und Speck (1988, 66 ff. u. 90) und Haeberlin (1993 b) für die Heilpädgogik bemühen sich um eine Verständigung zwischen empirisch-analytischer und hermeneutischer Forschung. Ebenso räumt Bleidick ein, daß das „Sein" des Behinderten nicht objektiv oder wertfrei zu erfassen und als solches der empirisch-analytischen Erkenntnisgewinnung nicht zugänglich sei. So sei der behinderte Mensch „als identische Person ein jeweils anderer unter dem Blickwinkel des Arztes, des Eugenikers, des Theologen, des Erziehers" (Bleidick 1974, 283). Darüber hinaus sei er „unter dem Aspekt seiner Erziehung nicht als Sache gegeben, sondern als Person... aufgegeben. Das aufgegebene Sollen des Kindes kann nicht außerhalb von ihm selbst gesucht werden. Das Sollen ist vielmehr im Kinde selbst angelegt und muß insgesamt als seine werdende Mündigkeit definiert werden" (ebd., 284). Diese Argumentation führt uns noch einmal die Grenzen der Erfahrungswissenschaft sowie die Problematik einer normativen Heilpädagogik deutlich vor Augen. Zugleich öffnet und ebnet sie den Weg für einen Austausch und eine Annäherung unterschiedlicher Positionen in der fachwissenschaftlichen und außerwissenschaftlichen fachlichen Diskussion. So läßt sich z. B. eine Brücke schlagen zur Selbsthilfe- oder Autonomiebewegung behinderter Menschen, die sich mit Nachdruck gegen die Verdinglichung durch eine empirisch-analytische Wissenschaft und gegen die Fremdbestimmung durch eine normative (wertkonservative) Heilpädagogik wendet. Heilpädagogik als Wissenschaft hat in Anbetracht dessen ein Problembewußtsein zu entwickeln, welches auf Kooperation mit behinderten Menschen, auf Empowerment und auf Parteinahme für ihre Interessen und speziellen Bedürfnisse hin ausgerichtet sein muß. Dabei muß aber auch allen betroffenen Menschen bewußt werden, daß eine Kooperation auf Gegenseitigkeit beruht. Wird Heilpädagogik als Wissenschaft dazu eingesetzt, die Lebensbezüge behinderter Menschen verbessern zu helfen, dann sollte eine solcherart ausgerichtete Forschung zugelassen werden. Daß diese immer auch analytischen und damit z. T. auch zerlegenden Charakter hat, ergibt sich schon aus der Tatsache, daß bestimmte Fragestellungen aus forschungsökonomischen Gründen ausgewählt werden müssen. So sehr der Ausgangspunkt und die Zielperspektive einer heilpädagogischen Forschung der behinderte Mensch mit seinen Bedürfnissen und seiner Lebenswelt sein muß, so klar muß auch sein, daß Forschung auch immer unpersönliche und „zurschaustellende" Komponenten beinhaltet.

Demokratisches und politisches Engagement ist bekanntlich ein konstitutives Moment der „kritischen" Behinderten- oder Heilpädagogik als Ableger der „Kritischen Erziehungswissenschaft", deren Leitbild der „emanzipierte Mensch" ist (vgl. Klafki u. a. 1971; Schäfer / Schaller 1976; Mollenhauer 1968; 1972 b). Sieht man über alle Differenzierungen hinweg, so lassen sich in der „Kritischen Erziehungswissenschaft" zwei unterschiedliche Richtungen feststellen. Zum einen gibt es eine marxistisch-materialistische Position, die den zu erziehenden Menschen als das Produkt der gesellschaftlichen Verhältnisse begreift. Daher gilt als Aufgabe, den gesellschaftlich-ökonomischen Bedingungszusammenhang in Hinblick auf die Verhinderung von Emanzipation zu hinterfragen und Strukturen einer „herrschaftsfreien", klassenlosen Gesellschaft zu schaffen. Diese Ausrichtung „kritischer" Pädagogik ist eindeutig normativ geprägt und steht in der Gefahr, mit ihrer marxistischen Gesellschaftstheorie die pädagogische Praxis zu indoktrinieren. Außerdem impliziert sie einen Determinismus, der spätestens seit den Erkenntnissen der modernen Systemwissenschaften nicht aufrecht erhalten werden kann.

Die Repräsentanten der zweiten Richtung knüpfen an die in der sogenannten geisteswissenschaftlichen Pädagogik (Dilthey 1954; Schleiermacher 1957; Litt 1952) angelegten anthropologischen Dimension, Aufklärungsidee, Methodik (Hermeneutik) und dialektischen Theoriebildung an, die sie durch Anschluß an die Position der

Frankfurter Schule (Adorno 1947; 1979; Horkheimer 1968; Habermas 1968; 1970) zu einer „kritisch-konstruktiven Theorie der Erziehung" (Klafki), einer gesellschaftsbezogenen dialektischen Pädagogik weiterentwickelt haben. Ausgehend von der Erfahrung und Einsicht, daß das originäre Streben eines jeden Menschen nach Selbstverwirklichung, Emanzipation oder Freiheit nur unter Bedingungen gedeihen kann, die diese Möglichkeit wirklich zulassen, richtet die kritisch-konstruktive Erziehungswissenschaft ihr Interesse auf die Analyse, Reflexion, Gestaltung und Veränderung der pädagogischen Praxis. Für eine wissenschaftliche Heilpädagogik, die sich diesem Programm verpflichtet fühlt, gilt dies ebenso. Der Praxisbegriff wird hierbei aber nicht wie in der geisteswissenschaftlichen Pädagogik auf erzieherisches Handeln oder den sog. pädagogischen Bezug verengt, sondern in einem umfassenderen Sinne verstanden. Erziehungs-, Bildungs-, Fördermaßnahmen oder pädagogisch-therapeutische Interventionen werden nicht „absolut" gesetzt, sondern in ihrem Kontextbezug erkannt, d. h. in ihrer Beeinflussung durch die reziproke Interaktion mit den institutionellen, familialen, sozio-ökonomischen, ökologischen, kulturellen, politischen, gesellschaftlich-historischen und anthropologischen Bedingungen. Dieses erweiterte Praxisverständnis mit einem lebensweltorientierten Bezug bedeutet für die Heilpädagogik ein Abschiednehmen von einem Denken und Handeln, welches ausschließlich auf personinhärente Merkmale von (geistiger) Behinderung und die entsprechenden symptomzentrierten, defizit- oder funktionsorientierten Lerntherapien sowie sog. Übungsbehandlungen ausgerichtet ist. Statt dessen werden die Erziehungs- und Bildungsverhältnisse in ihrer gesellschaftlichen Kontextbezogenheit thematisiert und jene sozialen Zusammenhänge, in denen Behinderung sichtbar wird, als Praxisfeld aufbereitet. Aber auch subjektiv bedeutsame Lebensereignisse, individuelle Biographien, Lebenslaufkonzepte und Alltagssituationen finden ihre Berücksichtigung. Ferner spielt die Aufklärung über bestimmte (unreflektierte) Theorien oder Theorieelemente, die die Praxis durchdringen und dem (heil-)pädagogischen Alltagshandeln zugrunde liegen, eine wichtige Rolle. Im Unterschied zur geisteswissenschaftlichen Pädagogik (vgl. Weniger 1964) untersucht die kritisch-konstruktive Erziehungswissenschaft das Theorie-Praxis-Verhältnis aber nicht nur in Hinblick auf den Einfluß unbewußt wirksamer Alltagstheorien, Konventionen oder Vorurteile, unreflektierter Praxiserfahrungen oder Glaubensartikel, unkritisch angewandter Lehrsätze oder Methoden. Wesentlich sind ihr „ideologiekritische" Fragestellungen, die die hermeneutische Untersuchung wirksam zu ergänzen haben, damit Praktiker Entscheidungen für ihr (heil-)pädagogisches Handeln besser begründen und bewußt treffen können. Ideologiekritik meint hierbei die Frage nach der Geprägtheit des Bewußtseins durch gesellschaftliche Interessen und Verhältnisse. Das heißt, daß auch die Heilpädagogik sich selbst ideologiekritisch überprüfen muß, inwieweit sie als Theorie und Praxis bloße Anpassung behinderter Menschen an die gegebenen gesellschaftlichen Bedingungen befördert, d. h. mit ihren defizitorientierten Methoden nur zur Reproduktion gesellschaftlicher Benachteiligung beiträgt und damit als Fürsprecherin emanzipatorischer Prozesse versagt. Hierbei ist stets auch die Rolle des heilpädagogisch Tätigen, z. B. als „Gehilfe des Arztes" (Heinrichs) oder als Repräsentant des Staates, zu hinterfragen. Die kritisch-konstruktive Heilpädagogik als Wissenschaft könnte überdies aufzeigen, daß gesellschaftliche Erwartungen an die Berufspraxis herangetragen werden, die nicht unbedingt zum Vorteil, d. h. zur Persönlichkeitsentfaltung geistig behinderter Menschen oder verhaltensauffälliger Kinder und Jugendlicher gereichen müssen. Ideologiekritisch zu untersuchen wäre darüber hinaus auch der Zusammenhang von Behinderung und Gesellschaft im Hinblick auf Chancengleichheit, Integration und Zugewinn an Autonomie für Menschen mit (geistiger) Behinderung. Heilpädagogik als Wissenschaft und Praxis muß demnach gesellschaftskritisch sein, damit Mißstände, soziale Unzulänglichkeiten oder Ungerechtigkeiten abgebaut und letztlich abgeschafft werden können, weil derartige Bedingungen verhindern, daß Menschen mit geistiger Behinderung ihr Leben relativ autonom bewältigen, ein erfülltes mitmenschliches Dasein führen und an der Gestaltung des Zusammenlebens mitwirken können. Daß derartige Ziele schon im vorigen Jahrhundert, z. B. bei den „Vätern" der Heilpädagogik (vgl. Georgens/Deinhardt 1861, 1863) oder auch bei Seguin (1912) nachweisbar sind, beweist, daß die (wissenschaftliche) Heilpädagogik in ihren Anfängen durchaus politisch war. Auch ihr „Wissenschaftskonzept" war klar wertorientiert. Eine Heilpädagogik habe nur dort ihre humane Berechtigung, wo sie sich als kritische Theorie und Praxis für mehr Menschlichkeit, Demokratie, soziale Gerechtigkeit, Chancengleichheit und Integration verstehe und ihr Erkenntnisinteresse an die Idee der Emanzipation behinderter Menschen in einer „wahrhaft humanen Gesellschaft" (Georgens/Deinhardt) binde. Die heutige „kritische" Behinderten- oder Heilpädagogik erinnert gerne daran, auch wenn ihre eigene Entstehungsgeschichte und ihr wissenschaftstheoretischer Bezugsrahmen auf andere Quellen zurückzuführen sind. Gemeinsamer Bezugspunkt ist jedoch das auch in der geisteswissenschaftlichen Pädagogik nachweisbare Erziehungsziel der Selbstbestimmung, welches auf handlungspraktischer Ebene aber erst dann realisiert werden kann, wenn Formen überflüssiger Herrschaft, Kontrolle, Fremdbestimmung oder Versorgung, d. h. spezifische Beschränkungen im Alltagsleben behinderter Menschen, aufgehoben sind. Da Emanzipation, Selbstbestimmung oder Mündigkeit keine statischen Leitbegriffe sind, sondern dynamisch, dialektisch-teleologisch gedacht und in jeder historisch-gesellschaftlichen Situation neu bestimmt werden müssen, sind Gesellschaftskritik und Veränderungsprozesse permanent zu leisten. Damit wird im Unterschied etwa zur marxistischen Orthodoxie kein ein für allemal festgelegter utoptischer Endzustand postuliert, in dem die Möglichkeit der Selbstbestimmung als hergestellt und für immer gesichert behauptet wird.

Zur Ermittlung und Begründung des pädagogischen Sollens, der Erziehungsziele im Hinblick auf Emanzipation und Integration, verweist die kritische Heilpädagogik auf das von Habermas (1975; 1981) entwickelte Modell vom „Diskurs im herrschaftsfreien Raum". Dieser könne Willkürentscheidungen, das Sich-Leiten-Lassen von unreflektierten Normen, Alltagstheorien o. ä. verhindern. Der herrschaftsfreie Diskurs ermögliche es, das Interesse an der Verwirklichung einer demokratisch-humanen Gesellschaft zu bestimmen und strittige Geltungsansprüche zu klären. Auch Theorieentwürfe und Ansätze, die sich in Nachbardisziplinen als „wissenschaftlich tragfähig" erwiesen haben, könnten so kritisch ausgewertet und unter Berücksichtigung des heilpädagogischen Anliegens rezipiert werden. Erreicht werden soll letztendlich eine intersubjektive Verständigung über Normen, Zielbegründungen und -entscheidungen, Arbeitsformen und Handlungsorientierungen. Mit anderen Worten: Auch der wissenschaftliche Diskurs kommt ohne humane Grundwerte nicht aus, die es zu bestimmen gilt. Im Unterschied zur normativen (Heil-)Pädagogik wird aber nicht ein Wertsystem als verbindlich vorgegeben, sondern angestrebt wird der herrschaftsfreie Diskurs als ein allgemein konsensfähiges Verfahren, mittels dessen handlungsleitende Werte, Normen und Ziele diskutiert, ermittelt und legitimiert, aber auch immer wieder neu bestimmt werden können. Gerade in der heutigen Zeit, in der das Kosten-Nutzen-Denken, ein radikal ökonomisch operierendes Management im Sozialbereich sowie utilitaristisch-egoistische Werte immer mehr an Bedeutung gewinnen und die behindertenpädagogische Arbeit unter starken Legitimationsdruck gerät, gewinnt für die Heilpädagogik die kritisch-reflexive Herstellung einer „eigenen Bezugsbasis", die intersubjektiv nachvollziehbare Entscheidung für bestimmte ethische Basiswerte, eine entscheidende Bedeutung. Da niemand verpflichtet werden kann, die im Diskurs heraus-

40

gearbeitete Entscheidung anzuerkennen, kann das Verfahren aber letztlich nur als Appell an die soziale Verantwortung der Wissenschaft verstanden werden. Die ideologiekritisch-hermeneutische Methode ermöglicht wohl die Überprüfung von Urteilen oder Entscheidungen, es besteht aber keine – im erfahrungswissenschaftlichen Sinne – strenge Überprüfbarkeit. Normative Übereinkünfte im Diskurs sollten deshalb als wissenschaftlich „im weiteren Sinne" betrachtet werden. Auch wenn also die Festlegung auf ein bestimmtes Menschenbild nicht erzwungen sowie die Gültigkeit von Wertentscheidungen nicht streng bewiesen, sondern allenfalls logisch entwickelt werden kann, gibt es in unserer Gesellschaft doch einen Minimalkonsens über die anthropologischen Möglichkeiten des Menschseins, die die Ausgangsbasis des pädagogischen Sollens bilden. Dieser Minimalkonsens besteht darin, daß der Mensch als ein nach Freiheit (Autonomie, Emanzipation, Selbstbestimmung) strebendes soziales Wesen begriffen wird. Erhebliche Unterschiede stellen sich aber bereits bei der Interpretation, Präzisierung und normativen Auslegung dieser „Schlüsselbegriffe" und erst recht bei der Bestimmung ihrer (reziproken) Beziehung ein. Hier zeigt sich erneut, daß der wissenschaftliche Diskurs ohne normative Aussagen nicht durchführbar ist und ihm damit gerade in der Heilpädagogik ein hohes Maß an Verantwortung für die Theoriebildung obliegt. (Selbstverständlich ist damit nicht die Eigenverantwortung der Praktiker für ihr Handeln aufgehoben.) Der Minimalkonsens über die Möglichkeiten des Menschseins impliziert die Sinn- und Sollensfrage des heilpädagogischen Handelns, er fordert zu einer Handlungsethik heraus, die sich nicht gegen den Adressatenkreis der Heilpädagogik richten darf. Aufgabe des wissenschaftlichen Diskurses in der Heilpädagogik wäre damit, zu überprüfen, ob es Menschenbilder und Normen gibt, die die Möglichkeiten des Menschseins (z. B. von sog. schwerstgeistigbehinderten Personen) gefährden. Es wären Grundwerte im Sinne einer „anthropologischen Fundierung der Heilpädagogik" zu erarbeiten, denen als Orientierungsprinzipien handlungsleitende Funktion zukäme. Dies können christliche wie human-soziale Grundwerte sein, z. B. die Nächstenliebe, die Unverletzbarkeit menschlichen Lebens, gleiche Würde, gleiche gesellschaftliche Rechte oder die Gleichheit bei extremer Verschiedenheit (vgl. Haeberlin 1993 b). Die Bestimmung der Heil- oder Geistigbehindertenpädagogik als eine „wertgeleitete Wissenschaft" (ebd.) macht auch von daher Sinn. Solche Leitnormen, die einer erfahrungswissenschaftlichen Forschung nicht zugänglich sind, sind für das alltagspraktische Handeln, für die Motivation der heilpädagogisch Tätigen von entscheidender Bedeutung. Sie können aus dieser normativen Bezugsbasis Kraft schöpfen, die viele gerade für die Arbeit mit schwerstbehinderten und besonders schwierigen (verhaltensauffälligen) behinderten Menschen benötigen.

2.4. Zur Handlungsforschung und wissenschaftlichen Begleitung in der Geistigbehindertenpädagogik

Das Diskurs-Modell spielt in der pädagogischen Handlungsforschung, die die Überlegungen der Kritischen Erziehungswissenschaft im Hinblick auf ihre Umsetzung im pädagogischen Alltag weitergeführt hat, eine zentrale Rolle (vgl. Moser 1977, 78). „Handlungsforschung ist in ihrem Erkenntnisinteresse und damit ihren Fragestellungen von Anfang an auf gesellschaftliche bzw. auf pädagogische Praxis bezogen, sie will der Lösung gesellschaftlicher bzw. praktisch-pädagogischer Probleme dienen" (Klafki 1973, 488). Somit ist ihr erstes Ziel die Veränderung des Forschungsfeldes bzw. der Praxis im Hinblick auf Emanzipation. Es geht primär nicht um isolierten, objektiven Erkenntnisgewinn. Handlungsforschung zielt immer auf den Verwertungszusammenhang ab. Eine wissenschaftliche Geistigbehindertenpädagogik, die sich der Kritischen Erziehungswissenschaft und Handlungsforschung verpflichtet fühlt, darf folgerichtig ihren Adressatenkreis (Versuchsperson) nicht übergehen, ebensowenig darf sie sich über konkrete gesellschaftliche (lebensweltliche) Bedingungen hinwegsetzen; statt dessen muß sie sich „selbst als Teil der Lebenspraxis" (Moser 1978, 104) verstehen. In der Handlungsforschung geht es um eine gleichberechtigt-symmetrische Interaktion zwischen allen unmittelbar am Forschungsprojekt beteiligten Personen. Der wissenschaftlich tätige Heilpädagoge (Forscher) muß sich als Mitglied bzw. Teil der Kommunikationsgemeinschaft, aus der sich die zu erforschende heilpädagogische Praxis konstituiert, betrachten. Er muß bereit sein, mit allen relevanten Bezugspersonen (Zielgruppen) in einen Diskurs zu treten und unterschiedliche normative Erwartungen, insbesondere das Verhältnis zwischen seinen wissenschaftlich-normativen Ansprüchen und den Sinn-Normen der relevanten Lebenswelt, abklären. Außerdem muß er bereit sein, zu kooperieren und „reale Spielräume für gemeinsame Planung und Diskussion... offen zu halten" (ebd., 149). Die Adressatenbeteiligung bedeutet, daß Betroffene nicht mehr zum „Forschungsobjekt" degradiert, sondern als Subjekte ihres Handelns, mit ihren Problemen, Bedürfnissen und ihrer Lebensgeschichte ernst genommen werden. Damit besteht die Chance, die Unabhängigkeit von Wissenschaft und

Praxis, die „unverständliche Wissenschaftssprache und Wirklichkeitsferne wissenschaftlichen Denkens" (Bleidick 1985, 83) aufzuheben sowie die (massiven) Vorbehalte aus der Berufspraxis – auch gegenüber der Kritischen Theorie – zu entkräften. „Der Forschungsprozeß wird als ein gemeinsamer Problemlösungs- und Lernprozeß verstanden, dessen Ziel darin besteht, die Lebensbedingungen der Betroffenen transparent zu machen und zu verbessern" (Kautter u. a. 1988, 67). Wichtig sind hierzu Entscheidungen, die von allen Teilnehmern gemeinsam getroffen und getragen werden können, wie z. B. die Erarbeitung von Leitprinzipien, Zielen, Handlungsorientierungen sowie die Auswahl von (empirischen) Methoden oder anderen Forschungsverfahren (freie Beobachtung, offene Interviews). Ein weiteres Merkmal der Handlungsforschung ist ihr konkreter Lebensweltbezug. Der pädagogische Alltag (Forschungsgegenstand) wird in seiner Komplexität systematisch und sinnverstehend (hermeneutisch-pragmatisch) aufbereitet, um Wege zur Veränderung in emanzipatorischer Absicht zu finden. Dabei dürfen subjektive Sinndimensionen und spezielle individuelle (Lern-)Bedürfnisse, die das Leitprinzip der Selbstbestimmung in sozialer Bezogenheit erschweren können, ebensowenig ausgeklammert werden, wie die Zusammenhänge, innerhalb derer sich die pädagogischen Prozesse vollziehen.

Diese kurz skizzierten Merkmale der Handlungsforschung dürfen freilich nicht blind machen gegenüber den spezifischen Problemen, die diesem praxisorientierten wissenschaftlichen Ansatz anhaften. Schwierigkeiten ergeben sich zum Beispiel bei der Durchführung des Diskurses, der als eine Art Überprüfungs- oder Kontrollinstanz im Verlauf eines Forschungsprogramms immer wieder (fast permanent) geführt werden soll, damit Fehlentwicklungen, Handlungskonzepte oder auch Sinn-Orientierungen rechtzeitig von allen Beteiligten revidiert werden können. Er ist aus der Perspektive der Kritischen Erziehungswissenschaft das entscheidende Medium zur Sinnfindung und Sollensbestimmung. „Praxisveränderung durch Forschung (also durch Erkenntnis) kann nur geschehen dadurch, daß die ‚Forschungsobjekte' in die Lage einer wissenschaftlichen Selbstreflexion ihrer Sinnorientierungen versetzt werden. Das geht nur, wenn sie ihre Situation in den Formen wissenschaftlicher Reflexion objektivieren können, also durch Teilhabe am wissenschaftlich instrumentalisierten Prozeß, der durch die Forschergruppe in Gang gesetzt wurde. Das heißt aber nichts anderes, als daß die Kommunikation zwischen Forscher und Praktiker sich tendenziell der Form des Diskurses nähert" (Mollenhauer 1972 a, 15). Allerdings sind die von Habermas geforderten „herrschaftsfreien" Gesprächsbedingungen gerade für Menschen mit geistiger Behinderung nur schwer, ja häufig überhaupt nicht herzustellen. Erwartet werden nämlich von jedem Gesprächsteilnehmer spezifische Diskurs-Kompetenzen (vor allem Redegewandtheit, Empathie, Reflexion, Rollendistanz, Toleranz, Kooperation), die nicht generell vorausgesetzt werden können. Deswegen müssen vornehmlich in der Geistigbehindertenpädagogik alternative oder ergänzende, bescheidenere Formen der Zusammenarbeit gesucht und verwirklicht werden, die dazu geeignet sind, Menschen mit geistiger Behinderung eine Einflußnahme auf den Forschungsprozeß (Sollensbestimmung etc.) zu ermöglichen. So ist zum Beispiel auch durch gemeinsames Tun und Erleben die „Erfahrung der Gegenseite" (Buber), ein „Du-Verstehen" möglich. Auf jeden Fall sollte sich der wissenschaftlich tätige Heilpädagoge davor hüten, in die Rolle desjenigen zu schlüpfen, der alles besser weiß, der die „Wahrheit" für sich gepachtet hat und der Weisheit letzten Schluß (z. B. das „richtige" Ziel als geforderte Norm) verkündet. Ein solches Auftreten im Namen der Wissenschaft (oder auch der Berufspraxis!) ist mit dem Leitprinzip der Selbstbestimmung prinzipiell unverträglich. Eine Heilpädagogik als „kritische Theorie der Praxis", deren Leitinteresse die Autonomie behinderter Menschen ist, genügt somit erst dann ihrem Anspruch, wenn sie sich selbst der Ideologiekritik stellt, d. h. sich selbst überprüft, den wissenschaftlichen Aufklärungsprozeß zirkulär kritisch-reflektierend auf sich selbst bezieht. Der Weg, auf dem die Ergebnisse der Sollensbestimmung, die Auswahl der Methoden und Handlungsschritte gewonnen werden, wird dadurch rational durchschaubar und nachprüfbar gemacht. Damit stehen wir „Irrationalismen", Glaubensbekundungen, Vereinnahmungsversuchen oder bewußten Verzerrungen durch Einflüsse des Forschers oder Praktikers nicht mehr hilflos gegenüber, sondern sind in der Lage, sie zu analysieren und minimieren.

Ein weiteres Problem bezieht sich auf den für die (kritische) Handlungsforschung bedeutsamen Aspekt der „Parteilichkeit". Ein wesentliches Anliegen ist ihr, daß alle am Forschungsprozeß beteiligten Personen (z. B. Pädagogen, Behinderte, Wissenschaftler) Lernprozesse in Richtung „emanzipatorische Beteiligung" (Gieseke) vollziehen können. Dies aber setzt Bedingungen voraus, die einen „freien rationalen Diskurs" und emanzipatorisches Handeln zulassen. Fehlen solche Bedingungen, so will die Handlungsforschung als „kritisches Korrektiv" hierauf aufmerksam machen und die Praxis verändern helfen – und zwar so, daß diese Änderung von allen gewollt wird. Es genügt somit nicht, Veränderungen anzustreben, die nur von einer Gruppe (z. B. Praktiker) gewollt werden (vgl. hierzu die irritierenden Aussagen bei Mollenhauer 1972a, 15). Außerdem kommt nicht jede Veränderung in Betracht, sondern es geht stets um Lösungen, die dem Leitgedanken der Emanzipation nicht widersprechen dürfen. Was aber geschieht, wenn solche Lösungen nicht gewollt werden, wenn keine Verständigung oder normative Bezugsbasis im Diskurs hergestellt werden kann? Für die empirische Forschung bzw. den Kritischen Rationalismus erscheint dies als kein wissenschaftliches, sondern allein als ein ihnen äußerliches gesellschaftlich-politisches Problem. Die Handlungsforschung sowie die Kritische Erziehungswissenschaft dagegen, die eine derartige Aufspaltung als ein undurchführbares und deshalb auch unwissenschaftliches Vorgehen erachten, müssen in dieser Situation eine ihnen gesetzte Grenze (i. S. einer dialogischen Demarkationslinie) erkennen.

Der dritte Kritikpunkt gilt einem methodologischen Problem, das sich beim Rückgriff auf empirische Methoden im Zuge der Handlungsforschung ergibt. Da es ihr primär um ein „emanzipatorisches Erkenntnisinteresse" (Habermas) zu tun ist, haben die für die empirisch-analytische Forschung geltenden Gütekriterien keine oder zumindest geringere Verbindlichkeit. „Jedenfalls gilt die Verbindlichkeit solcher Regeln nur so lange, als sie den Erfolg emanzipatorischer Einflußnahmen nicht behindern" (Haeberlin 1975, 668). Dies bedeutet, daß beim Einsatz empirischer Methoden Verstöße gegen Regeln der empirischen Forschungsmethodik als Möglichkeit in Betracht gezogen, ja bewußt in Kauf genommen werden. Damit aber werde – so die Kritik – die Glaubwürdigkeit bzw. die Seriösität empirischer Forschung erheblich geschmälert, insbesondere auch ihre Zuverlässigkeit in bezug auf eine Generalisierung von Forschungsergebnissen. Für Haeberlin steht deshalb außer Zweifel, daß „eine Gleichzeitigkeit von empirisch-analytischer Forschung und Handlungsforschung im gleichen Forschungsfeld... als Möglichkeit auszuschließen" (ebd., 673) ist. Dem widersprechen allerdings Blankertz/Gruschka (1975). Ihrer Ansicht nach stelle zwar die pädagogische Handlungsforschung bei der Verletzung des Objektivitätskriteriums „den Gegenstand wissenschaftlicher Objektivität, den die empirisch-analytische Schule nach außen als schon definitiv entschieden verwaltet, zur Disposition" (ebd., 681). Dies aber sei nur aus dem Blickwinkel empirischer Forschung ein Regelverstoß, nicht aber aus der Perspektive (ideologiekritischer) Handlungsforschung, da diese anderen Gütekriterien wissenschaftlicher Erkenntnisgewinnung den Vorzug gebe. Ähnlich argumentiert auch Moser (1978), der die vermeintliche Dignität, die der empirischen Forschung zugesprochen wird, entschieden zurückweist: „Vom Standpunkt der Aktionsforschung (pädagogische Handlungsforschung, die Autoren) jedenfalls sind die genannten Gütekriterien nicht so vertrauensvoll, als daß ihre Aufgabe unweigerlich mit einem Verlust an Wissenschaftlichkeit bezahlt werden müßte. Denn es sind nicht nur sachliche Gründe, die einer Anwendung der Gütekriterien den Anschein der Wissenschaftlichkeit geben. Vielmehr hat sich ein Sprachspiel herausgebildet, das automatisch das Prädikat der Wissenschaftlichkeit mit den Gütekriterien verbindet, ein bloßes Einschnappen, das auf einer Tradition der Wissenschaft beruht, die an den Universitäten automatisch weitergegeben wird. Allerdings scheint mir die Lösung nicht darin zu liegen, auf Gütekriterien an sich zu verzichten", damit zum Beispiel „... über die Qualität von Daten im Rahmen des skizzierten Diskurses diskutiert werden kann" (ebd., 122).

Aus unserer Sicht ist ein Zusammenwirken der beiden Forschungsansätze nicht nur möglich, sondern auch im höchsten Maß sinnvoll, um eine möglichst hohe wissenschaftliche, pädagogische und auch sozialpolitische Effektivität zu erzielen. Im Zusammenspiel der unterschiedlichen Zugänge und Traditionen ist ein inhaltliches Abstimmen der jeweiligen Methoden oder Prinzipien in jedem einzelnen Fall vonnöten. Welche Prämissen zugunsten anderer aufzugeben bzw. in den Hintergrund zu stellen sind, kann nur vor dem Hintergrund der jeweiligen Fragestellung beantwortet werden. So wie nicht jeder psychotherapeutische Ansatz für jedes psychologische Problem gleich gut geeignet ist, so wird auch nicht jede wissenschaftstheoretische oder methodologische Überlegung in allen Fällen gleich gut anwendbar sein. Die offene, dem gemeinsamen Ziel verpflichtete Diskussion der möglichen Methoden und Forschungsansätze in jeden Einzelfall scheint die sinnvollste Variante.

Schließlich gibt es einen vierten Aspekt, der kritisch betrachtet werden muß. Er bezieht sich auf die Rolle des Forschers sowie auf das damit verknüpfte Anliegen, die herkömmliche Trennung zwischen Wissenschaft und Praxis aufzuheben. Indem der Wissenschaftler sich dem zu erforschenden heilpädagogischen Arbeitsfeld als zugehörig betrachtet, besteht die Gefahr, daß jenes Maß an Distanz zur Praxis verloren geht, welches wissenschaftlich gesehen notwendig ist, um neues Wissen aufzufinden und verallgemeinerbare Erkenntnisse zu erzeugen (vgl. Haeberlin 1993 b, 370). Denn die Aufgabe von Wissenschaft besteht nicht nur darin, gesichertes oder „besseres" Wissen darzustellen und zu vermitteln, sondern auch darin, ein „anderes Wissen" zu erzeugen: Sie soll „,ungewohnte' Zusammenhänge herstellen und die Wirklichkeit auch als anders möglich beschreiben" (Beck/Bonss, zit. nach ebd., 370). Durch eine „methodologisch reflektierte

Einschränkung auf bestimmte Perspektiven, die nur durch die Distanz zur Praxis möglich ist" (ebd.), können solche Erfahrungen am ehesten gesammelt, hervorgebracht und ggf. als wertvolle Anregungen für die heilpädagogische Praxis nutzbar gemacht werden. Natürlich ist auch die Handlungsforschung eine „Innovationsforschung" (Klafki 1973, 488), indem sie nicht nur strukturelle Veränderungen befördern (z. B. Verbesserung institutioneller Bedingungen), sondern auch konkrete praktische und neue Erkenntnisse hervorbringen kann, die sich auf „reale" Lebenswelten, auf spezifische pädagogische Situationen beziehen. Gerade darin ist sie der empirisch-analytischen Forschung eindeutig überlegen. Allerdings ist es kaum möglich, die im Zuge der Handlungsforschung erzielten Veränderungen und Erkenntnisse weitreichend zu generalisieren. In der Regel handelt es sich um singuläre, situationsspezifische, einmalige Erfahrungen, die als solche unwiederholbar sind und sich der intersubjektiven Überprüfbarkeit auf empirischer Basis entziehen. Um dem Anspruch auf Wissenschaftlichkeit zu genügen, muß daher die Generalisierbarkeit bzw. die wiederholbare Überprüfbarkeit auf einer anderen Ebene gesichert werden: Zum Beispiel sind nach den Regeln der hermeneutischen Erkenntnisgewinnung sachlich-logisch, deskriptiv und eindeutig (möglichst wertneutral) aufgebaute Verlaufsprotokolle, Entwicklungsberichte o. ä. anzufertigen, die als Belege jeder prinzipiell nachprüfen kann. Die Anfertigung solcher Dokumente darf dabei keine „Privatsache" des Forschers sein, sondern sie muß im Diskurs mit anderen am Forschungsprozeß Beteiligten erfolgen, um subjektive Verzerrungen zu vermeiden. Streng genommen ist es nicht möglich, solche singulären Erfahrungsaussagen zu beweisen, zu widerlegen, zu verifizieren oder zu falsifizieren; was bleibt, ist aber die intersubjektive Verständigung auf übereinstimmende Aussagen (i. S. v. Verstehens- und Geltungsübereinstimmung), denen dann auf dem Hintergrund des Diskurs-Verfahrens ein gewisses Maß an Glaubwürdigkeit zugeschrieben werden kann. Aber auch aus dieser Zustimmung läßt sich kaum eine Allgemeingültigkeit der Aussagen ableiten. Eine Annäherung an eine generalisierbare Theorie ist erst dann denkbar, wenn die im Anschluß an das Forschungsprojekt entwickelten Hypothesen bei vergleichbaren wissenschaftlichen Untersuchungen (Projekten) nicht widerlegt werden. Daß es sich hierbei nicht um eine exakte Wiederholbarkeit von Erfahrungen handelt, steht außer Frage. Anstelle des Prinzips der empirischen Objektivität von Erkenntnissen hat die Überprüfung praktisch bedeutungsvoller Erfahrungen Priorität: In der Handlungsforschung sind z. T. andere wissenschaftliche Kriterien bestimmend als in der naturwissenschaftlich-empirischen Forschung. Neben der Ideologiekritik als einem wesentlichen Gütekriterium wissenschaftlichen Arbeitens lassen sich vier weitere Aspekte nennen: Beim Kriterium der Transparenz geht es um die Begründung und Offenlegung von Zielen, Arbeitsschritten und Methoden, um den Forschungsprozeß für andere rational nachvollziehbar zu machen. Zweitens soll eine systematische Anwendung der Methoden anderen Forschern ein vergleichbares systematisches Vorgehen ermöglichen. Das Kriterium der Stimmigkeit (Logik) besagt, daß die Ziele und Arbeitsformen miteinander vereinbar sein müssen (vgl. Moser 1978, 124). Schließlich sollen Erkenntnisse durch eine möglichst einfache, kommunizierbare Darstellungsweise der Forschungsergebnisse offengelegt werden. Mit diesen Gütekriterien könnte eine „Übereinkunft über eine minimale normative Bestimmung von Wissenschaft" (Haeberlin 1993 a, 176) hergestellt werden, da es sich weitgehend um universale wissenschaftliche Grundpostulate handelt.

Demgegenüber hält Haeberlin (1993 b) seine Vorbehalte gegenüber der Handlungsforschung aufrecht und schlägt vor, diesen Ansatz durch den der „Wissenschaftlichen Begleitforschung" zu ersetzen. Seiner Ansicht nach ließen sich mit diesem Konzept eher die universalen Kriterien wissenschaftlicher Erkenntnisgewinnung einhalten sowie Auflösungserscheinungen wissenschaftlichen Forschens, wie sie zum Beispiel durch die Aufhebung der Trennung von Wissenschaft und Praxis entstehen können, vermeiden. Überdies ist er davon überzeugt, daß sich die in letzter Zeit von mehreren Fachwissenschaftlern geforderte Annäherung unterschiedlicher wissenschaftlicher Konzepte, insbesondere die Verbindung empirisch-analytischer, quantitativer Methoden mit qualitativen, hermeneutischen Verfahren, in der Begleitforschung am ehesten realisieren ließe. In der Tat verspricht diese, bestimmte Schwächen der Handlungsforschung zu überwinden, und erscheint somit als ein zukunftsträchtiges wissenschaftliches Forschungskonzept für die Heil- oder Behindertenpädagogik. Allerdings möchten wir angesichts der skizzierten Vorzüge der Handlungsforschung als „ideologiekritische Feldmethodik" zwischen beiden Ansätzen keine scharfe, unüberwindbare Abgrenzung vornehmen, sondern die Begleitforschung eher als ein aus der Kritik der Handlungsforschung hervorgegangenes, weiterentwickeltes Konzept begreifen. Diese Weiterentwicklung besteht im wesentlichen darin, daß sie sich als „flexibles ‚Wechselspiel von Beratung und Forschung' (Schley)" zwischen „teilnehmender Nähe und objektivierender Distanz" (Haeberlin 1993 b, 371 f.) bewegt. Was das Beraten betrifft, so sind zum einen Formen kooperativer Praxisberatung denkbar (vgl. Theunissen 1993 b), die analog zur Handlungsforschung auf „Hilfe zur Selbsthilfe" (Moser 1977, 24) abzielen und nicht unbedingt wissenschaftlich sein müssen (z. B. bei situationsbezogener, praktischer Handlungsnotwendigkeit). Zum anderen geht es um ein „wissenschaftsbegleitetes Beraten" (Haeberlin), welches nicht unmittelbar heilpädagogischen Interventionen oder Maßnahmen dient, sondern im Interesse des Forschungsvorhabens auf der Basis wissenschaftlicher Erkenntnisse und Argumentation, d. h. unter Vermeidung weltanschaulicher Spekulationen und normativer Interpretationen, „gelungene Schritte, erfolgreiche Lösungen und vernachlässigte, übersehene, problematische, kritische Zonen der Konzeptgestaltung" (Schley 1989, 41) systematisch und rational nachvollziehbar analysiert, reflektiert, bewertet, begründet und hinterfragt. Um dem Anspruch der Wissenschaftlichkeit zu genügen, muß dieser Vorgang theoriegeleitet sein, d. h., unserer bisherigen Diskussion folgend, sich an den Grundzügen der Kritischen Erziehungswissenschaft (Ideologiekritik, kritisch-zirkuläres Denken im Sinne eines Selbstbezugs) orientieren. Das reflektierende Infragestellen von Ergebnissen, Teilschritten, Handlungen, Projektphasen oder vermeintlichem Wissen ermöglicht die Auffindung spezifischer Probleme, die Überprüfung oder Änderung von Hypothesen, Theorieelementen, Prozeßzielen, Arbeitsmethoden oder bestimmten Vorhaben. Somit werden zugleich spezifische Forschungsfragen aufgeworfen, neue, weiterführende Perspektiven für die Forschung eröffnet. Folglich bestehen im Rahmen der Wissenschaftlichen Begleitforschung größere Chancen, auch neue, spezielle wissenschaftliche Erkenntnisse hervorzubringen. Dabei dürfen freilich weder die Ziele der pädagogischen Handlungsforschung noch die Gefahr der Entfremdung der Wissenschaft von der Praxis aus dem Blick geraten. Für Haeberlin (1993 b) scheint allerdings die Generalisierbarkeit von neuen wissenschaftlichen Erkenntnissen für die Heilpädagogik einen noch wichtigeren Stellenwert zu besitzen, weshalb er auf empirische Untersuchungen nicht verzichten möchte. Dennoch hält er es für ebenso wichtig, hermeneutische Fragestellungen und Methoden einzubeziehen. Da er die Gleichzeitigkeit von Empirie und Hermeneutik im Ansatz der Handlungsforschung ablehnt, favorisiert er ein Phasenmodell der Wissenschaftlichen Begleitforschung, das eine saubere zeitliche Trennung beider Methoden vorsieht (vgl. auch Haeberlin 1991). Durch die zumindest zeitweise Herstellung von Situationen wissenschaftlicher Objektivität (im Sinne der empirisch-analytischen Forschung) im Rahmen eines komplexen Forschungprojekts sieht er die Generalisierbarkeit von Ergebnissen am ehesten gewährleistet. Zugleich ist es Haeberlin aber auch um die Verwertungschancen neuer Forschungsergebnisse zu tun. Hier habe die hermeneutische Methodik ihren Platz, indem die Ergebnisse im Hinblick auf „Forschungs- und interpretationsleitenden Wertentscheidungen", an „Soll-Vorstellungen" oder „normativen Wunschvorstellungen" ausgewertet, überprüft und derart aufbereitet werden sollen, daß Empfehlungen für eine richtungsweisende „humane" (heil-)pädagogische Praxis formuliert werden können. Zweifelsohne erinnert diese methodologische Trennung an Bleidicks wissenschaftstheoretischen Entwurf einer Behindertenpädagogik. Im Unterscheid dazu geht Haeberlin jedoch von einem Wissenschaftsbegriff „im weiteren Sinne" aus, in dem sowohl empirisch-analytische als auch kritisch-hermeneutische Verfahren als wissenschaftliche Methodologie akzeptiert werden. Folgerichtig spricht er auch von einer „wertgeleiteten Forschung".

Betrachtet man die unterschiedlichen Positionen, so wird man zunächst feststellen, daß aus der Sicht der jeweils anderen Tradition zum Teil sehr einseitige Gewichtungen getroffen werden. Dies gilt ebenso für Vermittlungsversuche à la „Begleitforschung" (vgl. Haeberlin 1993 b). Allerdings gibt es aus unserer Sicht keine andere Alternative als die Konzipierung eines um Ausgleich bemühten Forschungsansatzes. Denn alle Positionen lassen bestimmte Fragen offen und bringen spezifische Probleme mit sich. Die gemeinsame Zielsetzung auf das Wohl des behinderten Menschen sollte Grund genug sein, versteinerte und konservative Forschungsideologien aufzugeben, um in einer gemeinsamen Diskussion und einem gemeinsamen Forschungsinteresse zusammenzuarbeiten. Die unterschiedlichen Ansätze und Methoden finden in diesem gemeinsamen Prozeß ihren jeweiligen Platz und Stellenwert. Nicht das dogmatische Festlegen von „Spielregeln", sondern die Ermittlung des optimalen Forschungsdesigns im jeweiligen Einzelfall stellt das Ziel dieses Ansatzes dar. So finden u. a. empirisch-analytische Verfahren ebenso ihren Platz im Forschungsprozeß wie auch die hermeneutische Forschungstradition.

3. Selbstbestimmt-Leben

Seit geraumer Zeit werden Entfaltungswerte wie Selbstbestimmung, Autonomie, Selbstverwirklichung, individuelles Glück, Individuation, Freiheit oder Emanzipation zum Programm menschlichen Lebens erkoren. Traditionelle Werte (Fleiß, Gehorsam, Ordentlichkeit, Höflichkeit, Achtung, Treue, Zuverlässigkeit, Ehrlichkeit, Sparsamkeit, Nächstenliebe), Moralvorschriften konservativen Denkens sind nicht mehr gefragt. Aber auch Normen sozialdemokratischer Programmatik (soziale Gerechtigkeit, Brüderlichkeit, Solidarität) haben an Bedeutung verloren.

Dieser Wertewandel hat auch die Behindertenbewegung und rehabilitative Arbeit erfaßt. Vor allem Menschen mit Körperbehinderungen oder Sinnesschädigungen treten offensiv für ihre Rechte und ein selbstbestimmtes Leben ein (vgl. Miles-Paul 1992). Menschen mit geistiger Behinderung partizipieren erst ansatzweise an dieser Entwicklung. Ein wesentlicher Grund hierfür liegt darin, daß ihnen Selbstbestimmung nicht zugetraut, ja aberkannt wird. Damit werden wir uns i. f. näher beschäftigen. Bevor wir aber in diese Diskussion einsteigen, ist es sinnvoll, den Begriff der Selbstbestimmung genauer zu beschreiben. Abgeschlossen wird das Kapitel durch Überlegungen zu einem Empowerment-Programm, das an den Hemmnissen der Selbstbestimmung geistig behinderter Menschen anknüpft und zukunftsträchtige Perspektiven einer heil- oder rehabilitationspädagogischen Arbeit aufzeigt.

3.1. SELBSTBESTIMMUNG – SCHLAGWORT ODER REALISTISCHE PERSPEKTIVE?

Der Begriff der Selbstbestimmung steht wie viele andere Schlagwörter in der augenfälligen Gefahr, vage und unspezifisch zu sein. Damit er nicht zu einer bloßen Leerformel gerinnt, ist der Versuch einer Begriffserklärung geboten. Diese ist auch aus einem weiteren wichtigen Grund geboten: Sieht man über alle Differenzierungen hinweg, so lassen sich unter „Selbstbestimmung" zwei Grundpositionen ausmachen, die unversöhnlich gegenüberstehen. Zum einem wird Selbstbestimmung als eine „individualistische Kategorie" ausgelegt und gelebt, zum anderen wird der Begriff als „soziale Kategorie" verstanden und nur unter dieser Perspektive legitimiert.

Ein Blick in die Geschichte zeigt, daß die Idee der Selbstbestimmung seit etwa 500 Jahren, ab dem Zeitalter der Renaissance, besondere Aufmerksamkeit erfährt. So läßt zum Beispiel der Florentiner Philosoph Pico della Mirandola (1463–1494) in seiner Schrift „Über die Würde des Menschen" Gottvater sagen: „Du sollst dir deine Natur ohne jede Einschränkung und Ende, nach deinem Ermessen, dem ich dich anvertraut habe, selbst bestimmen" (1990, 7). Dieser Gedanke des Menschen als autonomes Wesen wurde in den folgenden Jahrhunderten weiterentwickelt. Der wohl einflußreichste Philosoph war Decartes (1596–1650), der mit der Renaissance-Idee der Selbstentdeckung des Individuums auf besonders radikale Weise ernst gemacht hatte. Er begründete seine Lehre einzig auf Vernunft (Ratio) und vertrat die Ansicht, daß das Geistige (Denken, Bewußtsein) dem Körperlichen überlegen sei. Sein Dualismus und Rationalismus beflügelte unter anderem den Philosophen Hobbes (1588–1679), ein mechanistisches Weltbild und naturwissenschaftliches Denken zu verbreiten, das die gesamte Welt meßbar machen zu können glaubte. Hobbes übertrug dieses Prinzip auf den Menschen, dem er Willensfreiheit weitgehend absprach. Der Mensch war für ihn in erster Linie durch den Selbsterhaltungstrieb determiniert und von Natur aus ein Egoist. Von hier aus war der Schritt nicht weit, den Naturzustand des Menschen als einen „Krieg aller gegen alle" zu begründen. Die Folgen waren weitreichend: ein Autonomiestreben, das antisoziale Züge, die Aushöhlung des Gemeinsinns und der Solidargemeinschaft, soziale Ungleichheit, Elend, Not und Ausgrenzung beförderte; eine zunehmende Entfremdung des Menschen vom Menschen; eine Entwertung ethischer Normen zugunsten der Wertschätzung eines rein rationalen Kalküls und der Begründung der Moral unter egoistisch-strategischen Interessen; eine immer größer werdende Kluft zwischen dem „allseitig ausgebildeten Weltmann" als „Herrn der Erde", den Vorwärtsdrängenden, Mächtigen und Erfolgreichen auf der einen Seite und den Schwächeren, Armen, Benachteiligten, Hilfsbedürftigen, den Erfolglosen auf der anderen; eine utilitaristische Lebenspraxis und egozentrische Weltsicht, die Momente wie Leistung, Tüchtigkeit, Wettbewerb, Erfolg, Rationalität, Herrschaft, Macht und Ausbeutung zu den handlungsbestimmenden Kriterien erkor; eine Begründung der menschlichen Existenz durch Nützlichkeit und ökonomische Verwertbarkeit anstelle der Achtung des menschlichen Daseins an sich. Der „autonome Mensch" verkümmerte zum „homo faber", stahl sich aus der Sozialverpflichtung und richtete sein Handeln in erster Linie auf Aneignung und Akkumulation von Besitz. Erich Fromm (1976, 37) hat dieses Phänomen treffend als „Haben-Modus" charakterisiert, der zugleich das „Selbst" konstituiere und soziale Beziehungen regle: „Ich bin, was ich habe und was ich konsumiere". Diese Dominanz individualistisch-egoistischer Interessen ist sicherlich auch durch die philosophische Lehre von Kant (1724–1804) beeinflußt worden, die im handelnden Menschen ein Subjekt der selbstbestimmten, freien Entscheidung sieht. Nach Taylor (1993) sei Kant zwar von der formalen Gleichheit der Rechte aller Bürger ausgegangen, doch habe er mit seinem autonomen Moralsystem (dem kategorischen Imperativ) jegliche kollektiven Vorgaben für ein humanes „gutes Leben" strikt abgelehnt und damit die sozialen Maximen der Aufklärung (Brüderlichkeit) aufs Spiel gesetzt. In der Tat war es ein Irrtum Kants anzunehmen, daß dem Wesen des Menschen ein Gewissen als „die sich selbst richtende moralische Urteilskraft" einverleibt sei (Speck 1991, 82). Dennoch führt bei Kant die Selbstbestimmung nicht zur „Verabsolutierung des Selbst" (ebd.), zur selbstherrlichen Verfügungsmacht über andere Menschen, zur reinen Selbstbezüglichkeit. Dies wäre mit dem kategorischen Imperativ, der eine kritische Reflexion erfordert – überlege dir, ob das, was du tust, alle tun sollten –, unvereinbar. Somit stoßen wir bei Kant auf eine sozial orientierte Form menschlicher Selbstbestimmung, die sowohl der eigenen Persönlichkeitsentfaltung als auch der Glückseligkeit anderer dienen soll. Autonomie setzt bei Kant voraus, daß niemand die Befähigung eines anderen Menschen in Frage stellt, aus seinen sittlichen Überzeugungen heraus zu handeln, d. h. sein Leben selbstverantwortlich zu führen und für die Schaffung humaner Lebensbedingungen mitverantwortlich einzutreten.

Was uns heute Sorge bereitet, ist ein unreflektierter Begriff von Selbstbestimmung, der als „individualistische Kategorie" dem sozialen Ganzen antithetisch gegenübersteht. Charakteristisch für unsere Gegenwartspraxis ist ein asozial-egoistisches Streben nach Selbstbestimmung, das gesellschaftliche Ungleichheiten, zunehmende Machtkonzentration und Abhängigkeiten erzeugt. Legitimiert wird dieser Prozeß durch das Leistungsprinzip, welches als wesentliches Verteilungsprinzip für gesellschaftliche Positionen, Vorteile und Herrschaft fungiert. Damit werden zugleich Konkurrenzkämpfe befördert und das Bedürfnis geweckt, über andere zu dominieren. Im Zuge dieser Wettbewerbs- und Verdrängungsprozesse wird nicht nach der sozialen und gesellschaftlichen Relevanz des individuellen Erfolgs gefragt, vielmehr wird dem rigiden Leistungsstreben und Eigeninteresse ein so hoher Stellen- und Eigenwert zugesprochen, daß andere Momente menschlichen Seins und menschlichen Lebens kaum eine Chance erhalten, sich zu verwirklichen. Die Existenz und Würde des Menschen begründet sich aber nicht durch Leistung und Eigeninteresse, sie besteht allein durch sein Dasein, d. h. durch eine Vielfalt menschlicher „Anlagen" und einzigartiger Möglichkeiten. Menschenbilder, die auf einen reinen Subjektivismus hinauslaufen und die Selbstbestimmung des Menschen absolut setzen, verkürzen, verstümmeln und verfehlen das Menschsein. Überdies sind sie behindertenfeindlich, menschenverachtend, ja menschenvernichtend. Schließlich schätzen sie nur jene Begabungen, Fertigkeiten, Leistungen und Energien, die zum individuellen (selbstbezüglichen) Erfolg beitragen. Menschen, die weniger leisten, werden dementsprechend weniger wertgeschätzt. Ihr Schicksal hängt letztlich von dem ab, was die Gesellschaft bereit ist, an Sozialleistungen zu gewähren. Kosten-Nutzen-Analysen spielen hierbei eine entscheidende Rolle. Vom utilitaristischen Standpunkt aus ist das gesellschaftliche Interesse an der sozialen Wohlfahrt begrenzt, wenn keine Erfolge (Gegenleistungen) zu erwarten sind. Dies gilt vor allem für Menschen mit schwerer geistiger und Mehrfachbehinderung, die volkswirtschaftlich gesehen einen „lästigen Kostenfaktor" darstellen. Deswegen sprachen die Nazis einst von „Ballastexistenzen", „Nullitäten" oder „leeren Menschenhüllen" (Binding/Hoche 1922, 19), „die für den Lebensträger wie für die Gesellschaft dauernd allen Wert verloren haben" und damit zu vernichten seien. Einer ähnlichen Argumentation begegnen wir heute bei dem australischen Philosophen Singer (1984), der sich als Utilitarist zur individualistischen Selbstbestimmungsvariante bekennt, die Euthanasie schwerstbehinderter Menschen zu rechtfertigen versucht und damit ihr Lebensrecht tiefgreifend mißachtet.

Demzufolge steht außer Frage, daß die Idee der Selbstbestimmung als rigider Egoismus und Individualismus aufs Schärfste zurückgewiesen und verworfen werden muß. Anstelle eines Autonomiekonzepts, das vom bloßen Eigeninteresse, von reiner Selbstbezüglichkeit, von der Verabsolutierung des Individuums bestimmt ist, hat die sozialhumane Orientierung zu treten, die den „autonomen Menschen" nicht als Gegenstück zum „sozialen Menschen" definiert, sondern den Autonomiegedanken auf dem Hintergrund der unauflösbaren Du-Bezogenheit des Individuums zu begründen versucht. Buber macht mit seiner berühmten Aussage „Der Mensch wird am Du zum Ich" (1962, 97) auf so einfache wie treffende Weise deutlich, was Selbstbestimmung meint: nicht Freisetzung von sozialen Bindungen, sondern eigenverantwortliches Entscheiden und autonomes Handeln in der Beziehung zum Du. Dieses „Du" steht in erster Linie für den Mitmenschen, im weiteren Sinne bezieht es sich auf die „ganze Wirklichkeit", auf die sachliche und mitgeschöpfliche, natürliche Umwelt. Selbstbestimmung als „soziale Kategorie" läßt sich nicht nur philosophisch-anthropologisch, sondern auch biologisch oder entwicklungspsychologisch begründen. Nach Portmann (1970; 1973) ist der Mensch aufgrund seiner spezifischen Fähigkeiten ein „weltoffenes", autonomes Wesen. Diese Weltoffenheit bedeute aber nicht, daß er sich der Welt völlig entziehen könne. Denn die humane Entwicklung sei auf menschliches Zusammenleben hin angelegt und könne sich „nur im Sozialverhalten" (1973, 122) sinnvoll ausbilden. Damit bleibe der Mensch Teil eines sozialen und ökologischen Systems, für das er aufgrund seiner einzigartigen Ausstattung (als vernunftbegabtes Wesen) auch „in hohem Maße verantwortlich ist" (1970, 182 u. 341). Weltoffenheit und menschliche Autonomie implizierten somit Verantwortung für die Welt als Ganzes. Portmann postuliert hier eine humanökologische, biozentrische Ethik, die über ein bloßes sozial-moralisches Handeln hinausgeht. Ein Autonomiekonzept, das die „primäre Sozialnatur" (Portmann) und implizite Weltverantwortung leugnet, verfehlt nach Portmann das „volle Menschsein". Sein Ansatz legt ebenso wie Bubers philosophische Reflexion nahe, das „personale Selbstsein" auf ein dialogisches und gesellschaftliches Sein bezogen zu denken. Daraus folgt, daß wir es mit einer „relativen Autonomie" (Portmann) zu tun haben, die durch Austauschprozesse mit der Umwelt, durch ökosoziale Anpassung und Gebundenheit, d. h. durch die Notwendigkeit und Chance, im humanen und ökologischen Bereich zu entscheiden und zu handeln, begrenzt ist.

Freilich dürfen wir nun aber nicht in den Fehler verfallen, dieses soziale Moment zu verabsolutieren und blind zu werden gegenüber dem originären menschlichen Interesse an Kontrolle über das eigene Leben und an Verfügung über die eigenen Lebensumstände. Dieses Interesse wurde gerade (geistig) behinderten Menschen jahrzehntelang abgesprochen, und es wird sogar heute noch vielen vorenthalten. Dies gilt ebenso für das originäre Streben nach einem selbstbestimmten, glücklichen und erfüllten Leben (vgl. zusammenfassend Theunissen 1993 a, 107 ff.). Häufig sind es andere (z. B. Eltern), die die Normen und Standards für ein „glückliches Leben" des geistig behinderten Kindes setzen und dabei eine in jedem Menschen angelegte Eigenart, die Qualitäten seines So-Seins, einem utilitaristisch-präformierten Förderplan weitgehend unreflektiert opfern. Ignoriert wird dabei die anthropologische Erkenntnis, daß das Bedürfnis nach einem glücklichen, sinnerfüllten Leben nicht den Gesetzen des Funktionalen oder der Ratio unterliegt. Vielmehr artikuliert sie sich im zweckfreien Spiel, im ästhetischen Erleben und in der ästhetischen Erfahrung, die an sich wertvoll sein kann. „Selbstdarstellung" als ästhetisches Spiel hat so einen Eigenwert, der eine sinnerfüllte Gegenwart (Lebensverwirklichung) meint. Das Wissen um diese Möglichkeit hat weitreichende Konsequenzen für eine Theorie der Selbstbestimmung: eröffnet sie doch eine Perspektive, die für alle Menschen gelten kann. Möglichkeiten der Selbstbestimmung sind damit von klein auf gegeben, sie bestehen für den gesamten Lebenslauf – sowohl in der Entäußerung der ästhetischen Funktion (z. B. als Geschmacksbekundung) als auch in der Realisierung sozialverantwortlich-selbstbestimmter Realitätskontrolle und Lebensbewältigung. Beide Funktionen sind nicht voneinander zu trennen. Sie definieren den Menschen in der „körperlich-seelisch-geistigen Einheit" als ein soziales Wesen in einem ökologischen Umfeld, sie entwickeln sich nur in der fortlaufenden Auseinandersetzung zwischen dem Eigenbestreben des Individuums und dem gegebenen lebensweltlichen System.

3.2. Hemmnisse der Selbstbestimmung

Nachdem wir mit gebotener Kürze unser Verständnis von Selbstbestimmung herausgearbeitet haben, werden wir nun die derzeitigen Bedingungen für ein selbstbestimmtes Leben von Menschen mit geistiger Behinderung beleuchten. Wie schon einleitend bemerkt (vgl. Kap. 1), hat die Idee der Selbstbestimmung für Menschen mit geistiger Behinderung sowohl in Deutschland als auch in Österreich bislang erst wenig Einfluß gewinnen können (vgl. Theunissen 1993 c). Dies hängt insbesondere mit der „Erblast" im Behindertenwesen zusammen: einer konservierenden Heilpädagogik, die ganz im Schlepptau des sog. medizinisch-psychiatrischen Modells und/oder unter Obhut eines christlich-caritativen (Asylierungs-)Modells operierte. Im einen Falle wurde geistige Behinderung als Krankheit angesehen und behandelt, es dominierte ein äußerst negatives Bild vom geistig behinderten Menschen; diese Dogmen der Bildungsunfähigkeit, hochgradigen Hilfs- und Pflegebedürftigkeit spielten aber auch im zweiten Falle eine wichtige Rolle, lieferten sie doch den Grund für Barmherzigkeit und christliche Nächstenliebe, für ein caritatives Handeln sowohl aus Mitleid als auch zur Gewinnung des eigenen Seelenheils. Beide Modelle haben, z. T. Hand in Hand, jahrzehntelang den Umgang mit geistig behinderten Menschen geprägt und bestimmt. Sie haben geistig behinderte Menschen stigmatisiert, gesellschaftlich ausgegrenzt und isoliert, sie haben eine Reparations- und Besonderungspraxis in klinisch kontrollierten Großsystemen oder heilpädagogischen Revieren eines Sonderdaseins befördert, und sie haben autonomiehemmende Faktoren erzeugt und propagiert, die bis heute sowohl die familiäre Erziehung und Sozialisation als auch die professionelle Arbeit mit geistig behinderten Menschen fühlbar durchdringen. Einige wesentliche Einschränkungen der Autonomie möchten wir nun kurz skizzieren.

Da gibt es zunächst einmal die Infantilisierung von erwachsenen Menschen mit geistiger Behinderung. Eltern und auch professionelle Helfer neigen noch oft dazu, den Erwachsenenstatus nicht ernst zu nehmen und Menschen mit geistiger Behinderung auf eine „unendliche Kindheit" zu fixieren. Allein die Sprache, aber auch die Ignoranz gegenüber erwachsenenspezifischen Wünschen und Entwicklungsaufgaben, einem partnerschaftlichen Umgang sowie dem Recht geistig behinderter Menschen, auf Entlassung aus einer lebenslänglichen Erziehungsbedürftigkeit verraten diese immer noch weit verbreitete Gepflogenheit.

Ein weiteres Hemmnis der Selbstbestimmung kann durch die Art und Weise verursacht werden, wie Eltern die geistige Behinderung psychisch verarbeiten. Bekanntlich kann die Tatsache, ein geistig behindertes Kind zu bekommen, schwere psychische Krisen auslösen. Werden dabei im Zuge einer Verdrängung oder Verleugnung der Behinderung zu hohe Leistungsansprüche an den behinderten Menschen gestellt, die ihn überfordern, spürt er einen fast ständigen Leistungsdruck und eine permanente Reglementierung; mit seinen Lernbedürfnissen immer wieder zurückgewiesen, erlebt er immer wieder Enttäuschung und Versagung. Diese Grunderfahrung wird den weiteren Verlauf seiner Entwicklung stören und eine Neurotisierung in Gang setzen, die zum Beispiel in der Pubertät zu verstärkten Aggressionsausbrüchen bei einer Blockierung eines sinnvoll autonomen sozialen Rollenhandelns führen kann.

Gleichermaßen problematisch wie die Überforderung ist die übertriebene Aufopferung oder Überfürsorge (Overprotection), zu der sich viele Mütter aus Schuldgefühlen heraus verpflichtet fühlen. Damit verknüpft sind häufig diffuse Trennungsängste, die vor allem bei zunehmenden Selbständigkeitswünschen der geistig behinderten Menschen im pubertären oder frühen Erwachsenenalter auftreten. Oftmals werden dann die Betroffenen noch stärker durch eine überfürsorgliche Verwöhnung emotional gebunden und in Abhängigkeit gehalten. Nicht unerwähnt bleiben sollten auch sog. pädotoxische Erziehungseinflüsse wie Feindseligkeiten, Ablehnung, Distanz, Kälte, ein rascher Wechsel zwischen Verwöhnung und Feindseligkeit, eine depressiv formbestimmte Mutterbindung sowie ein familiales Beziehungsgefüge, das den behinderten Menschen in die Rolle eines Partnersubstituts drängt oder ihn zum „Sündenbock" macht. All dies trägt zu Störungen in der Autonomieentwicklung bei, und wir können recht sicher sein, daß ein Jugendlicher oder Erwachsener mit geistiger Behinderung Schwierigkeiten haben wird, sich aus diesen „pathologischen" interpersonellen Mustern zu lösen und in seiner Umwelt sozial kompetent zu orientieren.

Freilich darf man nun aber nicht in den Fehler verfallen, die primären Bezugspersonen (vor allem Mütter) als die „Schuldigen" für spezielle Verhaltensprobleme oder für eine fehlgeleitete Autonomieentwicklung zu etikettieren. Solche Tendenzen blenden zum Beispiel die Erlebenssphäre, Lebensperspektive, Lebenssituation und Rolle der Mütter in einer patriarchalen Gesellschaft aus (vgl. Jonas 1990). Außerdem ignorieren sie autonomiehemmende Faktoren im gesellschaftlichen Bezugsfeld, insbesondere auch den reziproken Zusammenhang zwischen Reaktionen der Umwelt und dem elterlichen Verhalten.

Denken wir an die ablehnende Haltung der sozialen Umwelt oder an die gesellschaftlichen Vorurteile gegenüber geistig behinderten Menschen und ihren Familien. Viele Eltern (wie auch viele behinderte Menschen selbst) spüren diese Geringschätzung, Abwehr oder Distanz, die sie in um so stärkerem Ausmaß psychosozial belasten, je massiver sie den sozialen Druck in Form von Schuldzuschreibungen, Vorwürfen und Stigmatisierung auf sich gerichtet erleben. Vor allem das Fehlen sozialer Ressourcen, Netzwerke und gemeindeintegrierter Wohnformen, aber auch das Defizit an psychosozialer Hilfe sowie eklatante institutionelle Unzulänglichkeiten sind haftbar zu machen für die sich daraus ergebende Reaktion des sozialen Rückzugs in die „familiale Innerlichkeit". In der festen Überzeugung, ein geistig behindertes Kind schade dem Ansehen der Familie, versuchen Eltern häufig, die Tatsache und das Ausmaß der Behinderung zu verbergen. Manchmal kommt es gar zur Übernahme des ihnen angetragenen Fremdbildes, was zu einer weiteren Verfestigung der familialen Isolation führt. Für den behinderten Menschen bedeutet dies einen Verlust an sozio-kulturellen Bezügen, an Außenkontakten, an gesellschaftlicher Partizipation, die für ein eigenverantwortlich-selbständiges Leben und Wohnen unabdingbar sind. Was bleibt, ist das Leben innerhalb der Familie, welches zu wenig Lebensanreize bietet, wenn der behinderte Angehörige in zu großer Abhängigkeit und Unselbständigkeit gehalten oder in seiner Freizeitgestaltung zu sehr eingeschränkt wird.

Befördert wird die Familienzentrierung auch durch ökosoziale Bedingungen. Eine ungünstige Infrastruktur, betonierte Wohnanlagen, das Verschwinden oder Fehlen von Grünflächen, fehlende rollstuhlgerechte öffentliche Verkehrsmittel, Menschenmassen und Hektik in

Fußgängerzonen, eng kalkulierte Einfamilienhaus-Siedlungen mit gepflegten Ziergärten..., all dies kann die soziokulturelle Integration
und Autonomieentwicklung geistig behinderter Menschen erschweren und Eltern davon abhalten, ihr behindertes Kind mit dem gesellschaftlichen Leben vertraut zu machen.

Neben den familialen und gesellschaftlichen Einschränkungen sollten wir nun aber auch noch die professionelle Ebene betrachten, die
ebenfalls – wie schon oben angedeutet – für den Aufbau von Hemmnissen der Selbstbestimmung mitverantwortlich ist.

Bekanntlich verleiten die meisten Lehrbücher der Medizin dazu, geistig behinderte Menschen nur vom Nicht-Können her als Defizit-
oder Mängelwesen zu betrachten. Auch das Lehrbuch der „heilpädagogischen Übungsbehandlung" (von Oy/Sagi 1988) operiert in diesem falschen Bewußtsein. Weil geistig behinderte Menschen wenig
wissen und können, müßten andere für sie entscheiden, ihnen vorschreiben, was zu tun und wie sie sich zu verhalten haben. Geistig
behinderte Menschen werden damit zu einer lebenslangen Führungs-
bedürftigkeit, erzieherischer Abhängigkeit und kontrollierenden
Pädagogik verdammt, die alle Lebensbereiche durchdringt, wenig
Raum läßt für Privatleben und Intimität sowie den Lebensweg mit
Stopp- und Hinweisschildern verstellt. Wenn auch immer häufiger
pädagogische Konzepte explizit „Autonomie" intendieren, so ist dies
allen noch keine Garantie für eine gelingende emanzipatorische Praxis. Nehmen wir zum Beispiel den Bereich des Wohnens: Gerade hier
kommt es immer wieder zum Widerspruch zwischen Anspruch und
Wirklichkeit. Dies hängt mit einem Phänomen zusammen, das wir
„heimliches Betreuungskonzept" (Lingg/Theunissen 1993, 94) genannt haben. Es bezeichnet alle Prozesse und Regelungen, die neben-
bei, unbeabsichtigt und unbewußt ablaufen, die enorm wirksam sind
und eine „heimliche" Fremdsteuerung, eine gedankenlose Rundumversorgung und Überbehütung sowie eine subtile Überwachung bedeuten. Auch wenn Selbstbestimmung proklamiert wird, erhalten
trotzdem viele geistig behinderte Menschen keinen eigenen Schrank-
oder Zimmerschlüssel; das Personal ist es, das bestimmt, wann und
wie lange der Einzelne morgens baden, ob er duschen oder baden
darf, welches Shampoo und welche Seife er verwenden, welches
Handtuch zum Abtrocknen er nehmen, welche Unterhose und Strümp-
fe er anziehen soll, wann gefrühstückt wird, wieviel und was er essen
oder trinken darf... Damit lernen die Behinderten ganz „heimlich"
und im Verborgenen, daß sie nicht über ihre eigenen Lebensumstände
verfügen und daß sie ihre Gefühle, Interessen und Bedürfnisse zu un-
terdrücken haben. Sie lernen, daß ihr Alltag viel Langeweile und tote

Zeit beinhaltet; es wird ihnen beigebracht, daß sie bestimmte Regeln einzuhalten haben, daß sie ihren Körper disziplinieren müssen und je nach Betreuer unterschiedliche Gepflogenheiten zu befolgen haben. Ein Kernproblem der heimlichen Betreuung und Überwachung ist zweifellos das mangelnde Vertrauen in die Ressourcen geistig behinderter Menschen: Es wird ihnen zu wenig zugetraut, ihre Entwicklungsmöglichkeiten und Ausdrucksformen werden verkannt, ihr Handlungsspielraum wird beschnitten, und sie werden in ihren Kompetenzen unterfordert. Häufig wird ein zu strenger Normalitätsmaßstab angelegt, der die Möglichkeiten einer selbstbestimmten Lebensverwirklichung durch die Ausklammerung oder Vermeidung von „Risiken" verkümmern läßt. Welche Folgen sich ergeben, wenn geistig behinderten Menschen alle Entscheidungen abgenommen und ihnen Chancen selbstbestimmten Handelns verwehrt werden (z. B. fehlende Erfahrung mit alltäglichen Tätigkeiten wie Auswahl von Kleidung, Erledigung von Einkäufen, Umgang mit Geld...), ist Seligmans Theorie der „erlernten Hilflosigkeit" (1986) deutlich zu entnehmen: Menschen, die die Erfahrung der Unkontrollierbarkeit machen, erleben ihr Handeln als sinnlos und reagieren mit Apathie, Rückzug, Hilflosigkeit oder gar schweren Depressionen. Hinzu kommt das Problem der mangelnden Risikoerfahrung, wodurch diffuse Ängste vor einer „gefährlichen" Welt sowie das Gefühl, hilflos dieser ausgeliefert zu sein, befördert werden. Deswegen muß dann um so mehr jedes Risiko (z. B. eine unvertraute Situation) vorsorglich vermieden werden – und zwar am besten durch permanente Hilfe oder ständigen Schutz. Will man dagegen mehr Selbständigkeit, Unabhängigkeit und psychische Gesundheit fördern, so bedarf es einer pädagogischen Praxis, die auf ein Höchstmaß an Selbstentscheidung und Situationskontrolle ausgerichtet sein muß.

Darüber hinaus haben wir den Eindruck, daß gerade professionelle Helfer, die sich der klinisch-heilpädagogischen Orthodoxie oder dem rehabilitativen Reparationsmodell verpflichtet fühlen, die Frage nach dem Zutrauen und Können nur unter dem Aspekt der Erfüllung gesellschaftlicher Normen und (Minimal-)Anforderungen betrachten. Ausgeblendet wird damit die Perspektive des behinderten Menschen, seine subjektiven Befindlichkeiten und Gefühle werden ignoriert oder lediglich als zweitrangiges Problem gesehen. Niemand wird leugnen können, daß derartige Lebensbedingungen und/oder pädagogische Anforderungen kaum zu einer sinnvollen Befriedigung originärer menschlicher Lebensbedürfnisse und der Ausbildung autonomen Handelns beitragen können. Eher werden Verhaltensauffälligkeiten erzeugt, und es bleibt vielen behinderten Menschen letztlich nichts anderes übrig, als sich an die gegebenen Verhältnisse anzupassen. Dieses Sich-Abfinden hat Konsequenzen für das Streben nach Selbstbestimmung, das unterdrückt oder verdrängt werden muß und schließlich versandet. Das klinisch-orthodoxe rehabilitative Modell wirkt, indem es für Selbstbestimmung keinen Raum läßt, als self-fulfilling prophecy. Wird nun aber plötzlich im Zuge von Normalisierung oder Integration Selbstbestimmung zugestanden und abverlangt, so kann dies den Betreffenden erheblich verunsichern und überfordern – wurde er doch lange Zeit fremdbestimmt und nicht dazu befähigt oder ermutigt, selbst Entscheidungen zu treffen, Handlungsräume selbständig zu nutzen und mit seinen Freiheiten zurechtzukommen. Die Wahrscheinlichkeit ist groß, daß er in einen Teufelskreis gerät, sich so verhält, wie es von seinem Nicht-Können her erwartet wird. Dies gilt dann wiederum als Beleg für die o. b. self-fulfilling prophecy, die an dieser Stelle der Selbstbestimmungsidee und womöglich selbst der Normalisierung und Integration ein Ende setzt.

Ein letzter Aspekt, der nicht unerwähnt bleiben soll, bezieht sich auf den sog. „Autonomiekonflikt" (Rüggeberg 1985). Schon beim „heimlichen Betreuungskonzept" wurde deutlich, daß Mitarbeiter in Behinderteneinrichtungen sozusagen ein Monopol der Hilfeleistung haben, was die behinderten Bewohner dann besonders abhängig macht, wenn sie keine anderen Alternativen haben, die notwendige Hilfe zu erlangen (vgl. Rüggeberg 1990, 444). Dahinter verbergen sich institutionelle Sachzwänge, berufsständische und insbesondere wirtschaftliche Interessen, die oft in erheblichem Maße mit dem Interesse an einem selbstbestimmten Leben kollidieren. Gerade große Träger der Behindertenhilfe denken und handeln noch zu sehr institutionsbezogen und tun sich schwer, alternative, bedürfnisorientierte Konzepte aus der Betroffenen-Perspektive ernst zu nehmen, zu erschließen und umzusetzen (vgl. auch Theunissen 1993 c).

3.3. Folgerung für die Praxis: Empowerment

Mit dem eingangs dargestellten Empowerment-Konzept soll nun diese, aus dem Defizit-Blickwinkel heraus legitimierte und inszenierte Überwachungs- und Hilfebedürftigkeit geistig behinderter Menschen zugunsten von mehr Autonomie aufgehoben werden.

Die Fähigkeit zur Selbstbestimmung, in eigener Sache entscheiden, handeln und eigene Angelegenheiten selbst regeln zu können, wird im Empowerment-Konzept bei jedem Menschen vorausgesetzt. Dies schließt aber nicht aus, daß sie im Einzelfalle (erst) geweckt und entwickelt werden muß. Bei Menschen mit geistiger Behinderung spielt die Förderung der Selbstbestimmung sowie des Selbsthilfepotentials zweifelsohne eine zentrale Rolle – wurde ihr Streben nach Autonomie doch häufig erst gar nicht zugelassen, oder es wurde verkannt, nur unzureichend unterstützt oder gefördert. Professionelle Unterstützung darf hierbei jedoch nicht die traditionellen Rollenmuster in Heilpädagogik und Therapie, das Machtgefälle zwischen Helfer und Adressat analog zum Arzt-Patientenverhältnis perpetuieren, sondern sie muß auf partnerschaftliche Kooperation und Assistenz hin angelegt sein und – wenn möglich – sich langfristig überflüssig machen. Der professionelle Auftrag ist damit eindeutig. Experten oder Helfer dürfen ihre Bezugspersonen nicht bevormunden, gängeln, behandeln, besondern oder isolieren, ihnen vorschreiben, was zu tun ist; sie sollen mit den Betroffenen gemeinsam deren Ressourcen, Selbstgestaltungsmöglichkeiten und Kompetenzen entdecken; sie sollen offen sein für partnerschaftliche Begegnungsprozesse, Zuversicht und Zutrauen in die eigenen Stärken und Selbsthilfemöglichkeiten vermitteln. Experten und Helfer sollen sich selbst an die Betroffenen als Experten in eigener Sache wenden, eigene (expertendefinierte) Ziele und Vorgaben zurücknehmen sowie Bedingungen bereitstellen, die Empowermentprozesse zulassen. Wichtig ist, daß die Adressaten diese neuen Erfahrungen, neu erworbenen oder wiederentdeckten Fähigkeiten identitätskonstituierend verarbeiten sowie in die Realität des Alltagslebens verankern können.

Ferner hat diese Form der Unterstützung sowohl auf individueller als auch auf kollektiver, sozialpolitischer Ebene stattzufinden. Die Bedeutung und Wirkweise der Gruppe (Entdecken und Einsetzen gemeinsamer Kräfte, solidarisches Handeln, gegenseitige Unterstützung, kollektive Selbsthilfe) kann im Empowerment-Konzept nicht hoch genug eingeschätzt werden. Ihr kommt eine Schlüsselfunktion zu, da der Empowermentprozeß Engagement und „emanzipatorische Beteiligung" (Gieseke) Gleichbetroffener an sozialen, öffentlichen oder politischen Angelegenheiten, Selbsthilfe-Initiativen in Stadtteilen, in der Gemeinde oder in größeren sozialen Lebenswelten beinhaltet. Gerade an dieser Stelle wird der Perspektivenwechsel deutlich: Wurden Menschen in marginalisierter Position bislang fast nur aus einer „Bedürftigkeits-Perspektive" als hilflose, wartungs-, behandlungs- oder administrativ führungsbedürftige „Mängelwesen" wahrgenommen, so geht es nun darum, sie „als vollwertige menschliche Wesen, die sowohl Rechte als auch Bedürfnisse haben" (Rappaport 1985, 269), zu akzeptieren und ernst zu nehmen. Besondere Aufmerksamkeit gilt hierbei dem Klienteninteresse und der „Rechte-Perspektive", die in der Vergangenheit häufig übersehen oder ausgeklammert wurde. Für die professionelle Hilfe (Sozialarbeit, Heilpädagogik) hat dies Konsequenzen: Sie muß ihr fachliches Selbstverständnis neu definieren, ihr Selbst- und Fremdbild korrigieren; sie muß sich selbst als Gegenstand einer kritischen Reflexion über stattfindende Definitions- und Etikettierungsprozesse betrachten, ihre gesellschaftliche Funktion und Wirkweise als Instanz sozialer Kontrolle und Sanktionsmacht durchschauen. Hinter all dem verbirgt sich die Grundannahme von Empowerment, daß eindimensionale (individuumzentrierte) Unterstützungsprogramme, z. B. eine heilpädagogische Übungsbehandlung, funktionalistische Rehabilitation oder Entwicklungstherapie, der Komplexität menschlicher Lebensbewältigung und Lebensverwirklichung nicht gerecht werden und sich ins Gegenteil dessen verkehren können, was sie erreichen sollen. Auf jeden Fall tragen solche Interventionsformen nur selten zu langfristigen Veränderungen bei – und dies erst recht, wenn sie losgelöst von lebensweltlichen Bezügen den Betroffenen aufoktroyiert werden. Die moderne systemökologische Forschung (vgl. Brofenbrenner 1981) lehrt uns, daß ein (pädagogischer) Erfolg nur dann erwartet werden kann, wenn sich das lebensweltliche System mitverändert. Das heißt, daß ohne Lebensweltbezug, ohne Orientierung an den subjektiven Erfahrungsmustern und realen Lebensbedingungen Empowerment zum Scheitern verurteilt ist. Indem soziale Zusammenhänge, Widersprüche gesellschaftlicher Realität sowie die reziproke Wechselbeziehung zwischen Individuum und Umwelt berücksichtigt werden, operiert Empowerment auf der Basis eines dialektischen Denkens, das die menschliche Selbstbestimmung als eine soziale Kategorie zu begreifen vermag. So denkt zum Beispiel Rappaport (1985, 258) soziale Werte wie Freiheit und Gleichheit in Antinomien, da ein totaler Individualismus soziale Gleichheit einschränken wie umgekehrt absolute Gleichheit zu Lasten individueller Lebensverwirklichung gehen würde. Folgerichtig muß es zu einer dialektischen Verschmelzung und Balance kommen, die handlungsbestimmende Wertentscheidungen im Sinne von Basisnormen menschlichen Zusammenlebens verlangt. Eine solche normative Bezugsbasis ist am ehesten im „herrschaftsfreien Diskurs" herzustellen. Hierzu ist autonomes soziales Rollenhandeln gefragt, das ggf. angeeignet werden muß: z. B. die Fähigkeit, eigene Bedürfnisse zu erkennen und zu äußern; die Fähigkeit, sich gegenüber Rollen und Normen reflektierend und distanzierend zu verhalten; die Fähigkeit, sich mit divergierenden Rollenerwartungen oder unterschiedlichen Standpunkten auseinanderzusetzen, sie zu tolerieren und Konflikte durchzustehen, ohne dabei die eigene Identität gefährdet zu sehen; die Fähigkeit Antinomien und ambivalente Gefühle auszuhalten; die Fähigkeit, sich in die Sicht eines anderen hineinzuversetzen und soziale Prozesse von mehr als nur einer Seite zu betrachten; die Fähigkeit, Handlungen eigenständig-verantwortlich und kooperativ auszuführen. Wir sehen, daß Selbstbestimmung im Empowerment-Konzept eine soziale Bedeutung hat, wie sie eben in Selbsthilfegruppen und insbesondere auch in der Independent Living-Bewegung zum Tragen kommt (vgl. Rüggeberg 1985; 1990; Miles-Paul 1992).

Alles in allem ist Empowerment ein sehr anspruchsvolles Unternehmen, welches sowohl hohe Erwartungen an die Rolle der Helfer als auch an die Kompetenz der Betroffenen knüpft. Hierbei stellt sich die Frage, ob zum Beispiel das Vertrauen auf die Selbstveränderungsbereitschaft, die Selbstaktualisierungs- oder Selbstheilungskräfte der Betroffenen auch für die Arbeit mit geistig behinderten Menschen gelten kann. Sicherlich kann Empowerment nicht unvermittelt als autonomiepädagogisches Programm herhalten, entscheidend sind aber die richtungsweisenden Implikationen, die uneingeschränkt auch für Menschen mit geistiger Behinderung Gültigkeit haben.

Im folgenden haben wir nun versucht, das Empowerment-Konzept für die Arbeit mit geistig behinderten Menschen zu präzisieren. Dabei sind wir auf drei Leitlinien gestoßen, die zur Freisetzung, (Wieder-)Herstellung und Unterstützung von Selbstbestimmung konstitutive Bedeutung haben:

1. Subjektzentrierung

Ein erklärtes Ziel von Empowerment ist es, innovative Prozesse im Bereich Sozialer Arbeit von der Betroffenen-Perspektive aus zu denken, zu planen und zu realisieren. Anstelle einer institutionsbezogenen Praxis, die Menschen in marginalisierter Position an bestehende traditionelle Hilfssysteme überantwortet, tritt ein klientenorientiertes, bedarfsgerechtes und flexibles Konzept, das die Betroffenen dort abholen will, wo sie sich gerade befinden. In der Arbeit mit geistig behinderten Menschen muß daher an ihren spezifischen Interessen, Bedürfnissen, Wünschen und Entwicklungsmöglichkeiten angesetzt werden; es gilt, ihre Subjektivität zu erschließen, aber auch ihre subjektive Befindlichkeit, emotionale und soziale Bedürfnis- und Problemlage intensiv aufzunehmen, um den Weg zu (mehr) Autonomie ebnen zu können. An den Extremen läßt sich diese Leitlinie leicht verdeutlichen: Für einen schwerst geistig behinderten Erwachsenen kann Autonomie schon bedeuten, daß er selbst bestimmen (wählen) darf, was er zum Frühstück trinken möchte (Milch oder Kakao). Ein Erwachsener mit leichter geistiger Behinderung will dagegen selbst über ein eigenes Einkommen verfügen, er will selbst entscheiden (oder zumindest mitentscheiden), ob er allein, zu zweit, in seiner Familie oder in einer Wohngruppe leben möchte, wann und wie lang er ausgehen darf... Wir sehen, daß Selbstbestimmung auf sehr unterschiedlichen Ebenen möglich ist, daß Entscheidungen sowohl in kleinen „einfacheren Bereichen" (z. B. Auswahl von Speisen, Kleidung, Spiel- oder Beschäftigungsmaterial) als auch in „größeren", Belangen (z. B. Wohnort- und Wohngruppenwahl, Partnerwahl, Teilnahme an einem Erwachsenenbildungskurs, Kauf einer Musikanlage) getroffen werden können. Je nach den individuellen Voraussetzungen, der Sozialisationsgeschichte, der konkreten Lebenssituation und den gegebenen gesellschaftlichen Bedingungen sind dabei die Entscheidungs- und Handlungsräume eines jeden unterschiedlich groß. Pädagogisch kommt es darauf an, schon die kleinsten Ansätze einer Willensbekundung oder Bedürfnisäußerung zu erahnen, zu erkennen, ernst zu nehmen, aufzugreifen und zu nutzen, um Kontrollbewußtsein und Handlungskontrolle auszubilden und zu stärken (vgl. Niehoff 1994, 2). Diese subjektzentrierte Vorgehensweise kennt kein allgemeingültiges Programm einer Autonomiepädagogik, keine vorgeschriebenen Pläne oder starren Konzepte, wohl aber Grundeinsichten und Aufgaben, die Entscheidungs- und Handlungsautonomie befördern können (vgl. Speck 1985, 164; 1991, 135 ff.). Stichwortartig seien einige Aspekte genannt:

Freisetzung von Eigenaktivität;
Erleben- und Erfahrenlassen der Eigenkompetenzen;
Sich-Selbst-Sein-Dürfen;
Anbieten von Wahlmöglichkeiten;
Schaffung eines „autonomen Entscheidungs- und Handlungsraumes";
Respektierung und Unterstützung eines eigenen Willens;
Zulassen eigener Gefühle;
Wertschätzung des So-Seins des Anderen;
Förderung individueller Entscheidungen;
Stärkung des Selbstvertrauens und Förderung eines Lebenszutrauens;
Hilfen zur Entwicklung eines eigenen Lebenssinns;
Hilfen zur Selbstwahrnehmung, Selbsterkenntnis und zu einer realistischen Selbsteinschätzung;
Hilfen, eigene Interessen und (Lern-)Bedürfnisse zu erkennen und zu äußern;
Förderung der Selbständigkeit zur Bewältigung alltäglicher Aufgaben;

Befähigung zu Fertigkeiten, die für ein autonomes Leben notwendig oder hilfreich sind;

Hilfe zur Selbsthilfe in unvertrauten Situationen;

Förderung sozialer Werthaltungen (z. B. Hilfsbereitschaft, Bereitschaft zu teilen, Achtung des Eigentums anderer);

Befähigung zu sozialer Handlungskompetenz (Fremdwahrnehmung, Empathie, Gemeinschaftsgefühl und Sozialinteresse, Kooperation und soziale Rollenübernahme, Rollendistanz, Ambiguitätstoleranz).

Selbstverständlich sind diese Aufgaben nur richtungsweisend. Entscheidend ist, daß *vom* behinderten Menschen aus, *mit* ihm zusammen und *für* ihn ein „individuelles Konzept" erstellt wird, welches die jeweils relevanten Aspekte aufgreift. So kann es zum Beispiel bei einem schwerst geistig behinderten Menschen, der als hochgradig passiv, inaktiv und kommunikationsarm erlebt wird, darauf ankommen, ihn über Formen einer basalen ästhetischen Praxis (vgl. Theunissen 1994 a; b; c) zu mehr Äußerungen, Ausdrucksverhalten und Eigenaktivität anzuregen, um Voraussetzungen für selbstbestimmtes Handeln zu schaffen. Bei einem schwerstmehrfachbehinderten Menschen, der aufgrund seiner Behinderung nur ein geringes Maß an Selbständigkeit erreichen kann, macht die Förderung von Handlungsautonomie womöglich weniger Sinn als die Unterstützung und Sicherung von Entscheidungsautonomie. Hieran wird deutlich, daß mehr Selbständigkeit verbesserte Handlungsautonomie bedeuten kann, daß aber aus mangelnder Selbständigkeit keine verminderte Fähigkeit zur Selbstbestimmung schlußgefolgert werden darf. Menschen, die in ihrer Handlungskompetenz erheblich eingeschränkt sind, können sehr wohl eigene Entscheidungen treffen, ein hohes Maß an „Bewußtseinsautonomie" (Speck 1985, 165) oder Geschmacksbekundung äußern. Für die Arbeit mit schwerstbehinderten Menschen ist diese Differenzierung besonders wichtig, weil sie deutlich macht, daß bei jeder Person Autonomieräume vorhanden sind, die es zu nutzen gilt.

Ganz andere Aufgaben einer Autonomiepädagogik ergeben sich dort, wo wir es mit (leicht) geistig behinderten Menschen zu tun haben, die aufgrund einer defizitären, autonomiehemmenden Sozialisation mangelndes Selbstwertgefühl, massive Ängste, Apathie, Selbstisolation, Kontaktabwehr oder auch aggressives Sozialverhalten an den Tag legen. Hier wird eher ein kommunikationsstiftendes therapeutisches Arbeiten oder ein soziales Kompetenztraining dazu geeignet sein, die Symptome der „erlernten Hilflosigkeit" (Seligman) zu überwinden und den Weg für gelingende soziale Autonomie zu ebnen.

Diese Aufgabe einer (Wieder-)Herstellung, Anbahnung oder Differenzierung von Selbstbestimmung führt uns aber auch zu den Grenzen autonomer Entscheidungen und Handlungen. Diese ergeben sich dort, wo z. B. Willensbekundungen oder autonome Handlungen sozial destruktive Wirkungen erzeugen, einem Leben in einer (Wohn-)Gemeinschaft abträglich sind. Hier bedarf es womöglich einer Soziotherapie oder eines Curriculums zum „sozialen Lernen", das mit den personalen Ich-Ansprüchen ausbalanciert sein muß. Grenzen gibt es auch dort, wo Selbst- und/oder Fremdgefährdungsprozesse in erheblichem Maße drohen oder vorliegen. In diesem Falle besteht die Pflicht, auch gegen den Willen eines Betroffenen zu intervenieren, d. h. sein selbstbestimmtes Handeln einzugrenzen oder gar zu unterbinden. Ein solcher „pädagogischer Notfall" hat nichts mit Fremdbestimmung zu tun, sondern resultiert aus unserer sozialen Verantwortung und Verpflichtung, die wir gegenüber geistig behinderten Menschen haben. Insofern ist es wichtig zu überprüfen, welche pädagogische Verkehrsform wirklich im Interesse des behinderten Menschen liegt und seiner Autonomie förderlich ist. Zum Beispiel wäre es naiv, ja unverantwortlich, eine laisser-faire-Haltung nach dem Motto, selbstverletzendes Verhalten sei (natürlicher) Ausdruck von Selbstbestimmung, einzunehmen. Sicherlich muß hierbei nicht in jedem Falle interveniert werden (Gefahr der Verobjektivierung durch verhaltenssteuernde kontrollierende Pädagogik oder Therapie), doch darf das ernsthafte Bemühen, den behinderten Menschen mit seinen Problemen und Bedürfnissen in seiner Lebenswelt zu verstehen und seine „positiven Botschaften" aufzuspüren und zu unterstützen, niemals zu kurz kommen. Ebenso sollte eine immer wieder beobachtbare soziale Abkapselung und Isolation von der Gruppe nicht in antipädagogischer Manier vorschnell als Willensbekundung und selbstbestimmtes Handeln ausgelegt werden, sondern auch als Signalverhalten für eine psychosoziale Problematik untersucht werden.

Um zu entsprechenden Erkenntnissen und diagnostischen Aussagen zu gelangen, ist eine möglichst detaillierte Aufbereitung (Rekonstruktion) der individuellen Lebensgeschichte unabdingbar. Ferner ist es hilfreich, das aktuelle Entwicklungsniveau im Horizont der „Zone der nächsten Entwicklung" (Wygotski 1974) zu erfassen. Hierzu sollten qualitative Aspekte der Verhaltens- und Erlebenssphäre herausgearbeitet werden, da Entwicklungsprozesse in reziproker Beziehung zu lebensweltlichen Systemen stehen und nur im Geflecht von Interaktionen und situativen Bedingungen subjektive Bedeutung erfahren. Das Konzept der „Zone der nächsten Entwicklung" begreift Lernprozesse als Schrittmacher der menschlichen Entwicklung und arrangiert sie entsprechend, indem es „passende" (für den behinderten Menschen subjektiv bedeutsame, bedürfnis- und entwicklungsadäquate) Gelegenheiten für autonome Entscheidungs- und Handlungsprozesse schafft.

2. Dialogische Assistenz

Ein wichtiges Moment von Empowerment ist die Neudefinition professioneller Dienste: Helfer sollen nicht mehr be-treuen, be-handeln oder gar be-stimmen sondern assistieren. Die Betroffenen sollen selbst entscheiden, welche Unterstützung sie benötigen, was für sie richtig ist, und sie sollen sich selbst ihre Hilfen kaufen (payment-Prinzip). Damit sind und bleiben primär sie selbst „Bestimmer" ihrer Situation, selbst verantwortlich für die Definition ihrer Bedürfnis- und Problemlage. Dieses Prinzip der „persönlichen Assistenz" (Miles-Paul 1992, 18) läßt sich nun aber nicht vorbehaltlos auf die Arbeit mit geistig behinderten Menschen übertragen. Aufgrund ihrer begrenzten kognitiven Fähigkeiten können geistig behinderte Menschen nur selten ihre Situation oder Lebensperspektive überschauen und antizipieren sowie Normen, die an sie herangetragen werden, kritisch reflektieren. Deshalb stehen hier Pädagogen, Helfer oder Assistenten an „beiden Enden der Situation" (Buber), indem sie immer wieder stellvertretend (ich-stützend) für geistig behinderte Menschen entscheiden und handeln müssen (vor allem bei „größeren Belangen") und damit ein hohes Maß an sozialer Verantwortung zu tragen haben. Was aber bedeutet Verantwortung? Eine wegweisende Antwort gibt uns Buber (1954, 147 u. 149): „Echte Verantwortung gibt es nur, wo es wirkliches Antworten gibt. Antworten worauf? Auf das, was einem widerfährt, was man zu sehen, zu hören, zu spüren bekommt. Jede konkrete Stunde mit ihrem Welt- und Schicksalsgehalt, die der Person zugeteilt wird, ist dem Aufmerkenden Sprache. Dem Aufmerkenden; denn mehr als dessen bedarf es nicht, um mit dem Lesen der einem gegebenen Zeichen anzuheben. (...) Dem Augenblick antworten wir, aber wir antworten zugleich für ihn, wir verantworten ihn. Ein neuerschaffenes Weltkonkretum ist uns in die Arme gelegt worden; wir verantworten es. Ein Hund hat dich angesehen, du verantwortest seinen Blick, ein Kind hat deine Hand ergriffen, du verantwortest seine Berührung, eine Menschenschar regt sich um dich, du verantwortest ihre Not." Wir stellen fest, daß Buber das Phänomen der Verantwortung nicht auf eine moralistische, juristisch relevante Sozialverpflichtung beschränkt, sondern in den Grundzügen menschlichen Lebens verankert wissen will. Dabei ist es ihm um ein äußerst persönliches Verhältnis zu tun, in dem der (assistierende) Mensch den Anderen nicht als „Es" (Betreuungsobjekt) instrumentalisiert, sondern ihm als „Du" antwortet, d. h. sich ihm gegenüber ver-antwortet. „Echte Verantwortung" gibt es somit für Buber nur vor dem Hintergrund einer Ich-Du-Beziehung, die als dialogisches Verhältnis gegenseitige Verantwortung impliziert. Alle, die in der Arbeit mit geistig behinderten Menschen tätig sind, wissen, wie wichtig gerade die Herstellung einer Ich-Du-Beziehung ist, um Grundbedürfnisse nach sozialer Kommunikation, Zuwendung und Mitmenschlichkeit zu befriedigen, um psychisches Wohlbefinden zu bewirken. Vor allem Menschen mit schwerer geistiger Behinderung brauchen diese personale Begegnung, die Wertschätzung und Akzeptanz als gleichwertige Person, die Annahme und Bestätigung in ihrem So-Sein und eine gemeinsam inniglich erlebte Du-Erfahrung. Damit werden zugleich hohe Anforderungen an die Person des Assistenten (Pädagogen) gestellt. Er muß sich als „ganzer Mensch" auf die „ganze Wirklichkeit" (also auch auf die Möglichkeiten) des Anderen einstellen – eine anspruchsvolle Aufgabe, die Buber als „Umfassungsakt" beschreibt, der über eine bloße Empathie hinausgeht. Indem der Assistent den Anderen „umfaßt", erlebt dieser sich als Person angenommen, geborgen, sicher und verstanden. Freilich darf der Umfassungsakt den Anderen nicht völlig vereinnahmen, zum Beispiel (emotionale) Abhängigkeiten erzeugen, von denen der Einzelne nicht mehr loskommt. Vielmehr ist es eine Komponente des pädagogischen Bezugs, sog. Wir-Beziehungen, Prozesse einer Weltbegegnung, zu fördern und sich selbst dadurch langfristig überflüssig zu machen. (Gerade deshalb ist der Erziehungsbegriff in der Arbeit mit geistig behinderten Erwachsenen kritisch zu hinterfragen.) Ebenso sollte die pädagogische Unterstützung (Alltagshilfe) nur in dem Maße erfolgen, in dem der geistig behinderte Mensch nicht in der Lage ist, sich selbst zu helfen bzw. sein Leben selbstverantwortlich zu führen. Da Menschen mit geistiger Behinderung in der Regel einen sozial abgesicherten Lebensraum und Bezugspersonen benötigen, die sie zu schützen und zu begleiten wissen, geht es hier eher um einen partiellen Wegfall von Hilfen zugunsten von mehr Autonomie. Dies hängt vom Grad und von der Art der Behinderung ab, er hat sich insbesondere aber auch an den Grundbedürfnissen nach menschlicher Kommunikation, an den Grundphänomenen menschlichen Lebens zu orientieren. Dialogische Assistenz meint somit eine Form von Unterstützung, die das „Zwischenmenschliche" nicht ignoriert oder verkümmern läßt, sondern stets – auch auf dem Hintergrund eines Dienstleistungsangebots – subjekthaft pflegt, spürbar und erlebbar macht.

3. Lebensweltbezug

Ein zentraler Aspekt von Empowerment ist der Lebensweltbezug. Menschen mit marginalisierter Position werden nicht als alleinige Adressaten assistierender Hilfen begriffen, sondern Gegenstand von Empowerment sind die Betroffenen mit ihren Bedürfnissen in ihrer Lebenswelt. Für die Arbeit mit geistig behinderten Menschen bedeutet dies, daß stets das soziale Bezugsfeld als autonomiehemmender oder -fördernder Faktor mitreflektiert und berücksichtigt werden muß. Bereits eingangs sahen wir, daß die Entwicklung von Autonomie in starkem Maße vom Verhalten und Interesse der sozialen Umwelt abhängt, welche sich (mit) verändern muß, wenn Selbstbestimmung von geistig behinderten Menschen befördert werden soll.

Demzufolge erhalten autonomiefördernde Maßnahmen ihre Bedeutung erst durch ihre Integrierung in lebensweltliche Zusammenhänge, die der geistig behinderte Mensch als subjektiv bedeutsam erfährt (vgl. Speck 1985, 167). Hierbei spielt das Prinzip des „handlungsbezogenen Lernens" (Mühl 1986) die prominente Rolle. Mit der Kategorie „Handeln" soll menschliches Verhalten bezeichnet werden, welches vom Individuum in seiner unmittelbaren Lebenswelt (Alltag) als sinnvoll erfaßt wird. Die Umsetzung dieses Ansatzes erfordert die Bereitstellung von Lern- und Handlungsfeldern, die zur Mobilisierung von Prozessen beitragen können, die für den behinderten Menschen auf dem Hintergrund seiner Biographie „passend", sinnbildend und autonomiefördernd sind.

Ohne Mitarbeit der lebensweltlichen Systeme ist ein derartiges Konzept zum Scheitern verurteilt. Dies gilt für so unterschiedliche Lebenswelten wie Familie, Wohngruppe, Schule, Werkstatt für Behinderte, Nachbarschaften, Einkaufszentren, kulturelle Orte wie auch gesellschaftliche Normen, die jeweils unterschiedlich intensiv und reziprok auf die Entwicklung des geistig behinderten Menschen wirken und von ihm beeinflußt werden (vgl. Bronfenbrenner 1981). Ist das Verhältnis dieser Lebensbereiche zueinander gespalten oder stehen die einzelnen Systeme in krassem Widerspruch zu den Bedürfnissen und Entwicklungsmöglichkeiten des behinderten Menschen, kommt es zu Unverträglichkeiten, die die Identität gefährden oder gar beschädigen (Hemmnisse der Selbstbestimmung). Somit gehört es zu einem wichtigen Anliegen der heil- oder rehabilitationspädagogischen Arbeit, die Frage nach geeigneten Lebensräumen für Menschen mit geistiger Behinderung zu stellen und entsprechende Rahmenbedingungen zu schaffen.

4. Empowerment aus verschiedenen Lebensperspektiven

Im folgenden Kapitel haben wir nun einige Gesichtspunkte zusammengefaßt, die in ein lebensweltorientiertes Empowerment-Programm für Menschen mit geistiger Behinderung Eingang finden sollten. Dabei wollen wir den Bogen über die gesamte Lebensspanne ziehen, um auf möglichst viele unterschiedliche Perspektiven des Empowerment-Gedankens zu verweisen. Da Empowerment auf das individuelle Wohl des geistig behinderten Menschen gerichtet ist und seiner spezifischen Situation und Lebensumwelt eine große Bedeutung beimißt, muß jede Lebensphase für sich betrachtet werden, da sich für die verschiedenen Altersgruppen auch teilweise unterschiedliche Praxisaspekte ergeben.

4.1. EMPOWERMENT – KONSEQUENZEN FÜR DIE FRÜHFÖRDERUNG (von Dr. Kerstin Ziemen)

4.1.1. Einleitung

In diesem Kapitel soll das Empowerment-Konzept in bezug auf die pädagogische Frühförderung seine Reflexion erfahren. Dabei ist zunächst vom Begriff „Empowerment" auszugehen, der aus dem Amerikanischen als „Selbst-Bemächtigung" bzw. „Selbst-Ermächtigung" in die deutsche Sprache übersetzt wurde. Damit bezieht sich der Begriff zum einen auf das „Selbst" d. h. auf das Ich, und zum anderen auf den Begriff der „Macht". Das Subjekt, der Betroffene, steht im Zentrum des Konzepts. In jedem Einzelnen sind in unterschiedlichster Art und Weise Gefühle, Fähigkeiten, Fertigkeiten, Erfahrungen und Erkenntnisse ausgeprägt bzw. als Potential vorhanden. Aufgrund der Betrachtung des Menschen als offenes System in seiner Verzahnung mit anderen Systemen stellt Empowerment kein fertiges, statisches, sondern ein prozeßorientiertes und variables Konzept dar. Das Wortumfeld von „Selbst" – wie z. B. „persönlich", „eigen", „selbsttätig", „sich selbst richten", „sich selbst überlassen / verlassen", „sich selbst achten" – verdeutlicht, daß Empowerment abzielt auf „Selbstbestimmung" und „Autonomie".
Neben dem Begriff der „Selbstbestimmung" besitzt auch jener der

„Selbstbesinnung" eine konstitutive Rolle. Selbstbestimmung setzt darauf, daß sich der Einzelne selbst fordert, selbsttätig ist, sich bestimmt, d. h. sich in der Gemeinschaft mit anderen selbst fordert, herausfordert oder für sich etwas fordert. Dies setzt aber voraus, daß er sich auf seine Kräfte, Fähigkeiten, Erfahrungen konzentriert und damit auf sich, seine Gefühle, seine Stimmungen und seine Bedürfnisse „hört". Daher schließt Selbstbestimmung Selbstbesinnung immer mit ein, das eine bedingt das andere. Im Konzept „Empowerment" ist auch die Bedeutung von „Macht" angesprochen. Das Verständnis von Macht als „Herrschaft" über sich selbst bzw. als Verfügung über die eigenen Lebensumstände wird besonders im deutschen Begriff „Selbst-Bemächtigung" deutlich. Der amerikanische Begriff mit seinem wesentlichen Bestandteil „Power" wiederum weist darauf hin, daß die Kraft jedes Einzelnen, die Energie, die in ihm steckt, die Tat- und Lebenskraft, für dieses Konzept überaus bedeutsam ist.

Zusammengefaßt läßt sich „Empowerment" als Konzept charakterisieren, welches das Persönliche des Einzelnen, seine Fähigkeiten/ Kompetenzen und Energie anerkennt. Empowerment erhält durch folgende „Bausteine" seine Bedeutung: Selbstbestimmung – Selbstbesinnung – Energie/Kraft.

Empowerment als Konzept kann sich nicht nur auf eine Person (z. B. den Betroffenen) beziehen, denn auch die anderen Menschen in deren sozialen Umfeld bestimmen sich selbst, besinnen sich und bringen ein gewisses Maß an Energie in den gemeinsamen Prozeß ein. Empowerment ist immer soziales Handeln und konstituiert sich durch gegenseitiges Geben und Nehmen, gegenseitiges Fordern, Unterstützen und Begleiten stets aufs Neue. Empowerment kann als Prozeß der Bildung und Erziehung verstanden werden, der sich sowohl auf institutioneller Ebene als auch auf allen anderen Ebenen, auf denen sich Menschen begegnen, verwirklicht.

Um die Konsequenzen aus diesem Verständnis von Empowerment für die Frühförderung herauszuarbeiten, werden i. f. drei zentrale Bezugspunkte betrachtet: 1. Empowerment muß auf das Kind im frühen Lebensalter, dessen Entwicklung und die frühe Förderung bezogen sein. Die Frage und Problematik von Empowerment im frühen Lebensalter, z. B. Säuglingsalter, erscheint hier als die interessanteste; sie wurde bisher nur wenig reflektiert. 2. Empowerment muß die Rolle der Eltern in der Frühförderung thematisieren. 3. Empowerment muß die Stellung und Arbeitsweise der Mitarbeiter der Institutionen der Frühförderung reflektieren.

Seit die Kommission des Deutschen Bildungsrates 1973 eine Empfehlung zur „pädagogischen Förderung behinderter und von Behinderung bedrohter Kinder und Jugendliche(r)" verfaßte, hat sich die pädagogische Frühförderung in der sogenannten „alten" Bundesrepublik fest etabliert. In der DDR wurden Kinder mit Behinderungen im frühen Lebensalter ausschließlich in Kinderkrippen (mit Sondergruppen) gefördert. Erst seit 1989/90 findet in den „neuen" Bundesländern Frühförderung in der Form von ambulanter und/oder mobiler Hilfe statt. Gegenwärtig existieren sowohl die weiter fortbestehende Frühförderarbeit in ganztägigen Tagesstätten als auch die neugebildeten ambulanten und mobilen Frühförderangebote. Der Begriff „Behinderung", seine Klärung oder Deutung, erweist sich für dieses Lebensalter als besonders schwierig. Der sich gegenwärtig vollziehende Paradigmenwechsel von dominant medizinisch/defektorientierten hin zum systemischen/sozialwissenschaftlichen Ansatz führt auch in der Frühförderung dazu, die Sichtweisen vom Kind zu verändern, die Handlungen mit ihm gemeinsam, auf der Basis von Beziehung, Kommunikation und Vertrauen zu gestalten. Doch kann noch nicht von einer vollständigen Ablösung des medizinisch/defektorientierten durch das sozialwissenschaftliche Modell ausgegangen werden. So beeinflussen immer noch medizinische Sichtweisen die Diagnostik, Therapie und Heilpädagogik – bis hin zu extremen Positionen, die Frühförderung als ein ausschließlich medizinisches Arbeitsfeld zu betrachten. Doch weist das medizinische Paradigma gravierende Probleme und Defizite auf: „Statischer Behinderungsbegriff" (ausschließlich auf die Defektivität bezogen), „Ignoranz der Subjektivität", „Vernachlässigung des kommunikativen Bezugs", „Entwicklungspsychologische Blindheit", „Unzureichende Eltern- und Familienarbeit", „politische Botmäßigkeit", „systematische Ausklammerung der sozialen Lebenswelt" (nach Theunissen 1988, 280 f.).

Dies alles führte dazu, daß die medizinische Kompetenz die pädagogische verdrängte bzw. nicht ernst nahm; durch das ausschließliche Betrachten der „Defekte" und deren Behandlung der Betroffene nicht ganzheitlich als Person beachtet wurde; die Eltern in ihrer Kompetenz unterschätzt bzw. funktionalisiert wurden; die Beziehung, das Vertrauen und die Kommunikation eine untergeordnete Rolle im Prozeß der Begegnung spielten. Insgesamt betrachtet beförderte das medizinische Modell die Ansicht, daß Defizite des Kindes einfach „wegtherapiert" werden könnten. Hierzu wurden Eltern als Co-Therapeuten instrumentalisiert und entsprechend angeleitet.

Inzwischen hat sich „der Schwerpunkt über die bisherigen Fachdisziplinen hinweg auf die Adressaten hin (verlagert K. Z.). Das heißt, diese fungieren nicht mehr schlechthin als Abnehmer und Abhängige von professionell konzipierten Methoden, sondern wurden selber zu

Bestimmungsgrößen... Aus den dominant professionellen Ansätzen wurden Konzepte, die aus der jeweiligen individuellen Situation und der Interaktion mit den Adressaten entwickelt werden" (Speck 1991 b, 23). Aufgrund vielfacher neuerer wissenschaftlicher Erkenntnisse wird heute das Kind in seiner Subjektivität und Eigeninitiative, in seiner Eingebundenheit in verschiedene Systeme betrachtet. Dieses Paradigma steht dem Empowerment-Konzept äußerst nahe bzw. fordert selbst zu einem solchen Konzept heraus.

Diskutiert wird dabei aber weiterhin die Frage, welche Bedeutung einerseits medizinische Faktoren und andererseits psychosoziale Bedingungen bei der Entwicklung der Kinder und damit auch für die Frühförderung besitzen; allerdings sollte hier der engen Verzahnung beider Komponenten mehr Aufmerksamkeit geschenkt werden.

Eine zusammenfassende Kennzeichnung des neueren Paradigmas trifft Schlack (1989, 17) folgendermaßen: Das Ziel einer Frühförderung könne „nicht der Versuch sein, die Normalentwicklung mehr oder weniger unvollständig nachzuvollziehen, sondern die Bemühungen, die Kompetenz des Kindes zu fördern. Das bedeutet, seine in ihm schlummernden Fähigkeiten bestmöglich zur Geltung zu bringen, sein Handlungsrepertoire, sein Verständnis und seine sozialen Fähigkeiten zu erweitern und sein Selbstbewußtsein zu stärken.

Dieses Paradigma mit seinen Konsequenzen für das subjektive Erleben und Befinden des Kindes ist eine wichtige Leithilfe für die Gestaltung der Frühförderung: d. h. es ist wichtig, die Signale, die das Kind darüber mitteilt, ernst zu nehmen und zu verstehen. Mißerfolge durch Überforderung, Unlust oder Abwehr können dadurch vermieden werden.

Elternrolle und Therapeutenrolle sind tunlichst auseinander zu halten. Die Kompetenz der Eltern ist zu respektieren und zu stärken. Sie ist keine geringere, sondern eine andere Kompetenz als die der Fachleute.

Eine systemische Betrachtungsweise mit Berücksichtigung vieler wechselseitiger Abhängigkeiten und Beeinflussungen wird als richtig und notwendig angesehen. Dazu gehört auch das Bewußtsein der Fachleute, daß sie unvermeidlich – gewollt oder ungewollt – mit ihrem Auftreten zu einem Teil des Beziehungssystems werden. Sie können die kompensierende Kraft dieses Systems stärken, aber auch unversehens und trotz besten Wollens stören oder behindern."

Das erfordert von den Erwachsenen z. B.: „bereit (zu) sein, auf die Signale des Kindes zu achten", das Kind „ernst (zu) nehmen", „Akzeptanz" und „emotionales Zugewandtsein", „Einfühlungsvermögen" und „Einfühlungsbereitschaft" (vgl. ebd., 15).

Auf Gefahren der von Schlack gewonnenen Erkenntnisse hinsichtlich der Interaktionsförderung weist vor allem Weiß (1993) hin. Die Annahme, daß Entwicklungsverzögerungen ausschließlich auf mangelndes interaktionales Verhalten zwischen Mutter und Kind zurückzuführen seien, könne Schuldgefühle und Ängste der Eltern (z. B. etwas falsch zu machen oder inadäquat auf die Signale des Kindes zu reagieren) verstärken oder dazu führen, daß intuitive Momente, spielerische Aspekte und lustvolle Begegnungen vermieden oder gänzlich aus den Beziehungen ausgeschlossen werden, wenn z. B. die Mutter versuche, jeden ihrer Schritte in der Begegnung mit dem Kind zu planen. Insofern gilt es, Frühförderung in gleicher Weise kind- wie elternbezogen zu gestalten, in Kooperation mit den verschiedenen Professionen. Das bedeutet, daß Empowerment aus der Identität und Autonomie aller an der Frühförderung Beteiligten bestimmt wird. Im folgenden wollen wir zunächst auf die frühe Entwicklung und Förderung eingehen.

4.1.2. Leben, Entwicklung und Förderung im frühen Lebensalter

Entsprechend dem oben erwähnten Paradigmenwandel hat sich das „Bild" vom Kind im frühen und insbesondere im Säuglingsalter durch eine Vielzahl gesicherter Befunde über die Interaktions-, Diskriminierungs- und Wahrnehmungsmöglichkeiten von Säuglingen erheblich verändert. Forschungsergebnisse belegen, daß der Säugling von Beginn seines Lebens an aktiv und verarbeitend an der Interaktion teilnimmt. Die letzten zehn Jahre werden als „Revolution in der Säuglingsforschung" (Göppel 1994, 249) bezeichnet. Eine dabei zu beantwortende zentrale Frage ist, „ob aufgrund der Ergebnisse der empirischen Säuglingsforschung eine ‚Revision' der psychoanalytischen Theorien der frühen Kindheit notwendig sei" (ebd., 250).
Entgegen den neueren Erkenntnissen wurde der Säugling vor allem von der traditionellen Pschyoanalyse als passives, seinen Trieben ausgeliefertes, undifferenziert wahrnehmendes Wesen betrachtet, das „in einem langen und dramatischen Kampf die Schrecken dieser Zeit der Hilflosigkeit und Abhängigkeit bewältigen muß" (Dornes 1993, 21). Der Umschwung hin zu der Sicht, den Säugling nunmehr als kompetentes Wesen zu betrachten, welches aktiv ist, differenziert wahrnimmt, Gefühle zeigt und erste Beziehungen aufnimmt, bedeutet nicht, daß die bisherigen tiefenpsychologischen Erkenntnisse nicht anerkennenswert wären. Zu kritisieren ist aber, daß sich die psychoanalytischen Theorien über die frühe Kindheit oftmals nicht am kindlichen Verhalten orientierten. So gewann z. B. Freud seine Erkenntnisse primär durch die Analyse Erwachsener. „Adultomorphismus

meint, daß der Säugling in Kategorien des Erwachsenen beschrieben wird. So etwa, wenn gesagt wird, er habe eine undifferenzierte Wahrnehmung. Die hat er vielleicht im Vergleich zum Erwachsenen, aber es darf bezweifelt werden, ob man der Realität der Säuglingswahrnehmung gerecht wird, wenn man sie an Erwachsenenmaßstäben mißt" (ebd., 1993, 24).

Der Säugling wird nach Ansicht Freuds durch seine Triebe gesteuert und ist vor allem in den ersten Wochen von äußeren Reizen abgekapselt: „Nicht wahr, das kleine Lebewesen ist ein recht armseliges, ohnmächtiges Ding gegen die übermächtige Außenwelt. Das primitive Lebewesen, das keine zureichende Ich-Organisation entwickelt hat, ist all seinen Traumen ausgesetzt. Es lebt der ‚blinden' Befriedigung seiner Triebwünsche und geht so häufig an dieser zugrunde" (Freud 1926, 229). Auch Spitz (1967) und Mahler (1980; 1983) „haben... im wesentlichen die Sicht des passiven, undifferenzierten Säuglings beibehalten. Spitz spricht von einer Phase der Nicht-Differenziertheit des Säuglings und bezweifelt, daß der Säugling in den ersten drei Monaten zu bedeutsamen visuellen Sinneswahrnehmungen fähig ist" (Dornes 1993, 23).

Mahlers Theorie der frühkindlichen Entwicklung (1980) teilt diese in drei Phasen. Die erste (normale autistische) Phase während des ersten Lebensmonats sei dadurch gekennzeichnet, daß die Aufmerksamkeit des Säuglings nur auf sich, d. h. nach innen gerichtet sei und daß er all das, was um ihn herum vor sich geht, nicht wahrnehme.

Im zweiten Lebensmonat tritt das Kind nach Mahlers Ansicht in die symbiotische Phase ein. Der Säugling lebe in völliger Verschmolzenheit mit der Mutter, ohne eine Grenze zwischen sich und der Außenwelt zu kennen.

Erst im 4. oder 5. Lebensmonat beginne der Prozeß der Loslösung und Individuation, welcher bis zum 10. Monat anhalte. Erst von diesem Zeitpunkt an wird der Säugling als aktives, explorierendes Wesen betrachtet und anerkannt.

In den letzten Jahren sind diese Konzepte der frühen Entwicklung des Kindes unter Kritik geraten: „Nach den neueren Erkenntnissen über die Aktivitäten, die das Neugeborene von Anfang an besitzt, ist es schwer möglich, weiterhin die Auffassung zu vertreten, das Kind lebe in den ersten Monaten in einer primär-narzißtischen Welt wie in einer Art Kokon. Ebenfalls scheint es unmöglich, die Existenz einer autistischen und symbiotischen Phase in der frühen Entwicklung aufrechtzuerhalten" (Stork 1986 a, 27).

Symbiose bedeutet „im psychologischen Sinne... die Vereinigung eines individuellen Selbst mit einem anderen Selbst..., wobei jeder die Integrität seines eigenen Selbst verliert und eines vom anderen abhängig wird" (Fromm 1941, 157). Mahlers Ansicht, daß die Symbiose eine normale kindliche Entwicklungsphase sei, kann nach den heutigen Erkenntnissen nicht mehr uneingeschränkt geteilt werden. Eine Vielzahl von Beobachtungen an Säuglingen hat belegt, daß der Säugling von Anfang an ein aktiver kompetenter Partner ist. „Viele Interaktionen werden vom Säugling eingeleitet, ihr Verlauf wird von ihm kontrolliert und reguliert, und auch die Beendigung wird von beiden Partnern in äußert subtiler Weise ausgehandelt. Wechselseitiger Blickkontakt, Blickabwenden, Wiederaufnahme des Kontakts, bestimmte wechselseitige Vokalisierungen, bestimmte Kopfbewegungen, das genaue zeitliche Timing der verschiedenen Verhaltensweisen – dieses ganz filigrane Repertoire ... zeigt, daß die interaktionelle Harmonie keine symbiotische im herkömmlichen Sinne ist" (Dornes 1993, 61).

Insbesondere dem Blickkontakt wird als Möglichkeit, im Säuglingsalter zu interagieren, eine große Bedeutung zugemessen. „Klinisch relevant sind solche Interaktionssequenzen, weil sie auch als Beschreibung früher Bewältigungs- und Abwehrmechanismen gelesen werden können. Es gibt nämlich ausgesprochen gewalttätige Formen des Blickkontakts, in denen die kindliche Initiative und der zyklische Fluß von Aufmerksamkeit und Abwendung ignoriert wird" (ebd., 65). Die Gründe für solche „gewalttätigen Formen" sind vielschichtig. Sie entstehen z. B. durch innere Ablehnungsmechanismen der Mutter, die begründet sein können durch die Existenz des Kindes (kein Wunschkind) oder durch Probleme, die die Mutter bzw. die gesamte Familie betreffen (z. B. Existenzangst, Angst vor Überforderung bei der Erziehung des Kindes). Brazelton et al. (1974) beschreiben vier Mechanismen, durch die es bereits dem vier Wochen alten Kind gelingt, solche Formen des „gewalttätigen" Blickkontaktes abzuwehren oder zu bewältigen:

„1. Das Kind schrumpft zusammen und wendet sich ab (Flucht);
2. Es versucht mit Händen und Füßen das Unangenehme wegzutreten (Kampf);
3. Es schaut ins Leere oder schläft ein (Verleugnung);
4. Es fängt an zu wimmern oder schreien (Protest, Verzweiflung)" (Dornes 1993, 66).

Auch hieran wird deutlich, daß es nicht nur eine harmonische, von Verschmelzung geprägte Beziehung zwischen Mutter und Kind gibt, daß die Interaktion nicht nur durch die Mutter gesteuert wird, sondern daß sich bereits der junge Säugling aktiv am Interaktionsgeschehen beteiligt. Die Interaktionsformen weisen bereits eine große Spannbreite auf, sie können beiderseits befriedigend verlaufen, aber auch zur Entstehung „stärkerer Frustationen bzw. hohen Spannungen" (ebd., 74) führen. Dornes als auch Göppel kommen zu der Ansicht, daß „der Begriff der Symbiose, der durchaus einen Sinn macht, wenn man ihn als Ausdruck der feinen Abgestimmtheit, der großen wechselseitigen emotionalen Bedeutsamkeit und der empathischen Verschränkung zwischen Mutter und Kind versteht, in Aporien (führt, K. Z.), wenn man ihn, wie im Konzept Mahlers, als Unfähigkeit zur Differenzierung zwischen Ich und mütterlichem Objekt und als Phantasie, als mentale Repräsentation von der Verschmolzenheit mit diesem ‚Objekt' interpretiert" (Göppel 1994, 255).

Stern (1991, 97 ff.) entwickelte aus jüngsten Forschungsergebnissen über die frühkindliche Interaktion ein neues 5-Phasen-Modell der psychosozialen Entwicklung des Selbstempfindens. Er denkt von einer Entwicklungstheorie aus, die nicht nur einzelne Phasen aufeinander folgen läßt, indem die jeweils vorhergehende Phase überwunden und die nächste erklommen wird, sondern auch die Sprünge in der Entwicklung verdeutlicht. Die jeweils nächste Phase schließt die Leistungen der ihr vorangehenden ein, wobei sich eine immer differenziertere Empfindung des sich ausbildenden Selbst wie auch des Anderen entwickelt.

1. Phase erste acht Wochen	Empfindung des auftauchenden Selbst – erste Zusammenhänge, Ordnungen werden erkannt – Intensitätskonturen entstehen, z. B. stark, anschwellend, schwach, heftig – fähig zur intrasensorischen Koordination

Die Mutter kann verschiedene Empfindungen auslösen, indem sie den Säugling z. B. streichelt, küßt, hin- und herwiegt. Zum Beispiel erfährt der Säugling, daß immer nach und während seines Unwohlseins ein „Schwall" solcher Informationen auf ihn einwirkt. „Und gerade dieses Auftauchen von Zusammenhang, von Organisation bedeutet gleichzeitig das Auftauchen der Empfindung des eigenen Selbst" (Göppel 1993, 256). Der Komplex der sensorischen Erfahrungen wird gebündelt, geordnet bzw. mit der jeweiligen Situation in Beziehung gebracht.

2. Phase 2/3 Monate	Empfindung eines Kern-Selbst – auftauchendes soziales Lächeln – deutlich gerichtete motorische Aktivität – nimmt Interaktionspartner wahr – unterscheidet das Bewegen aus eigenem Antrieb und das Bewegtwerden

3. Phase 4–6 Monate	Selbstkohärenz – Vielzahl von Wahrnehmungen, erlebt vermutlich die direkte Interaktion, – erkennt und handelt im präreflexiven Sinn
4. Phase ab 7–9 Monate	Empfindung eines subjektiven Selbst – das Kind entdeckt die eigene innere Welt – Gesten und Laute hatten bisher den Ausdruck von Stimmungen und Spannungen, nun erhalten sie den Charakter von Mitteilungen z. B. nimmt das Kind die Gefühle der Mutter wahr und richtet seine Gefühle danach
5. Phase ab 1,5 Jahre	Verbales Selbst – verbale Sprache entwickelt sich – das Kind ist fähig, symbolisch zu handeln (vgl. Stern 1991, 97 ff.).

Diese Theorie steht konträr zu der klassischen psychoanalytischen Auffassung, daß der Säugling zunächst autistisch, dann symbiotisch mit der Mutter verbunden, feindselig gegenüber der Umwelt und nur nach innen gerichtet sei. Von der ersten Phase an zeigt Stern spezifische Kompetenzen des Kindes auf, die sowohl für die Eltern als auch für die pädagogische Arbeit in Institutionen der Frühförderung Grundlage und Ausgangspunkt bilden können.

Eine uns in diesem Zusammenhang interessierende Frage ist, ob es bereits bei Säuglingen ein Handeln und damit zwangsläufig ein Erkennen gibt.

„Handlung wird als zweiseitig gerichteter Prozeß verstanden. Auf der einen Seite der Umwelt baut sie den Gegenstand auf, verändert ihn oder manipuliert ihn. Auf seiten des Individuums baut sich durch Handlung zugleich der Begriff, das Wissen und Verständnis des Gegenstandes auf" (vgl. Leontjew 1977, 112).

Gegenständliches Handeln beginnt nicht erst zu dem Zeitpunkt, wenn das Kind z. B. Auge und Hand koordiniert, um einen Löffel gezielt zu greifen. Leontjew spricht bereits auf dem Niveau der perzeptiv-sensorischen Psyche von Handlung. Bereits Tiere spiegeln ihre Umwelt in Form von mehr oder weniger zergliederten Abbildern wider (vgl. ders. 1973, 173). In der frühen nachgeburtlichen Entwicklung dominiert zunächst die perzeptive Tätigkeit. „Über stammesgeschichtlich fixierte Tätigkeitsformen wie Schlucken, Saugen, Strampeln (als Voraussetzung der aktiven Mithilfe beim Geburtsakt) wird die sinnliche Präsenz der Umwelt, besser: der außerhalb der Psyche existierenden objektiven Realität in das Psychische (vermittels der Tätigkeit) umgesetzt" (Jantzen 1986, 76). Dieser Prozeß beginnt bereits pränatal und findet seine volle Entfaltung dann nach der Geburt, wenn sich das Kind die es umgebende Realität aneignen kann. Die wichtigsten Tätigkeiten nach der Geburt, wie das Saugen, das Schreien, die Bewegungen und Haltungen der Arme, des Kopfes etc., neigen „von den ersten Anfängen ihres... Funktionierens sowohl für sich allein als auch in Beziehung zueinander zu einer Systematisierung..., die ihren Automatismus bei weitem überschreitet" (Piaget 1975, 34). Damit kann das Saugen als bereits stammesgeschichtlich fixierte Form der Tätigkeit verstanden werden, die auslösbar ist durch ein bestimmtes Objekt (z. B. die Mutter) und damit die Basis für eine sich entfaltende Mutter-Kind-Interaktion darstellt.

So verfügt der Säugling schon sehr früh über ganz spezifische Möglichkeiten, seine Umwelt wahrzunehmen, sich zu äußern und Kontakt aufzunehmen.

Visuelle Wahrnehmung
„Ab zwei bis vier Monaten werden richtige Gesichter von solchen unterschieden, in denen Mund, Auge und Nase falsch angeordnet sind" (Dornes 1993, 39).

Auditive Wahrnehmung
„Säuglinge sind schon früh in der Lage, eine breite Vielfalt phonetischer Kontraste der gesprochenen Sprache zu unterscheiden... die grundlegenden sensorischen Mechanismen, die der Unterscheidungsfähigkeit zugrunde liegen, sind innerhalb des ersten Monats – wenn nicht von Geburt an – vorhanden" (Aslin, zit. n. ebd., 42).

Kreuzmodale Wahrnehmung (Koordination verschiedener Sinneswahrnehmungen)
„Mit 30 Tagen sind Säuglinge irritiert, wenn sie ein sprechendes Gesicht sehen und die Stimme, die sie hören, nicht aus dem Mund kommt, sondern von der Seite" (ebd., 45). Strittig ist bis heute, ob die kreuzmodale Wahrnehmung bereits beim Neugeborenen vorhanden ist oder erst im Laufe des ersten Lebensjahres erworben wird.

Kontaktangebote der ersten Lebenswochen, die als Antworten interpretiert werden können, sind vor allem das Saugen, das Blicken, das Kopfwenden und die Bewegungen der Arme und Beine.

Diese Erkenntnisse sind alle mit sog. unauffälligen Säuglingen gewonnen worden. Was ist aber, wenn ein Kind behindert (z. B. blind) geboren wird, wenn die Bewegungsmöglichkeiten eingeschränkt sind oder wenn das Saugen oder Atmen ausbleibt und von „außen" gesteuert werden muß, um das Leben aufrechtzuerhalten? Die von uns erkennbaren Möglichkeiten des Kindes, sich zu äußern, Kontakt aufzunehmen scheinen erheblich eingeschränkt zu sein. Oder sind wir unfähig zu erkennen, daß sich dafür andere Kommunikationskanäle differenzierter ausprägen oder der Säugling über neue, d. h. andere Möglichkeiten verfügt, die wir nicht wahrnehmen können?

Die Mutter beobachtet zum Beispiel, daß ihr Kind kaum Anzeichen von Lächeln zeigt, seine Ärmchen nicht ausstreckt, vor dem Stillen keine Erwartung äußert, Blickkontakt vermeidet, nicht zu vokalisieren oder sich auf andere Art und Weise sprachlich zu äußern beginnt. Dieses Kind zeigt deutlich seine Kommunikationssperren, die sich noch in anderen Verhaltensweisen äußern können:

das Kind wendet nicht den Blick in unsere Richtung, wenn wir rufen; es bleibt scheinbar versunken in und mit seiner Tätigkeit/Handlung beschäftigt;

wir können scheinbar auch durch Körperberührungen oder Liebkosungen keinen Kontakt zu ihm herstellen.

Solch ein Verhalten des Kindes macht Erwachsene häufig hilflos, betroffen und auch ängstlich. Andererseits konnte bereits erwiesen werden, daß auch Kinder mit diesen Verhaltensweisen im Laufe ihres Lebens sprechen lernen können, daß sie sich z. B. in einer gut strukturierten Umwelt orientieren und zurechtfinden können. Hier liegt ein breites Feld der Forschung noch relativ bracht. Erforscht werden sollte, auf welche Weise sich die Kinder äußern, worin sie Aktivität zeigen und welche Kompetenzen sie aufweisen.

Der Anlaß zur Vorstellung der Kinder in einer Frühförderstelle ist dann gegeben, wenn Eltern z. B. oben beschriebenes Verhalten ihres Kindes beobachten, z. B. daß ihr ca. zweijähriges Kind nicht spricht oder die Sprachentwicklung verzögert verläuft bzw. das Kind weitere Entwicklungsverzögerungen aufweist. Bis zu diesem Zeitpunkt ist bereits ein Prozeß in der Entwicklung des Kindes wie der Beziehungen zwischen den Familienmitgliedern abgelaufen, der exemplarisch am Beispiel eines Kindes (Mathias) dargestellt werden kann:

I.   Nach einer risikobelasteten Schwangerschaft erfolgte die Geburt nach vorzeitigem Blasensprung, die Atmung des Kindes blieb aus.

II. In der Folgezeit war Mathias ein sehr ruhiges Kind, seine Entwicklung verlief anfänglich „normal", er lallte, begann zu vokalisieren. Mit ca. einem Jahr bemerkten die Eltern, daß Mathias auf Anrede nicht reagierte und auch Bewegungen und Handlungen nicht nachahmte. Bei der Begegnung mit fremden Personen, Umgebungen, Fahrzeugen begann er häufig zu schreien.

III. Mit drei Jahren versteckte er sich in einer Ecke des Raumes, begann mit verschiedenen Dingen zu pendeln, bewegte seine Arme durch Flatterbewegungen (Selbststimulation), die Sprachentwicklung setzte aus.

Die unter I. bis III. angeführten Charakteristika weisen auf drei unmittelbar aufeinanderfolgende Lebenskrisen hin, die sowohl für das betroffene Kind als auch für die Eltern ungewöhnliche Belastungen darstellen: Krisen haben in der Regel zur Folge, daß die bisherige Lebensführung umgestellt, verändert wird. Auch Streß kann Folgeerscheinung sein. Durch die Krise ist das gesamte Umfeld des Kindes betroffen. „Als kritisches Lebensereignis (wird, K. Z.) im Sinne von Holmes und Rahe (1967) jedes Ereignis definiert, das eine deutliche Veränderung der sozialen Rolle, des sozialen Status, der sozialen und materiellen Umgebung, des Gesundheitszustandes, der Lebensziele usw. erwarten läßt" (Montada 1982, 71; vgl. auch Filipp 1982; 1990). Empirisch konnte belegt werden, daß eine Häufung von kritischen Lebensereignissen das Störungsrisiko stark erhöht. Die erste (I.) Krise führte bei Mathias zu einem unauffälligen, sehr ruhigen Verhalten, die Eltern reagierten mit besonderer Fürsorge. Die ausstrahlende „Ruhe" des Kindes wurde positiv rückgekoppelt. Andererseits aber vermieden die Eltern aus Angst „unser Kind könnte wieder Atemprobleme bekommen" (Interviewprotokoll) oder „andere Schäden davontragen", „denn er (Mathias, K. Z.) war so zart", in der ersten Zeit nach der Geburt jegliche Kontakte mit Freunden oder Bekannten. Nur die Großeltern durften das Kind hin und wieder sehen. „Stolz waren wir, weil er so lieb war (er schrie kaum). Nur manchmal wunderten wir uns darüber, daß er so wenig schrie, viel weniger als andere Säuglinge in seinem Alter. Unser Hausarzt tröstete uns darüber hinweg und sagte, wir sollten doch froh darüber sein, solch ein Kind zu haben" (Mutter).

In Phase II., nachdem das Kind bereits über ein Jahr alt war, wurde den Eltern immer bewußter, daß „irgend etwas mit Mathias nicht stimme" (Mutter). Die Entwicklung zeigte sich nun zunächst rückläufig. Als besonders belastend empfanden die Eltern, daß ihr Kind nicht einmal dann reagierte, wenn sein Name gerufen wurde, und zunehmend auffällig laut kreischend zu schreien begann, sobald fremde Personen den Raum betraten. Auch das Fahren mit der Straßenbahn wurde für die Eltern zur Qual: „Wir konnten das Schreien und die Reaktionen der anderen darauf nicht ertragen" (Vater). Die Eltern zogen sich daraufhin mit dem Kind zurück und fuhren nur mehr mit dem Auto. Die rückläufige Entwicklung, das Nichtreagieren des Kindes auf der einen Seite und das übermäßige Reagieren auf die Anwesenheit von Fremden auf der anderen führte für alle Beteiligten zu einer Krise.

In Phase III. zeigte das Kind häufig auf sich selbst bezogene Aktivitäten, z. B. das Pendeln oder das „Flattern" mit den Armen. Es wird angenommen, daß derlei Bewegungen homöostatisch wirken, dem Kind Sicherheit vermitteln. Dabei ist das Kind aktiv, reguliert sich selbst, fühlt sich wohl. Mit der daraufhin gestellten Diagnose „frühkindlicher Autismus" fühlten sich die Eltern zunächst verlassen, unsicher und ausgegrenzt. Den Halt und die Kraft, sich selbst zu ermächtigen, können Eltern nur durch die Begegnung mit anderen entwickkeln. Einerseits hat hier die Frühförderstelle ihren Beitrag zu leisten (indem z. B. die Eltern in ihren Kompetenzen und Ressourcen gestärkt werden; vgl. auch Kap. 4.3.4.2.), andererseits können auch Elternvereinigungen (z. B. Lebenshilfe oder „Hilfe für das autistische Kind") wichtige Bezugspunkte sein.

Für die Arbeit mit dem Kind kommt es darauf an, die vorhandenen Kompetenzen zu erkennen. Das erfordert eine differenzierte Analyse und die Suche nach Begründungszusammenhängen. So gaben z. B. bei unserem Beispiel Mathias die folgenden Fragen Anstoß für die pädagogische Arbeit:

Reagiert er bei allen fremden Personen ähnlich? Mit welchen Gegenständen pendelt er? Ist das „Flattern" der Arme nur in bestimmten Situationen zu beobachten? Zu welchen Personen bzw. Gegenständen nimmt er Beziehungen auf oder kann sie „aushalten"? Wird dann eine Beziehung angebahnt, wenn der Andere (z. B. die Betreuerin) die Bewegungen (z. B. das Pendeln) übernimmt, d. h. sie als dialogische Stimuli interpretiert? Wie ist die Selbständigkeit beim An- und Ausziehen, bei der Körperpflege, bei den Mahlzeiten entwickelt? Welche Berührungen werden akzeptiert?

Der hier skizzierte Ansatz, die Kompetenzen zu erkennen und an diesen anzuknüpfen, beachtet: die Bereitschaft und Fähigkeit des Kindes zu mitmenschlichem Kontakt bzw. zum Umgang mit Dingen der unmittelbaren Umgebung; die Verarbeitung von Sinnesreizen beim Kind; die Kooperationsbereitschaft; das spielende, nachahmende Handeln.

Ein Kind, welches als behindert oder von Behinderung bedroht erscheint, durchlebt in der Regel tief in seine Entwicklung einschneidende Lebenskrisen. Eine solche Krise kann die Zeit nach der Geburt sein, wenn der Säugling diese z. B. im Inkubator zubringen muß. Nach längerem Krankenhausaufenthalt kann es bereits früh zur Hospitalisierung kommen, so z. B. aufgrund einer „sensorischen Unterstimulation. Diese Unterstimulation erklärt sich dabei weniger aus schwerem Mangel an Reizen (im Brutkasten und im Babyraum ist es sogar ziemlich laut und hell), sondern aus Mangel an strukturierten Reizen, die mehrere Sinne gleichzeitig ansprechen und vom Kind erfahrbare Beziehungen aufweisen" (Rauh 1982, 130) und deshalb auch vom Kind als bedeutsam erlebt werden. Bedeutsame oder lebenswichtige Reize und Situationen sind vom ersten Lebenstag an nicht nur die Nahrungsaufnahme, sondern vor allem auch sozialer Kontakt und Kommunikation. Fallen sozial interpretierbare Signale des Säuglings aus, z. B. durch Abwenden des Blickes, Versteifen des Körpers..., so können Dialoge entgleisen und Fehlentwicklungen entstehen (vgl. Lingg/Theunissen 1993, 80 ff.). Solche Reaktionen werden meist auch von den Müttern als unverständlich und unangenehm empfunden, vor allem dann, wenn das Kind zusätzlich über lange Zeit schreit. „Das Schreien von Babies mit erheblichen Geburtskomplikationen wird von Erwachsenen als besonders unangenehm, bedrängend... wahrgenommen" (Rauh 1982, 141).

Ist der Dialog mit dem Kind erschwert, weil z. B. das Lächeln ausbleibt oder es den Kopf abwendet, so wird dieses Verhalten oft als eine Kommunikationsverweigerung des Kindes aufgefaßt.

Doch solch eine Deutung verstärkt von seiten der Bezugspersonen den Prozeß der gestörten Interaktion und verhindert eine Interpretation des Verhaltens als aktive Suche des Kindes nach Dialogmöglichkeiten. Auch hier kommt somit der Interaktion mit der Mutter als zunächst engster Bezugsperson oder anderer an der frühen Entwicklung beteiligter Personen (z. B. der Pädagogin in der Frühförderung) grundlegende Bedeutung zu.

4.1.3. Die Rolle der Eltern in der Frühförderung

Die zentrale Rolle der Eltern, insbesondere der Mutter, als dominante Sozialpartner des behinderten und von Behinderung bedrohten Kindes wurde im vorangehenden Abschnitt bereits herausgestellt.

Welches sind primäre Bedingungen, die die Mutter/der Vater sichern, um Entwicklung beim Kind auszulösen (auch wenn es unter der Bedingung einer Störung aufwächst)? Diese zentrale Frage weist gleichzeitig auf notwendige, in der Frühförderung zu schaffende Bedingungen hin:

Stetes, konsequentes Sichern der Grundbedürfnisse (z. B. Hunger, Durst, Angstfreiheit, Schmerzfreiheit...);

emotionales Eingehen auf das Kind, z. B. über Hautkontakt;

Anpassung der Struktur der äußeren Umgebung an den Stand der Wahrnehmungstätigkeit des Kindes, um diesem die notwendigen op-

timalen Lernbedingungen zu schaffen: „Selbst wenn... (die Eltern, K. Z.) überzeugt sind, das Baby könne noch nicht sehen, bringen sie es in den optimalen Sehabstand und suchen einen Augenkontakt. An den Händchen, am Kinn und am Körpertonus prüfen sie seinen Wachheitszustand. Sie imitieren es, wobei sie vereinfachen und übertreiben und mit unendlicher Geduld wiederholen" (Rauh 1982, 141; vgl. auch Papousek/Papousek 1979);
Vermeidung von Überforderungen und widersprüchlichen Situationen. Hinzu kommt der Aufbau einer stabilen Beziehung zum Kind, was auch bedeutet, in der ersten Phase seines Lebens und den dabei auftretenden Konflikten präsent zu sein.

„Bereits ein bißchen Streicheln am Tag, Aufnehmen und Herumtragen, selbst die... Sprache" (Rauh 1982, 184) sind wichtige Stimulationen für die Entwicklung des Kindes, die durch nichts anderes zu ersetzen wären. Dabei bringen die engeren Bezugspersonen ihre Kompetenzen ein, die gleichzeitig Stimulationen des Säuglings sind:
Streicheln der Wangen, Aufnehmen des Kindes und Hören des ruhigen Herzschlags der Mutter; dies können erste Zeichen für das Kind sein, daß es nicht alleine, verlassen ist.
Rhythmische Schaukelbewegungen (z. B. auf dem Arm oder in der Wiege), die das Kind beruhigen können. „Das Bewegtwerden ist im natürlichen Lebenszusammenhang fast ohne Ausnahme ein Zeichen dafür, getragen zu werden, also im Schutzbereich der Mutter zu sein" (Hassenstein 1987, 46).
Imitationen und Reaktionen auf das Verhalten des Kindes. So wird das Verhalten der Säuglinge von den vertrauten Personen z. B. durch die Blickbegegnung beantwortet, neue Verhaltensweisen des Säuglings werden freudig begrüßt und bestätigt, seine Laute oder das Mienenspiel nachgeahmt. Das alles geschieht von der Mutter meist intuitiv. Das fühlt sich angenommen und entwickelt bestimmte Erwartungshaltungen. „Wenn dagegen Säugling und Betreuer schlecht aufeinander eingestimmt sind, also den gegenseitigen Erwartungen überwiegend nicht entsprechen..., dann wirkt dies für das gegenseitige Verhältnis als Belastung" (ebd., 52).
Beziehung bzw. Bindung kann das Kind dann entwickeln, wenn es sich geborgen fühlt. Neben der primären zur Mutter sind weitere Bindungen möglich, wenn auch andere Bezugspersonen sich liebevoll und verläßlich dem Kind zuwenden. Die Bestätigung der Anwesenheit eines Erwachsenen ist für das Kind eine der wichtigsten Lebensnotwendigkeiten.
Eltern, deren Kinder durch Entwicklungsauffälligkeiten eine Frühförderstelle aufsuchen, befinden sich häufig in einer Krise. Ohnmacht,

Verzweiflung, Ängste, Scham vor der Außenwelt, eventuell gar Abneigung oder Schuldzuweisungen können die Beziehungen blockieren. In vielen Fällen tritt die verzweifelte Suche nach Hilfe in den Vordergrund.

Die Frühförderung mit der Möglichkeit der Elternberatung und Förderung des Kindes kann mobil, ambulant oder in einer Kindertagesstätte angeboten werden. Sie bezieht die Eltern auf das engste in ihre Arbeit mit ein (kooperative Praxis und Beratung; vgl. Kap. 4.3.4.2 u. 4.4.1). Dabei beachtet sie die entwicklungsfördernde Reziprozität in der Interaktion zwischen Eltern und Kind. Weiß (1989, 75) hebt als Bedingungen der Interaktion insbesondere die „Reaktionsbereitschaft und die Lesbarkeit, Entschlüsselbarkeit... der Kommunikationsangebote" des Kindes hervor. Fehlen diese oder sind sie nur eingeschränkt vorhanden, so kann dies zur Folge haben, daß die Mutter in der Begegnung mit dem Kind z. B. weniger anlächelt, ihm wenig oder keine Zeit für Selbsttun einräumt bzw. nicht ausreichend lange auf die Kommunikationsangebote des Kindes eingeht und antwortet. So neigen die Mütter von behinderten Säuglingen und Kleinkindern eher dazu, „die Initiative im Interaktionsgeschehen durchgängig zu übernehmen, was mit einer einseitigen Bestimmung dieser Prozesse durch die erwachsenen Interaktionspartner verbunden ist" (ebd., 75). In dieser Situation können in gemeinsamer Arbeit von Eltern und Frühförderung entwicklungsanregende Bedingungen im familiären Alltag geschaffen werden. In gemeinsamer Arbeit mit den Eltern sollte versucht werden, die Handlungen und Bedürfnisse des Kindes zu erkennen und die verwendeten Ausdrucksmöglichkeiten zu verstehen. Wenn Eltern wahrnehmen, daß z. B. die Frühförderin ihr Kind annehmen, akzeptieren kann oder das Verhalten des Kindes und seine Handlungen anders interpretiert, können sie wieder lernen, ihre eigenen Kompetenzbereiche in der Interaktion mit dem Kind zu erkennen und zu nutzen. Carr (1974, 815) weist darauf hin, daß es in vielen Familien „trotz aller Schwierigkeiten, Verwirrung und Demütigungen, Unannehmlichkeiten und Probleme der Alltagsbewältigung" möglich ist, sich auf das behinderte Kind einzustellen.

Darüber hinaus ist in der Arbeit mit den Eltern die gemeinsame Suche nach Lösungen zur Bewältigung der durch die drohende Behinderung des Kindes ausgelösten Belastungen und Krisen der Familie von zentraler Bedeutung. Die emotionale Bejahung und Annahme des Kindes ist ein Prozeß, der eine konstitutive Voraussetzung für die sich ausprägende Interaktion mit dem Kind darstellt. Einerseits benötigen die Eltern hierbei andere Menschen, die ihre Lage verstehen können, andererseits spielt das eigene Heim als persönlicher Rückzugsbereich eine entscheidende Rolle. Die Mitarbeiter der Frühförderung sind demnach in erster Linie einfühlsame Berater.

Unter Bezugnahme auf Speck und Speck/Warnke (1983, 1984, 1988) können drei sich teilweise überlagernde Modelle des Verhältnisses zwischen Eltern und Fachleuten der Frühförderung unterschieden werden: das Laienmodell, das Co-Therapeutenmodell und das Kooperationsmodell. Vor allem die ersten beiden Modelle lassen die Kompetenzen der Eltern nicht zur Geltung kommen und messen den Ressourcen der Eltern, dem Selbsthilfepotential, nur begrenzte Bedeutung zu.

Laienmodell	Co-Therapeutenmodell	Kooperationsmodell
Eltern sind abhängig; sind Informationsbringer und Empfänger	Eltern wirken aktiv mit unter Anleitung der Fachleute	beide Seiten bringen Informationen und Fähigkeiten ein.

Wenn das Empowerment-Konzept auch für die Eltern Geltung haben soll, so müssen auch deren Bedürfnisse beachtet und ihre Lebenswelt wahrgenommen werden. Ein immer wieder von Eltern geäußertes Bedürfnis ist z. B., sich aus bestimmten Therapien oder Förderprogrammen zurückziehen zu können. Dieses Bedürfnis der Eltern ist unseres Erachtens uneingeschränkt zu akzeptieren, da es einen Schutzmechanismus darstellt, der es ihnen ermöglicht, wieder intuitiv und spontan mit dem Kind in Beziehung zu treten.

Nicht nur die Gefühlslage der Eltern spielt eine entscheidende Rolle. Auch die Pädagogen in der Frühförderung sollen sich nicht davor scheuen, ihre Gefühle in Beziehung zum betreuten Kind den Eltern mitzuteilen. Das erfordert in gewissem Maße eine Vertrauenssituation, die es den Mitarbeitern möglich macht, sich zu äußern. Für die Eltern ist es wichtig, die andere Perspektive, die sich mit der ihren decken, aber auch von dieser unterscheiden kann, zu erfahren. Auf diese Weise kann sich ihr Verhältnis zum Kind, ihre Sichtweise auf das Kind relativieren. Erst wenn beide Seiten in der Lage sind, auf dieser Vertrauensbasis auch Gefühle auszutauschen, wird es möglich sein, wirklich gemeinsame Entscheidungen für das Kind und mit dem Kind zu treffen. „Die Mitwirkung der Eltern am Diagnose-, Planungs- und Förderprozeß ergibt sich bereits aus der Notwendigkeit des gegenseitigen Wissens- und Kompetenzaustausches" (Weiß 1989, 94).

Das Verstehen der Eltern, des Kindes und deren Kompetenzen sind die Grundlage für eine Frühförderarbeit, die alle beteiligten Menschen einbezieht. Dabei kommt der Analyse der Lebensgeschichte des Kindes in Verschränkung mit den jeweiligen Bedingungen, unter denen das Kind und die Familie leben, besondere Bedeutung zu. Weiterhin sind das Kind und die Eltern in ihrem Verhalten (So-Sein) zu akzeptieren. Von dieser Basis aus können die Kompetenzen aller Beteiligten ausgemacht werden, an die die Frühförderung anknüpfen kann.

Zusammenfassend betrachtet ergibt sich im Prozeß der Frühförderung eine Triade von Kind, Eltern, Mitarbeiter der Frühförderung. Jeder einzelne bringt Kompetenzen in den Prozeß ein, die sich auf sich selbst (Ich-Kompetenz), auf Objekte/Dinge der Umgebung (Sachkompetenz) und auf das Miteinander mit anderen Menschen (Sozialkompetenz) beziehen. Diese Kompetenzbereiche überlagern und überschneiden sich, so daß gemeinsame Bereiche entstehen können. Innerhalb dieser treffen sich die Einzelnen. Die einzelnen Systeme sind zunächst eigenständig, erhalten sich selbst und zeigen jedoch gleichzeitig Kontakte zu anderen Systemen, sind wiederum mit diesen vernetzt. Und nur das „Gehaltenwerden" durch das eigene System und durch die mit diesem vernetzten Systeme, bildet für jeden Einzelnen (d. h. nicht nur für das Kind) die Voraussetzung, um zu mehr Autonomie gelangen zu können.

4.2. EMPOWERMENT UND SCHULE – SELBSTBESTIMMTES LERNEN GEISTIG BEHINDERTER SCHÜLER DURCH HANDLUNGSORIENTIERTEN UNTERRICHT (von Dr. Melitta Stichling)

4.2.1. Einleitung

Eine Geistigbehindertenpädagogik, die sich der Empowerment-Idee verpflichtet fühlt, muß sich auch mit didaktischen Fragestellungen befassen. Gegenstand dieses Beitrages ist deshalb die Frage der Tragfähigkeit dieser Idee für den Unterricht mit geistig behinderten Schülern. Im Rahmen dieses Beitrages können wir aber nur einige Aspekte anreißen, die für eine zukunftsträchtige Didaktik wesentlich erscheinen. Weiterführende Arbeiten, z. B. die Diskussionen von Empowerment und integrativem Unterricht, müssen hier außer acht gelassen werden.

Die folgenden Ausführungen entstanden auf der Grundlage einer Auseinandersetzung mit allgemeinen und speziellen didaktischen Theoriekonzeptionen sowie mit Auffassungen und Erfahrungen aus der Unterrichtspraxis an Geistigbehindertenschulen, die im Hinblick auf eine autonomiefördernde Didaktik und Methodik des Unterrichts ausgewertet wurden.

Analysen allgemeiner didaktischer Modelle und Konzepte für den Unterricht mit geistig behinderten Schülern lassen erkennen, daß die

Konzeption des handlungsorientierten Unterrichts am ehesten selbstbestimmtes Lernen des geistig behinderten Schülers befördern kann. Das schließt nicht aus, daß auch wissenschaftstheoretische Positionen der bildungstheoretischen Didaktik wichtig sind, wie sie zum Beispiel von Klafki im weiterentwickelten Modell der „kritisch-konstruktiven Didaktik" vorliegen (vgl. Klafki 1991). Insofern dieses Modell bei den Zielen der Selbstbestimmungs-, Mitbestimmungs- und Solidaritätsfähigkeit ansetzt, kann es die begründete Auswahl von Bildungsinhalten für den Unterricht an Geistigbehindertenschulen unterstützen. Die Überlegungen Klafkis zur zielorientierten methodischen Gestaltung des Lehr- und Lernprozesses bedürfen im Hinblick auf den geistig behinderten Schüler allerdings einer „kritisch-konstruktiven" Konkretisierung und Ordnung, wenn eine Unterrichtsmethodik entstehen soll, die dem multifaktoriellen Bedingungsgefüge individueller und sozialisationsspezifischer Lernvoraussetzungen und -bedürfnisse der Schüler in autonomiefördernden Lernprozessen Rechnung trägt.

Die Fürsprache für das handlungsorienterte Modell im Hinblick auf selbstbestimmtes Lernen geistig behinderter Schüler schließt auch nicht aus, daß spezielle entwicklungsorientierte, normative Modelle, Basisförderungskonzepte oder auch wissenschaftsorientierte (fachorientierte, lernbereichsorientierte) Konzepte als „geschlossene Einheiten" wichtig sind, wenn bestimmte Kompetenzen aufgebaut werden müssen, die gleichsam Voraussetzungen für autonomes Handeln schaffen. Doch wenn solche Ansätze nicht in offene Konzepte eingebettet werden, sondern zugunsten wissenschaftlicher, lernzielorientierter, lehrerzentrierter Unterrichtung das Schülerverhalten in engmaschigen Planungsmodellen derart in einzelne Lernziele (Grob-, Richt-, Feinziele) zergliedern, daß sie vielfach nur noch geplantes Verhalten zulassen, so widerspricht das einer autonomiefördernden Unterrichtsgestaltung. Betrachtet man die Unterrichtspraxis an Geistigbehindertenschulen, so ist festzustellen, daß im Projektunterricht als der grundlegenden Organisationsform der Unterrichtsarbeit die besten Möglichkeiten gesehen werden, handlungsorientiertes Lernen zu realisieren.

Allerdings wird von Lehrkräften verschiedentlich auch die Ansicht vertreten, daß gerade die selbstbestimmenden und -gestaltenden Elemente der klassischen Projektphasen an der Geistigbehindertenschule im Unterschied zur Regelschule nicht voll realisierbar seien. Wenn wir aber davon ausgehen, daß die selbstbestimmte Bewältigung und Gestaltung des Lebens dem geistig behinderten Schüler in dem Maße gelingen wird, wie selbstbestimmtes Lernen dahingehend ermöglicht wird, dann muß das didaktische Handeln des Lehrers gewährleisten, daß der Schüler in allen Phasen des projekt- bzw. handlungsorientierten Unterrichts selbst Verantwortung für das Lernen übernimmt.

Es genügt nicht, daß sich die Geistigbehindertenschule zwar als Handlungs- und Erfahrungsraum begreift, die Handlungen der Schüler zur Aneignung der Welt aber aus individuumzentrierter Sicht auf „begrenzte" Lernvoraussetzungen des geistig behinderten Schülers in relativ stabilen Ablaufmustern vorplant. Demgegenüber sollte pädagogisches Handeln nicht nur gewährleisten, daß Handlungssituationen im breiten Spektrum des Lebens angesiedelt werden, sondern daß den Schülern auch die Möglichkeit gegeben wird, die für sie günstigste Variante der Bewältigung selbst herauszufinden.

Die folgenden Ausführungen beginnen mit einem Problemaufriß aus der Praxis, der auf einige Fragen hinweist, die sich im Hinblick auf die Realisierung handlungsorientierten Unterrichts an Geistigbehindertenschulen ergeben. Wir wollen damit zu einigen Ansatzpunkten vordringen, die die Aufnahme des Autonomie-Aspekts in den handlungsbezogenen Unterricht mit geistig behinderten Schülern begründen.

Im Anschluß werden bestehende didaktische Konzeptionen für den handlungsorientierten Unterricht an Geistigbehindertenschulen dahingehend hinterfragt, inwieweit sie der Empowerment-Idee Rechnung tragen. Hierbei sollen einige wesentliche Ansprüche an ein zukünftiges Unterrichtsmodell für die Geistigbehindertenschule herausgearbeitet werden, das in seinen Ziel-, Inhalt- und Methodenreflexionen für selbstbestimmtes Lernen und autonomes Handeln der geistig behinderten Schüler Wege weist und unterrichtspraktische Entscheidungshilfen gibt.

Abschließend wird das Projekt einer Geistigbehindertenschule in Sachsen-Anhalt (Halle) vorgestellt, das Möglichkeiten der Umsetzung der Empowerment-Idee nahebringen kann. Das Projekt unter der Bezeichnung „Ich bin ich" hatte die Identitätsfindung des geistig behinderten Kindes und die Entwicklung von Ich-Bewußtsein in Beziehung zum Wir zum unmittelbaren Gegenstand und schuf so wichtige Voraussetzungen für die Entwicklung autonomen Handelns.

4.2.2. Handlungsorientierung als Unterrichtsprinzip

Handlungsorientierung wird heute in der Didaktik als Unterrichtsgrundsatz diskutiert, der sich gegen die zunehmende „Verkopfung" des Unterrichts richtet. Der aus der Reformpädagogik stammende Begriff der „Verkopfung" meint eine Unterrichtsführung, in der die Unterrichtsinhalte überwiegend sprachlich und sachlogisch strukturiert vermittelt werden.

90

Wenn in der Geistigbehindertenpädagogik dem handlungsorientierten Konzept stärkstes Interesse gezollt wird, so wird das zunächst einmal mit den kognitiven Beeinträchtigungen geistig behinderter Schüler begründet, die eine lehrerzentrierte Information über Wissensinhalte von vornherein verbieten.

Hat die Geistigbehindertenpädagogik einerseits im Kampf um die Beschulung aller geistig behinderten Kinder und Jugendlichen die Notwendigkeit und Möglichkeit der Vermittlung von Kulturtechniken betont und über eine Wissensvermittlung diskutiert, die sich nicht nur streng an den praktischen Anforderungen des Lebens orientiert, so hat sie andererseits in dem Maße, wie Kulturtechniken, Fachorientierung, unterrichtsfachgebundene, systematische, lehrplandifferenzierte Wissensvermittlung in den Unterricht mit geistig behinderten Schülern eindrangen, permanent auf die Notwendigkeit der lebenspraktischen Bildung und der Verwirklichung handlungsorientierter Unterrichtskonzeptionen hingewiesen.

Der Unterricht mit geistig behinderten Schülern stand und steht im Auseinandersetzungsprozeß um die Frage kognitiver Anforderungsstrukturen, die sich stellt, wenn gangbare Wege für die Unterweisung geistig Behinderter gesucht werden, die auf die Entwicklung von Handlungskompetenzen abzielt, welche – entsprechend dem pädagogischen Auftrag der „Empfehlungen für den Unterricht in der Schule für Geistigbehinderte" – dem geistig Behinderten die „Selbstverwirklichung in sozialer Integration" (vgl. Empfehlungen 1979, 5) ermöglichen soll.

Beobachtungen in der Praxis weisen darauf hin, daß der Unterricht mit geistig behinderten Schülern auf der einen Seite in der Gefahr steht, die Bildungs- und Erziehungsprozesse zu verschulen und einer „Verkopfung" Raum zu geben. Das wird zum Beispiel ersichtlich am recht hohen Anteil an Unterrichtsgesprächen und verbalen Informationen des Lehrers („Lehrervorträgen"), obwohl diese Methoden sehr hohe Anforderungen an die kognitive und kommunikative Leistungsfähigkeit der Schüler stellten. Begriff/Wissen und Gegenstand/Realität können nur mit großem didaktischen Aufwand zusammengeführt werden, bildliche und verbale Darstellungen, die frontale Lernformen begünstigen, bestimmen den Unterricht.

Auf der anderen Seite wird aber auch dem praktischen, vom Lehrer angeleiteten und geführten Handeln Raum gegeben, um das Lernen mit dem Kopf, welches zu stark auf bloßes Reagieren, nachvollziehbares Ausführen beschränkt ist und Sinnzusammenhänge vernachlässigt, zurückzustellen.

Nicht selten wird die Auffassung geäußert, daß das praktische Tätigsein nicht nur das beste motivationale Mittel für die Lerntätigkeit geistig behinderter Schüler ist, sondern daß es ihnen gegenüber geistigem Tätigsein auch meist besser gelingt. Wenn dann Handlungsorientierung des Unterrichts nur einseitig als didaktisches Regulativ verstanden wird, durch Handeln handeln zu lernen (handlungsfähig, handlungskompetent zu werden), so kann dies leicht die Ausblendung jener wichtiger Vermittlungs- und Aneignungsprozesse zur Folge haben, die geistige und praktische Tätigkeiten so zusammenführen, daß die Entwicklung von Handlungskompetenzen i. S. der Selbstbestimmung möglich wird. Handlungsorientierung meint somit nicht Handeln anstelle von Denken/Nachdenken, sondern eine sinnvolle Verknüpfung von beidem. Handlungsorientierung des Unterrichts mit geistig Behinderten meint eine solche Vermittlung von Theorie und Praxis, die den Lebensweltbezug konsequent realisiert, indem sie geistig behinderten Schülern hilft, zu einem zielbestimmten Handeln zu finden, das aus dem Zusammenspiel von Wissen und praktischen Erfahrungen resultiert.

Bemühungen um die Entwicklung didaktischer Konzeptionen, die diesem Anspruch gerecht werden, waren immer gekoppelt mit Versuchen einer einheitlichen Kennzeichnung „des" geistig behinderten Kindes. Aber gerade infolge dieses Allgemeinheitsgrades didaktischer Theorien, der dadurch entsteht, daß vom Erscheinungsbild des geistig Behinderten im allgemeinen ausgegangen wird, muß offen bleiben, inwieweit sie das einzelne Kind mit seinem individuellen Lernverhalten und seinen individuellen Lernbedürfnissen tatsächlich erreichen.

Unter dem Anspruch einer Unterrichtsgestaltung, die auf Selbstbestimmung geistig behinderter Schüler, auf das Erlernen von eigenverantwortlichem Entscheiden und autonomem Handeln in der Beziehung zum Du abzielt, wird der didaktische Aktionsrahmen des Lehrers außerordentlich komplex, weil er das „personale Selbstsein" der Schüler auf ein „dialogisches Sein" bezogen denken muß (vgl. Buber 1969).

Für die Unterrichtspraxis wirft das viele Fragen auf. Angesichts der Heterogenität der Schülerschaft, die von einem Schüler mit „leichter" geistiger Behinderung (womöglich im Überschneidungsbereich zur Lernbehinderung) bis zu einem geistig schwerst- und mehrfachbehinderten Schüler reicht, fragen viele Lehrer nach didaktischen Modellen, die ihnen helfen, konkrete methodische Entscheidungen zu treffen, wenn alle Schüler an einem gemeinsamen Gegenstand lernen sollen. Es erscheint zum Beispiel schwierig, Lerninhalte für die Unterrichtsarbeit in der Klasse zu fixieren, die den jeweiligen individuellen Lernbedürfnissen entsprechen, wenn man bedenkt, daß manche Schüler mit „leichter" geistiger Behinderung über einige naturwissenschaftliche Kenntnisse sowie über Fähigkeiten im Lesen, Schreiben und Rechnen verfügen, die in fachorientierten Lehrgängen weiter ausgebaut oder vertieft werden könnten, während bei schwerst geistig behinderten Schülern basale Förderungskonzepte Priorität haben, um einfachste Anforderungen in der Selbstversorgung zu erlernen. Sind in Klassen mit acht geistig behinderten Schülern der individualisierenden pädagogischen Arbeit im gemeinsamen Unterricht nicht Grenzen gesetzt?

Da, wo die Realisierbarkeit des Anspruchs nach individualisierendem methodischen Vorgehen hauptsächlich von differenzierten Lernzielbestimmungen abhängig gemacht wird, wird man zwangsläufig auf Grenzen stoßen. Denn das Lernverhalten der Schüler unterliegt vielen, zum Teil unbekannten Einflußgrößen, so daß die konkreten Lernbedürfnisse für die konkrete Handlungssituation nur begrenzt planbar sind und die Planungskonzepte deshalb weitgehend offen bleiben müssen.

Für den Lehrer an der Geistigbehindertenschule, der in der täglichen Unterrichtsarbeit „geplant" handeln möchte, ist damit das Problem didaktisch differenzierter Lernzielbestimmung und Methodenentscheidung allerdings nicht gelöst. Soll er angesichts der außerordentlichen Heterogenität seiner Schüler bzgl. Lernverhalten und Lernbedarf der „perfekte Methodiker" sein, der in jeder Lernsituation die richtige Entscheidung trifft, welche Methode beim einzelnen Schüler am besten greift? Der erfahrene Lehrer, der seine Schüler gut kennt, wird situativ vielfach „richtig" reagieren, teilweise sicher intuitiv, denn er kann wohl kaum sein Handeln erst in eine didaktische Theorie hochrechnen. Dies wäre angesichts der Vielzahl didaktischer Modelle sowie der Vielzahl unterschiedlicher Lernsituationen im Verlaufe eines Schulvormittags ein hoffnungsloses Unterfangen.

Die handlungsorientierte Position kann im Hinblick auf die Frage nach der methodisch bewußten Entsprechung individueller Lernbedürfnisse weiterhelfen.

Vertreter des handlungsorientierten Unterrichts haben untersucht, wie nichtbehinderte Schüler reagieren, wenn sie zu stark einseitig kognitiv gefordert werden: Sie gehen zu „Nebentätigkeiten" über, die mit dem Lerngegenstand, an dem sie eigentlich arbeiten sollen, nichts mehr zu tun haben; ihre Aufmerksamkeit richtet sich nicht mehr auf den Unterrichtsinhalt. Eine differenzierte Analyse der „Nebentätigkeiten" kann nicht nur feststellen, was den Schülern im Unterricht fehlt, sondern vermag diese auch didaktisch nutzbar zu machen: Die Schüler können bei einem Teil der „Nebentätigkeiten" auch viel lernen, da

sie in ihnen selbständig, sprachlich, körpersprachlich, grob- und fein-
motorisch, bildnerisch, aufmerksam, in sozialen Bezügen... tätig
sind. Die Lösung wird somit in einem didaktischen Konzept gesehen,
das einen hohen Anteil an Unterrichtsmethoden beinhaltet, die eben
solche Tätigkeiten bewußt unterrichtsgebunden anfordern, die Schü-
lerselbständigkeit, Selbstbestimmung, Tätigwerden in sozialen Bezügen realisierbar machen und sinnlich-ganzheitlich „Kopf, Herz und
Hände" (Pestalozzi) einbeziehen.

Im Unterricht mit geistig behinderten Schülern geraten wir leicht in
Versuchung, die sog. Nebentätigkeiten aus dem Unvermögen eines
geistig behinderten Schülers herzuleiten, konzentriert an einer Sache
zu bleiben, verbalen Erklärungen zuzuhören und diese zu verstehen,
anstatt aus ihnen auf Lernbedürfnisse zu schließen, denen wir methodisch besser entsprechen müssen. Schnell gleiten wir dann in den „stö-
rungsbedingten" und „schädigungsadäquaten" Ansatz und laufen
Gefahr, das didaktisch-methodische Instrumentarium auf das zu begrenzen, was den eingeschränkten Lernmöglichkeiten der Schüler zu
entsprechen scheint.

Der handlungsorientierte Ansatz als Grundkonzept für die Unterrichtsarbeit mit geistig behinderten Schülern macht zwingend auf folgendes aufmerksam: Das Unterrichtsmethodische sollte weniger aus
der Analyse der individuellen Lernvoraussetzungen heraus konzipiert
werden, dafür aber mehr aus dem konkreten Lernverhalten der geistig
behinderten Schüler in konkreten Lern- und Lebenssituationen. Das
bedeutet, didaktische Konzeptionen nicht vordergründig für den Schüler mit geistiger Behinderung auszuarbeiten, sondern mit ihm zu
gewinnen. Eine wesentliche Voraussetzung für das Entstehen und Umsetzen von Unterrichtsmodellen, die Handlungskompetenzen erwerben helfen, besteht darin, daß sie in den offenen Raum realisierbarer
Selbständigkeit im Denken und Tun hineinreichen.

Wir müssen davon abkommen, allzu stark aus dem Blickwinkel des
methodischen Handelns des Lehrers heraus zu argumentieren, das der
Entwicklung von Handlungskompetenzen beim Schüler förderlich
sein will, anstatt aus dem Blickwinkel eines Schülers, der über ein
bestimmtes Maß an Handlungsfähigkeit verfügt, welche in der Komplexität und Differenziertheit individuell möglicher Lösungsmuster
in offener Lernprozeßgestaltung freigelegt werden muß.

Die Argumentation für einen handlungsorientierten Unterricht mit
geistig behinderten Schülern muß somit Wege für selbstbestimmtes
Handeln der Schüler aufzeigen können. Das „Empowerment-Konzept" enthält hierfür entscheidende Prämissen, die im Hinblick auf
unterrichtspraktische Umsetzung durchdacht werden müssen.

4.2.3. Zum Aspekt des selbstbestimmten Lernens in (handlungsorientierten) Unterrichtskonzeptionen für die Geistigbehindertenschule

Ein überzeugendes Plädoyer für das handlungsorientierte Modell, das für die didaktisch-methodische Gestaltung des Unterrichts an Geistigbehindertenschulen vielfältige Anregungen geben kann, haben im Rahmen der Grundlagendiskussion in der Didaktik Jank und Meyer (1991) vorgelegt. Als „handlungsorientiert" bezeichnen sie einen Unterricht, der sich als „ein ganzheitlicher und fächerübergreifender, soziales Lernen einschließender Unterricht" gestaltet (ebd., 352). In Anlehnung an Gudjons (1986) und Bönsch (1986) definieren sie den handlungsorientierten Unterricht als „ganzheitlichen und schüleraktiven Unterricht, in dem die zwischen dem Lehrer/der Lehrerin und den SchülerInnen vereinbarten Handlungsprodukte die Gestaltung des Unterrichtsprozesses leiten, so daß Kopf- und Handarbeit der SchülerInnen in ein ausgewogenes Verhältnis zueinander gebracht werden können" (Jank & Meyer 1991, 354). Hier finden sich eindeutige Parallelen zur didaktischen Grundkonzeption an Geistigbehindertenschulen, die ganzheitliches, fächerübergreifendes und projektorientiertes Lernen bevorzugt.

Als schüleraktives und soziales Lernen einschließendes Unterrichtskonzept fordert das handlungsorientierte Modell auch eine Auseinandersetzung über das Problem des „didaktisch richtigen" Verhältnisses von Führung und Selbständigkeit. Es baut auf der Selbständigkeit der Schüler als Voraussetzung für selbständiges und schließlich selbstbestimmtes Handeln auf.

Unter dem Aspekt des selbstbestimmten Lernens sollen im folgenden Konzepte von John, Speck und Mühl, die wichtige Beiträge in der Grundlagendiskussion zum handlungsorientierten Unterricht mit geistig behinderten Schülern darstellen und heute in der Geistigbehindertenpädagogik weit verbreitet sind, betrachtet werden.

Überlegungen und Perspektiven zur Unterrichtsarbeit an der Schule für Geistigbehinderte nach John (1993):
Wie zahlreiche Konzepte zur Weiterentwicklung der Geistigbehindertenpädagogik und zur Fundierung des handlungsorientierten Unterrichts entwickelt auch John seine Überlegungen aus der Kritik eines statischen Bildes vom behinderten Schüler heraus. Begemann (1992), Feuser (1984), Preuß-Lausitz (1981) u. a. haben nachdrücklich darauf hingewiesen, daß begrenzte Erwartungshaltungen, die von einem feststehenden eingeschränkten Lernverhalten geistig behinderter Schüler

ausgehen, zu hemmenden Konstanten des Lernprozesses wie der Persönlichkeitsentwicklung der Schüler werden.

Gerade durch die Abgrenzung von Unterrichtskonzeptionen, die „Einschränkungen" im Lernverhalten geistig behinderter Schüler in unzulässiger Weise zur dominanten Orientierungsgröße der didaktisch-methodischen Überlegungen machen, können die Prämissen, die die Empowerment-Idee tragen und die Wege für selbstbestimmtes Lernen im handlungsorientierten Unterricht weisen, entwickelt werden.

John behauptet, „daß viele typische Merkmale Geistigbehinderter durch eine allzu stereotype schulische Sozialisation in der Praxis der Geistigbehindertenpädagogik mitverursacht wurden und werden. Solange zum Beispiel sachkundliche Themen lediglich auf die Nischensituation der nachschulischen eng begrenzten Lebenswelt zugeschnitten sind, solange emanzipatorische Inhalte, wie Selbstbestimmung, Selbstorganisation, experimentelle Arbeits- und Lernformen, kreativitätsfördernder Unterricht, von wenigen Ausnahmen abgesehen, als überflüssig und zu anspruchsvoll gelten, wird ein ganzheitlich ausgerichteter projektorientierter Unterricht weder wirksam noch in seinem eigentlichen Anliegen verstanden. Gerade aber in einer heterogenen Lerngruppe mit Schülern unterschiedlichster Lernniveaus müssen o. g. Inhalte und Methoden selbstverständlich werden" (John 1993, 15 f.). Im Rahmen von Überlegungen zu einer Lehrplanrevision schlägt John vor, die Lernbereiche „Soziales Lernen/Verhaltenserziehung" und „Umwelterziehung" als durchgängiges Leitziel zu sehen, das alle Lernbereiche miteinander verbinden und integrationsfördernde Aktivitäten vor allem in Projekten umsetzen helfen kann. Die wichtige Rolle, die diesen beiden Lernbereichen zugemessen wird, bedeutet aber nicht, daß Ziel- und Inhaltsentscheidungen im Lehrplan für einen ganzheitlichen Unterrichts- bzw. Lernprozeß von der Überordnung bestimmter Lernbereiche über andere ausgehen dürfen. Die „ganzpersonale" Entwicklung des geistig behinderten Schülers verlangt Lernzielbestimmungen in der ganzen Breite und Verwobenheit der Lernbereiche.

Um eine integrative Verbindung zwischen den Lernbereichen herzustellen, bedarf es eines Unterrichtskonzepts mit einer Leitzielbestimmung, die entwicklungs-, handlungs- und fachorientierte Lehr- und Lernintentionen sinngebend zusammenführt.

Wenn wir im Sinne des Empowerment-Konzepts Selbstbestimmung, autonomes Handeln des geistig Behinderten als Leitziel setzen, müssen im Rahmen einer Lehrplanrevision die Lernziele, Inhalte/Sachstrukturen und Methoden in allen Lernbereichen kritisch geprüft werden, inwieweit sie selbstbestimmtes, autonomes Handeln fördern können.

Ein in Sachsen-Anhalt entstandener Entwurf einer Rahmenrichtlinie für die Werkstufe zeigt beispielhaft wie Aspekte selbstbestimmten Lernens in Lehrplanstrukturen eingebettet werden können (vgl. Amelung u. a. 1994):

Unter den sechs „Lebensbereichen", in die die Rahmenrichtlinie untergliedert wird (Ich-Erfahrung, Wohnen, Freizeit, Arbeit und Beruf, Öffentlichkeit, Umwelt und Umweltschutz), erhält die „Ich-Erfahrung" eine übergreifende Funktion. Lernziele, Inhalte und didaktisch-methodische Hinweise in diesem „Lebensbereich" werden im Hinblick auf eine „gezielte Persönlichkeitsentwicklung und Identitätsfindung im sozialen Umfeld" fixiert. Sie orientieren sich an den Prinzipien der „Selbständigkeit (Autonomie) und Lebensnähe (Partizipation)" und setzen für den Unterricht den Anspruch, „daß er die Fähigkeiten der Schülerinnen und Schüler zu Selbstbestimmung, Kooperation und Eigenverantwortlichkeit fördert" (ebd., 8). Dementsprechend werden zunächst die „Grundlagen für die Ich-Erfahrung" in Lernzielbestimmungen umgesetzt:

1. Grundlagen der Ich-Erfahrung:
psychophysische Spannungen erfahren und bewältigen
in der Auseinandersetzung mit der Umwelt das eigene Aktionspotential anwenden und differenzieren
soziale Anerkennung erfahren und Lebenszutrauen entwickeln
Der Lernzielkatalog enthält im weiteren:
2. Zunahme persönlicher Bewußtheit (Körperbewußtsein, Selbstbewußtsein)
sich als eigenständige Person erfahren
körperliche Vorgänge und Veränderungen an sich selbst wahrnehmen
psychosoziale Vorgänge und Veränderungen an sich wahrnehmen und bewältigen
3. Zunahme von Selbständigkeit (äußere und innere)
4. Zunahme von Individualität
individuelle Ausdrucksformen entwickeln
Wünsche und Bedürfnisse kennen und entwickeln
Begabungen und Interessen kennen und entwickeln
5. Zunahme sozialer Kompetenz
Kommunikationsfähigkeit entwickeln
Konfliktfähigkeit entwickeln
Kooperationsfähigkeit entwickeln
Fähigkeit zum verantwortlichen Handeln entwickeln
Beziehungsfähigkeit entwickeln

6. Zunahme von Entscheidungs- und Mitbestimmungskompetenzen
selbst entscheiden und mitbestimmen (im privaten und öffentlichen Bereich)

In der unterrichtspraktischen Umsetzung sollen diese Lernziele und -inhalte in Verbindung mit Lernzielen aus den übrigen „Lebensbereichen" gesehen und realisiert werden. Das didaktische Konzept des Rahmenrichtlinien-Entwurfs baut auf Lernzielbestimmungen auf, die dadurch, daß sie unter dem Gesichtspunkt einer handlungsorientierten Gestaltung des Unterrichtsprozesses auf die Selbständigkeit der Schüler setzen, Wege für selbstbestimmtes Lernen geistig Behinderter weisen: „Die Erziehung zur Selbständigkeit hat das Ziel, dem Menschen eine weitestgehend äußere (lebenspraktische) und innere (psychosoziale) Selbständigkeit und Unabhängigkeit zu ermöglichen. Diese findet ihren Ausdruck in der Selbstbestimmung, der Fähigkeit des Selbst-Entscheidens und Selbst-Handelns. Die Zunahme der Selbständigkeit ist für jede Schülerin und jeden Schüler auf jeder Niveaustufe des Lernens möglich" (ebd., 18).

Selbstbestimmtes Handeln muß als Ziel und gleichzeitig als Mittel (Methode) des Unterrichts begriffen werden. Durch das Verständnis der Selbstbestimmung als Mittel eröffnen sich methodische Wege, um in handlungsorientierter Lernprozeßgestaltung Handlungsfähigkeit der geistig behinderten Schüler zu entwickeln und autonomes Handeln zu realisieren.

John (1993) verweist auf die Gefahr des Methodeneklektizismus, der dann entsteht, wenn auf der Suche nach adäquaten Fördermöglichkeiten die verschiedensten „praktikabel" erscheinenden Förderkonzeptionen für Schwerstbehinderte in die Unterrichtspraxis aufgenommen werden, ohne sie in einen für die Schülergruppe ganzheitlichen Unterricht einzubinden. In kritischer Auseinandersetzung mit verschiedenen Konzepten und Förderansätzen für geistig Behinderte befürwortet John solche Förderangebote in speziellen Bereichen unter der Bedingung, daß diese in ganzheitlichen Zusammenhängen mit der ganzpersonalen Entwicklung des geistig Behinderten stehen. Jede pädagogische Förderempfehlung, die die isolierte Ausbildung von Teilfunktionen beabsichtigt, wird zurückgewiesen, wenn sie nicht in übergreifende Sinnzusammenhänge eingebettet ist und in ganzheitlicher Orientierung auf ein umfassendes Erziehungskonzept gegeben wird (vgl. ebd., 44).

Im Sinne des Empowerment-Konzepts müssen alle Förderansätze abgelehnt werden, wenn sie nicht als Teil eines Lernprozesses realisiert werden, der für eine sinnvolle Lebensverwirklichung auf die Ausbildung von Fähigkeiten des geistig Behinderten zum selbstbestimmten

Handeln gerichtet ist. Am Beispiel der Motopädagogik (Kiphard 1984) als ganzheitlich intendierte Förderung von Bewegung, Wahrnehmung, Erleben, Denken und Kommunikation, zeigt John, daß sich gerade im ganzheitlichen Ansatz eines Konzepts didaktisch-methodische Regulative finden lassen, die selbstbestimmtes Lernen fördern: „Bewußtmachen von Erfahrungen (kognitive und affektive Reaktion), Selbstverwirklichung und Ichfindung (Selbsttätigkeit und Kreativität) und... das freie Ausprobieren, Spielen, Experimentieren..." (John, 1993, 35).

Für die Unterrichtsarbeit an Geistigbehindertenschulen schlußfolgert John: „Eine stärkere Orientierung an offeneren Lernangeboten mit größeren Anteilen an Selbstorganisation und Mitentscheidung für die Schüler – angefangen von vereinfachten Formen der Wochenplanarbeit, freinetpädagogischen Arbeitsformen bis zu bereits vielerorts berücksichtigten Arbeitsweisen nach der Montessori-Pädagogik – führen zu größerer Lebensqualität als eine noch immer latent vorhandene Anpassungspädagogik. Eine solcherart verstandene Lebenstüchtigkeit intendiert die Fähigkeit zur Selbstverantwortung, zur Selbstorganisation, zu Entscheidungs- und Kooperationsfähigkeit und berücksichtigt neben ‚Anpassung' an Lebenswelten ebenso das zurückwirkende Eingreifen des Schülers mit erweiterter Handlungskompetenz" (ebd., 16).

Wirksam kann selbstbestimmtes Lernen allerdings nur dann werden, wenn offene Lernformen nicht einfach „neben Anpassung", sondern an deren Stelle gesetzt werden.

Methodische Ansätze, die Formen „offenen Unterrichts" verwirklichen, führen in den Raum handlungsorientierter Unterrichtskonzepte. Handlungsorientierter Unterricht läßt sich nur auf der Basis von Schülerselbsttätigkeit realisieren, die neue Handlungskompetenzen als Formen selbstbestimmten Handelns hervorbringen kann.

Im handelnden bzw. handlungsorientierten Unterricht sieht John eine „verbindliche Theorie", die die verschiedenen Teilkonzepte und Förderprogramme fundieren und in einen ganzheitlichen Lernprozeß einbinden kann.

Zum Modell des handlungsbezogenen Unterrichts nach Speck (1993):
Speck (1993) entwickelt das „handlungsbezogene" Modell in Gegenüberstellung zum normativen Modell des „entwicklungsbezogenen Unterrichts". Er betont die Offenheit des handlungs- gegenüber dem entwicklungsbezogenen Ansatz bezüglich der Lernprozesse und Lernergebnisse, da ersterer Raum für Selbständigkeit, freies Handeln, Kreativität und Selbstverwirklichung zu Verfügung stellt.

Specks Aussage, daß im handlungsbezogenen Unterricht eine genaue und fixierende Lernzielbestimmung kaum möglich und das Lernergebnis prinzipiell offen sei (vgl. ebd., 236), könnte auf den ersten Blick als „Nachteil" für eine bewußte, zieldeterminierte Planung der Lehr- und Lernprozesse verstanden werden. Doch geht Speck von einem Handlungsbegriff aus, der die Zielgerichtetheit des Handelns selbst betont. Speck sieht Handlung als die „Verwirklichung eines Antriebszieles in der Welt durch die Eigentätigkeit des Subjekts" (Lersch 1952, 390), als „Zielverhalten" (Tomaszewski 1978), als „eine Antwort auf eine Situation, aus der heraus sich eine Aufgabe stellt" (Speck 1993, 234). Prozesse des Aufgabenlösens enthalten in den Phasen der Stimulation, Realisierung und Auswertung immer zielgerichtete Elemente. Auch Jank und Meyer verweisen darauf, daß auch der handlungsorientierte Unterricht zielgerichtet arbeitet, indem zwischen Lehrer und Schüler vereinbarte Handlungsprodukte und -ergebnisse den Unterricht leiten.

Das schließt nicht aus, daß sich das handlungsorientierte Unterrichtsmodell von einem Lernzielbegriff löst, der „als sprachlich artikulierte Vorstellung von durch Unterricht zu bewirkenden gewünschten Verhaltensdispositionen eines Lernenden" definiert wird (Jank/Meyer 1991, 302). „Strenge" Lernzielangaben i. S. einer Vorgabe von zu erreichenden Verhaltensdispositionen dürften wegen der immer notwendigen Berücksichtigung der individuellen Lernbedürfnisse der geistig Behinderten im Planungsgeschehen generell schwierig zu formulieren sein. Sie widersprechen auch der Empowerment-Idee, weil sie im Unterrichtsprozeß dazu führen können, die Aktivitäten der Schüler auf ein angestrebtes Endverhalten hin einzugrenzen. So gesehen müssen Lernergebnisse immer offen bleiben.

Das Problem offener Lernzielbeschreibungen kann auch dadurch nicht grundsätzlich gelöst werden, daß „Lernziele" für den handlungsorientierten Unterricht weniger streng als „Handlungsziele der Schüler" beschrieben werden. Wird auf der Grundlage einer solchen Zielbestimmung der Unterrichtsverlauf als Folge von Handlungssituationen und Handlungsschritten konzipiert, die dem Schüler wenig Raum für offenes Handeln läßt, so kann hieraus ebenfalls kaum Entscheidungs- und Handlungsautonomie erwachsen. Diese kann sich nur entwickeln, wenn Handlungsziele als Ziele verstanden werden, die sich die Schüler ihren Interessen und Bedürfnissen entsprechend weitestmöglich selbständig setzen und in selbstbestimmten Handlungen durchsetzen können.

Im überaus komplizierten Diskussionsfeld um Lernziele für einen Unterricht mit geistig behinderten Schülern, der sich einerseits auf Lernstörungen und besondere Lerneigenschaften infolge der geistigen Behinderung einstellen muß und andererseits mithelfen will, den geistig behinderten Schüler so weit wie möglich zu selbstbestimmtem Handeln zu befähigen, muß die lebendige Vielfalt der Lernwege stärker hervortreten. Es erscheint deshalb sinnvoll, das Merkmal „Offenheit" für den handlungsorientierten Unterricht weniger explizit im Hinblick auf Lernziele zu beschreiben, sondern vielmehr im Hinblick auf die Art und Weise (Methodik) der subjektiven Bewältigung einer Ziel- und Aufgabenstellung. Der Schüler muß die Möglichkeit erhalten, seinen individuellen Lernvoraussetzungen und -bedürfnissen entsprechend offen zu handeln, in den Möglichkeiten und Grenzen subjektiver Bewältigungsstrategien tätig zu sein, eigene Wege einzuschlagen und frei zu handeln. Die Zielgerichtetheit eines so verstandenen Lehr- und Lernprozesses liegt in der Chance zur Selbstbestimmung, die dem geistig behinderten Schüler bei der Bewältigung einer Aufgabe eingeräumt wird.

Die Empowerment-Idee geht davon aus, daß bei geistig Behinderten aller Alters- und Entwicklungsstufen Handlungsfähigkeiten erschlossen werden können, die autonomes Handeln befördern. Zu den Aussagen Specks, daß das handlungsbezogene Konzept erst „bei kognitiv und kommunikativ fortgeschrittenen Kindern und Jugendlichen" voll realisierbar sei und daß sich der Unterricht für geistig behinderte Schüler „zunächst mehr am Entwicklungs- und später mehr am Handlungsbezugsrahmen" orientiere (Speck 1993, 235 f.), ist deshalb folgendes zu bemerken:

Diese Aussagen dürfen nicht losgelöst von jenen Passagen interpretiert werden, in denen Speck das Ineinandergreifen beider Ansätze beschreibt. Daß bestimmte Entwicklungen (basale Fähigkeiten) Voraussetzungen für Tätigkeiten im handlungsorientierten Lernprozeß darstellen, ist vielfach nachgewiesen. Auch daß ein geistig behindertes Kind, je jünger und intensiver behindert es ist, um so mehr das Erlernen basaler Fähigkeiten und Fertigkeiten nötig hat, ist sicherlich unumstritten. Wir wissen aber auch, daß das Erlernen von Basisfähigkeiten an Handlungen gebunden ist, sich in der Tätigkeit, im Handlungsbezugsrahmen realisiert; ebenso hat jede noch so vereinzelt und elementar wirkende Tätigkeit, die der Basisförderung dienen soll, wiederum Fähigkeiten zur Voraussetzung, die in Handlungsprozessen erworben wurden. So schreibt Speck im Rückgriff auf Piaget: „Der Mensch lernt im wesentlichen durch seine Handlungen, verwirklicht sich in seiner Aktivität. Der Organismus ist dauernd in Aktion, um seine Struktur zu erhalten. Die durch die geistige Behinderung beeinträchtigte Aktivität bedarf in besonderem Maße der Weckung, Belebung und Anleitung. Aktivität ist die Voraussetzung des Lernens. Sie ist Ausdruck des Verlangens nach Überwindung eines gestörten Gleichgewichts... Das Aktivitätsprinzip gilt für alle Stufen der geistigen Entwicklung" (ebd., 238 f.).

Dies gilt für das Entwicklungsmodell ebenso wie für das Handlungsmodell. Eine zeitliche Reihenfolge entwicklungs- und handlungsbezogener Ansätze in Abhängigkeit vom Entwicklungsstand der geistig behinderten Schüler verfehlt den Zusammenhang der beiden Ansätze. Ihre Gegenüberstellung kann allenfalls schärfer konturieren und geht von einem engen Handlungsbegriff aus, der nur die komplexen Anforderungsstrukturen in Lernaufgaben und -tätigkeiten umfaßt. Wir dagegen wollen handlungsbezogenes/-orientiertes Lernen als Unterrichtsmodell verstehen, das das Handeln des Schülers in didaktischen Strukturen führen will, die die Entwicklung basaler Fähigkeiten nicht nur als Lernvoraussetzung, sondern auch als Lernintention in den handlungsbezogenen Lernprozeß integrieren.

Entscheidend im Sinne der Empowerment-Idee ist die Frage, wie der handlungsorientierte Unterricht gestaltet werden muß, um den geistig behinderten Schüler so zu fördern, daß Handlungsfähigkeit als soziale Erfahrung entsteht und sich in einer Weise entwickelt und stabilisiert, daß selbstbestimmtes Handeln möglich wird. Speck (1993, 239) weist dazu einen Weg: „Der Unterricht bei geistig behinderten Kindern muß radikal ernstmachen mit dem Aktivitätsprinzip. Soll er ein dynamischer sein, so muß er dem Kind hinreichend Gelegenheit geben, durch Handeln Erfahrungen zu sammeln. Er darf nichts vorwegnehmen, was das Kind durch seine eigene Aktivität finden könnte."

Dabei bindet er die Realisierung dieses Anspruchs im handlungsbezogenen Unterricht an die ursprüngliche heilpädagogische Einsicht, daß das Denken, Fühlen und Wollen im unmittelbaren Lebenszusammenhang erfahren und erlebt werden müssen. Ein erfahrungsbezogenes und realitätsnahes Konzept für den handlungsorientierten Unterricht, das dieser Einsicht Rechnung trägt, hat Mühl vorgelegt.

Zum Konzept des handlungsbezogenen Unterrichts an der Schule für geistig Behinderte nach Mühl (1979):

Mühls handlungsbezogenes Konzept geht von allgemeinen Zielsetzungen aus, die sich in Konzeptionen zur Didaktik an Geistigbehindertenschulen finden: sinnerfülltes Leben, Lebenstüchtigkeit und Lebensorientierung, Ich-Fähigkeit, Eingliederung in die Gesellschaft. Er zeigt auf, daß sich diese Leitziele, die sich dem pädagogischen Gesamtauftrag für die schulische Erziehung geistig Behinderter – „Selbstverwirklichung in sozialer Integration" – zuordnen, vom

Ziel der „Handlungsfähigkeit" her begründen lassen. Die Umsetzung des Qualifikationsziels „Handlungsfähigkeit" in didaktische Konzepte mache es aber notwendig, die handlungstheoretischen Grundlagen näher auszuleuchten. Handeln stellt für Mühl (1979, 63 ff.) über den gesamten Handlungsablauf hinweg ein durch bestimmte Motive angetriebenes und von einem vorgegebenen Ziel her gesteuertes Verhalten, das die verschiedensten psychischen Funktionen und Fähigkeiten integriere, dar. Im Verständnis von Handeln als Streben nach Verwirklichung von Zielen unterteilt Mühl den Handlungsablauf in die Phasen: Entwurf der Verwirklichung des Motivs, Durchführung des Entwurfs, Reflexion über die Zielerreichung (vgl. ebd., 68).

Im Hinblick auf den geistig Behinderten hält er es für sinnvoll, die unterschiedliche Beteiligung der Handlungskomponenten (Motiv, Entwurf, Aktion, Kontrolle) im Handlungsablauf durch die Unterscheidung von vier Handlungstypen zu beachten:

„zweckrationales Handeln als nach Zweck, Mitteln und Nebenfolgen orientiertes Handeln

wertrationales Handeln als überzeugtes Handeln ohne Rücksicht auf vorauszusehende Folgen

affektives Handeln als bedürfnisbezogenes Handeln

traditionelles Handeln als durch eingelebte Gewohnheit bestimmtes Handeln" (ebd., 69).

Seine Auffassung, „daß Geistigbehinderte in vielen Fällen über die Stufe des Gewöhnungs- und Imitationshandelns nicht hinauskommen werden" (ebd., 70), schließt aber nicht aus, daß bewußtes Handeln möglich ist; im Sinne des Empowerment-Konzepts müssen wir aber gerade diese Möglichkeiten zum bewußten Handeln zu unserem Ausgangspunkt machen. Selbstbestimmtes Handeln muß im Zielansatz für Unterrichtskonzeptionen enthalten sein, da sonst von vornherein begrenzende Konstanten die didaktisch-methodische Gestaltung des handlungsorientierten Unterrichts bestimmen. Der Handlungsablauf würde pädagogisch derart geführt werden, daß die geistig behinderten Schüler nicht gefordert wären, über gewohnheitsmäßige oder imitierte Handlungen hinauszugehen.

Mühl nennt folgende wichtige didaktische Prämissen, um im Unterricht selbständiges Handeln erkennbar zu machen:

eine Unterrichtsorganisation, in der Möglichkeiten zur Selbsterfahrung im eigenen Handeln bereit gestellt werden;

die Schüler sind in konkrete Lebensfelder und Handlungssituationen zu führen, in denen sie die notwendigen Lernerfahrungen in ihrer realen, nicht künstlich beschränkten Komplexität selbst erwerben können (vgl. ebd., 70).

Die Erziehung der geistig Behinderten zu selbständigem Handeln als Voraussetzung für die Entwicklung von Handlungsautonomie muß immer wieder neu ein didaktisches Verhältnis von Führung und Selbsttätigkeit justieren und dabei nach dem traditionellen Prinzip der kleinsten Schritte vorgehen: „Eine nur lenkende Erziehung kann nicht Selbständigkeit zur Folge haben; allenfalls jene Erziehung, die sich bei aller Notwendigkeit zur Lenkung in bestimmten Grenzen überflüssig zu machen versucht und Entscheidungen und Verantwortung an den Geistigbehinderten abgibt. Zunehmende Unabhängigkeit läßt sich nur erreichen, wenn über das bisherige Maß hinaus Möglichkeiten selbständigen Handelns zugestanden werden, wobei dieses zusätzliche Maß nur geringfügig über das erreichte hinausgehen darf. Daß damit gewisse Risiken und die Gefahr des Scheiterns verbunden sind, teilt die Erziehung Geistigbehinderter zur Selbständigkeit mit Erziehung schlechthin" (ebd., 71). Bezugnehmend auf den Nachweis, daß auch schon in der frühen Mutter-Kind-Interaktion das Kind „handelnd" eingreift, fordert Mühl, daß gerade der handlungsbezogene Unterricht bei schwer geistig behinderten Schülern von der Interaktion seinen Ausgang nehmen müsse: „Immer, wenn es gelingt, sie in soziale Interaktion zu ‚verwickeln', wird ihre soziale Handlungsfähigkeit angesprochen und gefordert; auch Initiativen zu sozialem Handeln sind in diesem Sinne positiv einzuschätzen!" (ebd., 72).

Mühl unternimmt eine Standortbestimmung des handlungsbezogenen Unterrichts, indem er fragt, welche Organisations-, Sozial- und Lehrstrukturformen neben der Vermittlung von basalen Qualifikationen der Lebensbewältigung auch zu weitgehend selbständigem und eigenbestimmtem Handeln befähigen:

ein „Stuhl-Tisch-Unterricht" sollte zugunsten praktischer und von Handlungszielen gesteuerter Aktivitäten weitgehend vermieden werden;

psychische Funktionen sollten in Handlungssituationen, als Teilaspekte umfassenderer Tätigkeiten, geschult werden;

Interaktionsverhalten sowie

Kooperations- und Kommunikationsfähigkeit sollten angefordert und zur Selbständigkeit insgesamt angeregt werden.

Der handlungsorientierte Unterricht „zielt auf konkrete, realitätsgerichtete Aktivitäten und Erfahrungsmöglichkeiten, wobei die gesellschaftliche Realität im Hinblick auf die anzustrebende gesellschaftliche Eingliederung des Geistigbehinderten wesentlicher Bestandteil unterrichtlichen Handelns darstellt" (ebd., 78).

In diesem Verständnis des handlungsorientierten Unterrichts spiegelt sich das Hauptanliegen der Empowerment-Idee wider: Realitätsgerichtete Aktivitäten und Erfahrungsmöglichkeiten, die dem geistig Behinderten in einem kontinuierlichen Lernprozeß, in welchem Schule und Unterricht einen Teil darstellen, eingeräumt werden, sollen ihm helfen, die realen Anforderungen des Lebens zu erfahren, sich ihnen mit Ich-Bewußsein zu stellen, mit ihnen selbständig und in Beziehung zum „Wir" umzugehen und dabei größtmögliche Entscheidungs- und Handlungsautonomie zu entwickeln, damit er zur Selbsthilfe fähig wird.

Dementsprechend muß die Schule als Handlungs- und Erfahrungsraum begriffen werden; der Unterricht, der die Aktivitäten und Erfahrungsmöglichkeiten kontinuierlich zu zweck- und wertrationalem Handeln führen soll, muß durch Handlungsziele „gesteuert" werden, die selbstbestimmende Elemente des Handelns bewußt anfordern. Damit steht das Konzept des handlungsbezogenen Unterrichts auch dem projektorientierten und erfahrungsbezogenen Lernen sehr nahe.

So findet Mühl z. B. schon in den Konzepten des Projektunterrichts bei Kilpatrick (1935) und Dewey (1935) eine didaktische Grundkonzeption, die „Handlungseinheiten im Wirkungskreislauf von Organismus und Umwelt" versteht und das „selbstbestimmte soziale Handeln des Menschen und seine Fähigkeit zu reflektierter Erfahrung (zum) Ausgang und Ziel der Erziehung" macht (Mühl 1979, 81). Die wesentliche Akzentsetzung für handlungsbezogenen Unterricht, der selbstbestimmtes Handeln fördern will, liege hierbei darin, daß der soziale Aspekt der Handlungsorientierung erfaßt werde: Selbstbestimmtes Handeln in sozialer Integration kann nur gelingen, wenn Ich-Fähigkeit im Verhältnis zur sozialen Umwelt entsteht. So seien Projekte in Unterrichtskonzeptionen für die Geistigbehindertenschule vor allem in den komplexen Bereichen lebenspraktischer Betätigung angesiedelt, um „die vielfältigen lebenspraktischen Tätigkeiten und mitmenschlichen Bezüge in der konkreten Anwendung zu üben" (ebd., 86).

Im handlungsbezogenen Unterricht soll das Erfahrungslernen wirksam werden. Wichtige didaktische Regeln hierfür sieht Mühl darin, daß

„Lernen in Situationen geschieht, die weitgehend gleiche Strukturen und Faktoren mit jenen aufweisen, in denen es später angewendet werden muß;

komplexe Erfahrungsmöglichkeiten gemäß der vielseitigen Verflochtenheit realer Situationen aufgesucht werden;

Interessen, Bedürfnisse und Ansprüche der Schüler Motive für Handeln werden, die die Erfahrung steuern und strukturieren;

der Alltag als das für die Kinder unmittelbar Faßbare ihres Lebens unterrichtlich thematisiert wird" (ebd. 96 f.).

In diesem Zusammenhang diskutiert Mühl die Frage nach der „richtigen" Balance zwischen Erfahrung und Belehrung im Unterricht, die u. a. darin begründet liege, daß die Realität nicht vollständig in unterrichtliche Lern- und Handlungssituationen umgesetzt werden könne. Die Realitätsnähe einer Lernsituation müsse in Abhängigkeit von der bisherigen Sozialisation des geistig behinderten Schülers bestimmt werden und, entsprechend der Komplexität eines Realitätsausschnittes, auf bestimmte Aspekte hin konzentriert werden.

Dabei müsse immer wieder die Wirksamkeit handlungsbezogener Lernsituationen für die Entwicklung des Schülers durch den Vergleich von Handlungszielen und -ergebnissen überprüft werden.

Mühl nennt noch ein weiteres Lernziel bzw. Erfolgskriterium, das für uns in bezug auf die Empowerment-Idee noch weitaus wichtiger ist: die Zukunftswirksamkeit einer Situationsbewältigung. Der Unterricht sollte über das Ziel des Erlernens eines konkreten Handelns in einer konkreten Situation hinaus grundsätzlich befähigen zu einem selbstbestimmten Handeln, damit auch zukünftige Situationen bewältigt werden können. Hierzu bedürfe es im Unterricht dem „Zustandekommen einer menschlich gültigen Situation, die erst dadurch zu einer pädagogischen wird, daß sich ihre Gestaltung durch eine Handlung in eigener Regie des Schülers vollzieht" (ebd., 95). Die Fähigkeit zu einer zukunftswirksamen Situationsbewältigung könne im Lehr- und Lernprozeß entstehen, wenn:

Situationsbewältigungen „gründlich und zuverlässig bis zum Gelingen durchgehalten werden . . .;

eine Abwendung von rein schulischen, formalen, modellhaften Situationen und eine Hinwendung zur Situation vor allem des Alltags gelingt;

selbstbestimmtes Handeln berücksichtigt wird;

sich die pädagogische Situation in einem Offenbarwerden von Konflikten und natürlichen persönlichen Beziehungen gegenüber Vorstellungen vom Schulleben als einer von sozialen Problemen freizuhaltenden Situation harmonischen Miteinanders zeigt" (ebd., 95).

Lernen als Interaktion zwischen Schüler und realer Welt setzt offene Lernsituationen voraus, die in einer offenen Unterrichtsorganisation ihre Entsprechung finden müssen. Für Mühl besitzt hierbei die Offenheit der sozialen Beziehungen im Rahmen der Klassengruppe eine große Bedeutung. Durch einen „sozial-integrativen Erziehungsstil" müsse versucht werden „bei einem Höchstmaß an Zuwendung und Wertschätzung mit einem mittleren Maß an Führung und Kontrolle auszukommen, wobei er das erreichte Maß an Selbständigkeit und sozialer Selbstregulierung zum Ausgang für weitere Selbstbestimmung nimmt" (ebd., 102). Ein von der Empowerment-Idee ausgehendes Unterrichtskonzept müßte die praktische Umsetzung dieser Gedanken noch weiter konkretisieren. Wie kann es z. B. erreicht werden, daß die emotionale Bindung des geistig behinderten Schülers an den Lehrer als motivgebende Komponente im Handlungs- bzw. Entwicklungsprozeß zurücktritt, damit der Schüler sein Handeln immer stärker aus eigenen oder sachbezogenen oder auch gruppendynamischen Interessen heraus selbstbestimmt, autonom regulieren lernt?

Schon bei der Themenfindung im projekt- und handlungsorientierten Unterricht kann durch entsprechende Lehrangebote geholfen werden, daß die Schüler sich ihrer Interessen bewußt werden, ihre Bedürfnisse artikulieren und eigene Erfahrungen einbringen. Mühl meint, daß sich der notwendige Kompromiß zwischen subjektiven Schülerinteressen und gesellschaftlichen Anforderungen durch eine Orientierung an solchen Lehrzielen herstellen lasse, die aus absehbaren künftigen Lebenssituationen des geistig behinderten Menschen heraus bestimmt werden. Hierzu macht Mühl Vorschläge für eine curriculare Auswahl von Lebenssituationen, aus denen sich Themen für den handlungsbezogenen Unterricht ableiten und begründen lassen, die allerdings vor dem Hintergrund des Empowerment-Gedankens kritisch hinterfragt werden müssen.

Zunächst ist richtig, daß ein Situationskatalog unterrichtspraktisch Entscheidungshilfen für die Situationsanalyse gibt und daß vorgezeichnete Situationsfelder dem Lehrer helfen, Qualifikationen für die Bewältigung von Lebenssituationen abzuleiten und Orientierungspunkte für „didaktische Einheiten" zu entwickeln, welche bedeutsame und beispielhafte Erfahrungen vermitteln (vgl. ebd., 112). Doch die Ermittlung von Lernzielen bleibt dennoch schwierig, da sie einerseits an gesellschaftlichen Ansprüchen („Normen") orientiert sein muß, andererseits aber auch den spezifischen Lernvoraussetzungen, Sozialisationsbedingungen und Lernbedürfnissen des geistig behinderten Schülers Rechnung tragen soll. Und bereits die curriculare Auswahl von Situationsfeldern und Handlungsrichtungen erweist sich als problematisch, da auch bei differenziertester Aufgliederung der gesellschaftlichen Gesamtsituation in Situationsfelder es unmöglich ist, die Vielgestaltigkeit des gesellschaftlichen Lebens und des sozialen „Normgefüges" in einem Situationskatalog zu erfassen. Daß trotzdem eine curriculare Vorauswahl gesellschaftlich bedeutsamer Situationsfelder sinnvoll ist, wird damit nicht bestritten.

Mit der Angabe von Situationsfeldern und Handlungsrichtungen ist aber noch nichts darüber ausgesagt, welche grundlegenden Fähigkeiten und Fertigkeiten der geistig behinderte Schüler erwerben soll.

Situationsanalysen im Hinblick auf anzustrebende Qualifikationen des Schülers zur Situationsbewältigung dürfen nicht dazu führen, daß Handlungs-, Bewältigungsmuster konzipiert werden, die sich unreflektiert nur an vorgegebenen normativen Zielen orientieren. Denn zum einen läßt sich „normengerechtes" Verhalten für eine bestimmte Situation nicht ohne weiteres „eindeutig" beschreiben, wenn auch subjektiver Freiheit (als Selbstbestimmung, Eigeninteresse, subjektive Bedürfnisse, Handlungsautonomie) Raum gelassen werden soll. (Ganz abgesehen von den Schwierigkeiten, auf die wir stoßen würden, wenn wir das erreichbare Maß an Eigentätigkeit und Selbstbestimmung des geistig Behinderten für die konkrete Lebenssituation zu einem bestimmten Zeitpunkt „vorbestimmen" wollten.) Zum anderen läßt sich die Fülle der Faktoren, die in eine konkrete Situation einfließen können, kaum ausmachen. Daß trotzdem „Grundqualifikationen" zur Bewältigung einer Situation vorgedacht werden und in Lehr- und Lernzielentscheidungen einfließen müssen, ist damit nicht bestritten.

Es muß hierbei auch bedacht werden, daß sich eine „absehbare künftige Lebenssituation" für den geistig behinderten Schüler in der konkreten Situation ganz anders darstellen kann als „geplant". Ein Beispiel soll dies verdeutlichen: Im Situationsfeld „Post" werden „normale Verhaltensmuster" geübt, um den Handlungsablauf des selbständigen Telefonierens zu erlernen. Die erlernte Lebenssituation „selbständiges Telefonieren" kann unter Umständen vom geistig Behinderten aber nicht mehr bewältigt werden, wenn unvorhersehbare Bedingungen den „normalen" Handlungsablauf verändernd beeinflussen: zum Beispiel ist der Apparat kaputt oder vor der Telefonzelle Wartende werden ungeduldig und drängeln, oder es fehlen die passenden Münzen... Jetzt sind andere Qualifikationen gefragt als die im „normalen" Handlungsablauf" geübten:

Umstellfähigkeit (z. B. Wo ist das nächste Telefon? Wen kann ich fragen? Wie finde ich den Weg?)

Kommunikationsfähigkeit (z. B. die Wartenden um Geduld bitten; nach dem Weg zum nächsten Telefon fragen)

Interaktionsfähigkeit (z. B. Geldmünze von einem der Wartenden wechseln lassen)

Selbstbestimmung (z. B. Distanzierung von der Ungeduld der Wartenden und Telefonat in Ruhe beenden; sich zum Aufsuchen eines anderen Telefons entschließen).

In die situationsgebundenen Lehr- und Lernzielplanungen müßten somit immer auch unspezifische „Grundqualifikationen" einfließen, die dazu befähigen, das konkrete situationsgebundene Handeln auch variieren zu können. Umgekehrt könnte aber auch von solchen grundlegenden Fähigkeiten, die für Situationsbewältigung verschiedenster Art in unterschiedlichsten Situationsfeldern notwendig sind, ausgegangen und diese dann am Beispiel der konkreten ausgewählten Situation geübt und erworben werden.

Eine konkrete unterrichtspraktische Entscheidungshilfe für den Lehrer kann diese Umkehrung allerdings kaum geben, denn dieser beginnt seine Planung zunächst immer themen-, sach- bzw. situationsbezogen. Wir stellen diese Frage deshalb eher „theoretisch", um innerhalb der didaktischen Diskussion zum Situationsansatz bei der Lehrplanung zu betonen: Der Situationsansatz in der Lehrplanung muß sich öffnen für das „Wie" der Bewältigung einer Situation, muß stärker jene Qualifikationen berücksichtigen und fördern, die selbstbestimmtes und autonomieförderndes Handeln des geistig Behinderten hervorbringen.

Auch Mühl denkt in dieser Richtung, wenn er Autoren anführt (vgl. Zimmer 1973), die die „Vorbereitung auf die Bewältigung von Lebenssituationen" durch die Entwicklung von „Handlungsfähigkeit durch sachkompetente und autonomiebezogene Qualifikationen" fordern. Qualifizierung für das Handeln in Lebenssituationen bedeutet auch für ihn, den „Kindern zu helfen, ihr Recht auf Selbstbestimmung im kompetenter Weise vorzubringen" (Mühl 1979, 110). Auch die von Mühl erarbeiteten Kriterien für die Auswahl von Lebenssituationen umfassen gerade solche, „die sich in der Situation selbst nicht finden lassen": Die Lebenssituationen sollten die schon vorhandene Handlungsfähigkeit stützen und ausweiten, dem geistig Behinderten mehr Sicherheit und Umstellfähigkeit vermitteln, die Integration in gesellschaftliche Gruppen fördern, Lebensfreude, gemeinsames Tun und Erleben fördern (vgl. ebd., 114). Unter Berücksichtigung solcher Kriterien ließen sich Qualifikationen zur Situationsbewältigung ableiten, wobei wichtig sei, daß nur allgemeine Lehrziele bestimmt werden könnten, „die für die Einmaligkeit einer Situation genügend Spielraum bereithalten" (ebd., 111 f.). Das handlungsbezogene Unterrichtskonzept ist für dieses Vorgehen offen.

Für künftige Diskussionen um Ziel-, Inhalt und Methodenbestimmungen für eine Lehrplanung, die sich der Empowerment-Idee verpflichtet fühlt, sind Mühls Überlegungen zu den Nachteilen operationalisierter Lehrziele außerordentlich bedeutsam: Eine bei operationalisierten Lernzielen ansetzende Unterrichtsplanung kann die für Empowerment unabdingbare Handlungsoffenheit nicht gewährleisten. Übergreifende Lehrziele (wie z. B. Selbstbestimmungsfähigkeit) zeichnen sich gerade dadurch aus, daß sie sich gar nicht operationalisieren lassen und somit methodische Wege offen halten, die selbständiges und selbstbestimmtes Handeln der Schüler ermöglichen. Klafki (1972, 77 f.) räumt den allgemeinen Zielen gegenüber inhaltlichen und methodischen Entscheidungen das Primat ein und fordert, instrumentelle Ziele in übergreifenden, emanzipatorischen Aufgabenstellungen zu erarbeiten. Mühl zeigt, daß sich von diesem Standpunkt aus Wege für selbstbestimmtes Lernen in offener Unterrichtsgestaltung finden lassen: „Wo emanzipatorische Begründungen nicht möglich sind, können die Methoden der Vermittlung dennoch an ihnen orientiert werden, indem entdeckendes Lernen mit zunehmender Selbststeuerung und Selbstkontrolle berücksichtigt wird" (Mühl 1979, 129). Entdeckendes und zunehmend selbstgesteuertes und selbstbestimmtes Handeln ist aber unmöglich, wenn der Unterricht durch operationalisierte Lernziele festgelegt wird, weil diese

sich häufig auf kurzfristige, kontrollierbare, in der Regel isolierte Wissens- und Könnensziele, auf eng umschriebene Lernerfolge beschränken,

reaktive Verhaltensänderungen und adaptives Verhalten ansteuern,

Transfermöglichkeiten auf andere Situationen mit anderen Bedingungen unzureichend einräumen und

zu einer Verplanung des Unterrichts führen, welche im Widerspruch steht zu allgemeinen Leitzielen, die auf Selbstbestimmung und Selbstverwirklichung des geistig behinderten Schülers abzielen (vgl. ebd., 132 f.).

Mühl weist darauf hin, daß eine bei den Lehrzielen ansetzende Unterrichtsplanung die „Intentionalität des konkreten Unterrichts nicht lückenlos abdecken" und auch „keine verbindlichen Aussagen über die methodischen Wege ihrer Erreichung" abgeben kann (ebd., 133). Außerdem sei nicht das intendierte Endverhalten, sondern der Lernprozeß selbst und die darin gemachten Lernerfahrungen das wesentlichste. Didaktische Konzeptionen, die den Unterricht als Kommunikationsprozeß sehen, der nicht bis ins einzelne verplant und gesteuert wird, und den Schüler als Kommunikationspartner ernst nehmen, kämen diesem Sachverhalt entgegen (vgl. ebd., 134).

Das handlungsorientierte Unterrichtskonzept berücksichtigt das jeweils erreichte Maß an Mitbestimmungs- und Selbstbestimmungsfähigkeit des geistig behinderten Schülers, indem es bei der Themenfindung und Unterrichtsgestaltung auf eben diese Fähigkeiten zurückgreift. Handlungsziele und Lernprodukte werden gemeinsam mit den Schülern „vereinbart". Die bedürfnis- und interessengeleiteten Handlungsziele der Schüler „leiten" den Lernprozeß in der Lerngruppe, indem den Schülern zugestanden wird, ihren subjektiven Lernfähigkeiten, Bedürfnissen und Interessen entsprechend selbstbestimmt und autonom zu handeln.

Eine solche Offenheit der Planung und Gestaltung des Unterrichts bedarf des Lehrers, der sich als „Vermittler" zwischen den Lehrplanzielen und den Bedürfnissen der geistig behinderten Schüler begreift. Seine „Führungsaufgaben" bestehen in einer sensiblen Einflußnahme und Steuerung, die sich als Hilfe zur Selbsthilfe, Selbstbemächtigung versteht. Diese Sensibilität muß sich vor allem darin äußern, daß sich der Lehrer bemüht, Selbstvertrauen und Selbstwertgefühl beim geistig behinderten Kind zu entfachen und immer wieder neu zu stärken.

Das kann gelingen, wenn dem Kind in offenen Lernsituationen Mit- und Selbstbestimmungsmöglichkeiten eingeräumt werden, die vorhandene Handlungsfähigkeiten anfordern, diese dem Kind bewußt machen und ihm helfen, seine Handlungskompetenzen schrittweise zu erweitern.

In Mühls Konzept des handlungsbezogenen Unterrichts finden wir hierfür einige wertvolle Anregungen:

von Anfang an nicht darauf verzichten, die Schüler zur Artikulation ihrer Interessen, Bedürfnisse und Vorstellungen zu bewegen;

Interessen, Ansprüche und Erfahrungen von Schülern, die sich nicht sprachlich äußern können, erkunden und in die Planung einbringen;

die Schüler durch Beteiligung an der Planung lernen lassen, sich selbst Ziele zu stecken und Arbeitsschritte im Hinblick auf ihre Ergebnisse zu bedenken, wobei die Bereitstellung von Planungsalternativen hilfreich ist;

in offenen Lernsituationen eigene Initiative und freies Erkunden zulassen, wodurch die spontane Motivation länger aufrecht erhalten werden kann;

das Lernangebot entsprechend den unterschiedlichen Fähigkeiten der Schüler so differenzieren, daß der einzelne im Rahmen der Lerngruppe Lernfortschritte erreicht;

Ergebnisüberprüfungen als Kontrollen von Lernfortschritten vornehmen, die über die Selbständigkeit im Denken und Tun des Schülers Auskunft geben; dem Schüler die Lernerfolge bestätigen, um Anreize für weiteres Lernen zu geben;

Berücksichtigung des aktuellen Verhaltens der Schüler und ihrer Motive bei der Strukturierung des Unterrichts (vgl. ebd., 140 ff.).

4.2.4. Ich bin ich – ein Projekt mit geistig behinderten Schülern

„Ich bin ich" ist ein Projekt, das die Ich-Findung geistig behinderter Schüler zum Ziel hat. Es wurde in einer Geistigbehindertenschule in Halle im Schuljahr 1991/92 durchgeführt und als Planungsbeispiel in der Zeitschrift „Lernen konkret" veröffentlicht (vgl. Elster et al. 1994). Nachfolgend werden die Projektidee und die didaktische Grundkonzeption des Projekts vorgestellt.

Wir wollen dabei zum einen deutlich machen, daß es wichtig und möglich ist, Probleme, die geistig behinderte Kinder und Jugendliche aufgrund mangelnden Ich-Bewußseins und Selbstvertrauens in der Begegnung mit anderen Menschen haben, in Projekten an der Geistigbehindertenschule gezielt aufzugreifen. Auch die „Empfehlungen für den Unterricht an der Geistigbehindertenschule" – Selbstverwirklichung in sozialer Integration – formulieren als pädagogische Ziele Identitätsfindung, Entstehung von Ich-Bewußtsein und Entwicklung der Fähigkeit zu sozialen Beziehungen (vgl. Empfehlungen 1979, 5; Mühl 1991, 54). Was als Gesamtauftrag für 12 Schuljahre gilt, sollte nicht nur Bestandteil oder gar Anhängsel von Unterrichtsstunden oder Projekten, sondern auch Gegenstand eigenständiger Projekte sein. Das Projekt „Ich bin ich" ist hierfür ein Beispiel.

Zum anderen soll mit diesem Projekt ein Beispiel dafür gegeben werden, daß sich der Projektverlauf als ein Lernprozeß strukturieren läßt, der Identitätsfindung, Ich-Bewußtsein und Beziehung zu anderen bewußt zielorientiert in sich aufnimmt. Die Auswahl von Teilvorhaben und die Bestimmung inhaltlicher und handlungsspezifischer Schwerpunkte für entsprechende Handlungssituationen sind aus dem Leitziel der Ich- und Wir-Findung abgeleitet; das Leitziel wird damit strukturbestimmend für das Projekt insgesamt.

Von einer realen Lebenssituation zur Projektidee:
Eine Lehrerin ist mit ihrer Klasse geistig behinderter Kinder unterwegs zum Schuster. Alle sind fröhlich, bis sich ihnen auf dem Fußweg eine Gruppe ballspielender Kinder nähert. Eines der Mädchen der Klasse ist keinen Schritt weiter zu bringen; Angst und Zorn spiegeln sich auf seinem Gesicht. Die Lehrerin nimmt es an die Hand, redet ihm gut zu und will es behutsam weiterführen. Aber das gelingt erst, als die Gruppe der anderen Kinder an ihnen vorbei ist.

Die Lehrerin weiß, daß dieses Mädchen nachmittags auf dem Spielplatz vor dem Haus schon öfter schlechte Erfahrungen gemacht hat. Es wird gehänselt, ausgelacht, keiner will mit ihm spielen. Dabei ist es ein liebenswürdiges Mädchen, man muß es nur richtig kennen.

Die Lehrerin fragt sich, warum geistig behinderte Kinder oft so wenig Selbstvertrauen haben, warum sie vielfach nur als Kinder gelten, die „anders" sind, obwohl doch jedes einzelne von ihnen seine eigene Identität, seine persönliche Ausstrahlung, seine Stärken und Schwächen hat genau wie jedes andere Kind. Sie faßt den Entschluß, die Kinder ihrer Klasse wichtige Erfahrungen machen zu lassen: Wer bin ich? Was kann ich? Wobei benötige ich Hilfe? So entstand die Idee für ein Projekt, das die Bezeichnung „Ich bin ich" erhielt.

Ausgangspunkt der Projektplanung wurde folgende Aufgabenstellung: „Der eigentliche Kern des kindlichen Wesens, seine Individualität, sein menschliches ‚Ich' soll in rehabilitationspädagogischer Arbeit mit Hilfe des Projekts in einem Selbstwertgefühl und Selbstvertrauen des Kindes ‚freigelegt' werden, damit es sich in der Gemeinschaft als etwas Wichtiges, Besonderes, Einmaliges erkennt und anerkennt" (Elster et al. 1994, 6). In diese Aufgabenstellung gingen zahlreiche Überlegungen aus der Empowerment-Idee für die Unterrichtsgestaltung mit geistig behinderten Schülern ein.

Das Empowerment-Konzept versteht unter selbstbestimmter Gestaltung des eigenen Lebens, seine Angelegenheiten selbst in die Hand zu nehmen, sich der eigenen Fähigkeiten bewußt zu werden, eigene Kräfte zu entwickeln und dabei soziale Ressourcen zu nutzen. Die geistig behinderten Schüler sollen deshalb im Projekt „Ich bin ich" bewußt nicht aus dem Blickwinkel einer „Andersartigkeit" gesehen werden: „Es muß uns vielmehr darauf ankommen, das Menschliche zu finden, das sich nicht in einem Respektieren der Andersartigkeit... erschöpft, sondern sich im Bemühen äußert, nach innen zu sehen und zu erkennen, daß das Ich, welches das Wesen des Menschen ausmacht, auch im geistig behinderten Kind wohnt. Nur so können wir... falsch verstandene Hilfe vermeiden lernen..., wenn geistig behinderte Kinder ein Selbstwertgefühl zu entwickeln beginnen, dieses nach außen umsetzen wollen und darin akzeptiert werden möchten" (ebd., 7).

Die Projektidee knüpft da an, wo der Mensch in Lebenssituationen, die scheinbar an die Grenze seiner Leistungsfähigkeit und -bereitschaft heranreichen, seine eigene Identität hinterfragen muß (Wer bin ich? Wie bin ich? Was kann ich?). Er braucht Selbstvertrauen, um sich diese Fragen überhaupt zu stellen, und muß auch akzeptieren lernen, nicht alles zu können und nicht immer so gut wie andere zu sein. Jeder Mensch muß seine Stärken und Schwächen kennen, um Mißerfolge, aber auch Fehleinschätzungen anderer leichter verkraften zu können. Dies gilt für den behinderten Menschen in besonderem Maße. Für ihn eröffnen sich im Prozeß der Selbstfindung zusätzliche Problemlagen, er muß öfter Fehlschläge, fremde Vorurteile, unangebrachte Hilfen oder mangelnde Achtung seiner vielleicht gering erscheinenden Leistungen verarbeiten (vgl. ebd., 6).

Das Projekt „Ich bin ich" zeigt Wege auf, wie der Unterricht den Prozeß der Selbstfindung geistig behinderter Schüler unterstützen und fördern kann: Der Schüler erhält im Projektverlauf vielfältige Gelegenheiten,
sich zu fragen: „Wer bin ich?" – „Wie bin ich?", wodurch wir ihm helfen, die eigene Person zu erfahren;
sich zu fragen: „Was kann ich?", wodurch wir ihn anregen, zwar die Grenzen seiner Leistungsfähigkeit einzuschätzen, aber sich vor allem auf seine Leistungsmöglichkeiten zu besinnen;
zu erleben und bestätigt zu bekommen, daß er etwas Bestimmtes (besonders) gut kann und seine (auch noch so kleine) Leistung im Gesamtvorhaben wichtig ist, wodurch wir sein Selbstwertgefühl und Selbstvertrauen stärken;
seine Stimmungen und Gefühlsregungen zu äußern, wodurch wir seine Erlebnisfähigkeit wecken, welche ihm schließlich helfen kann, sich als Teil einer Gemeinschaft zu fühlen, die sein „Ich" beachtet;
danach zu fragen: „Wie ist der andere?" „Was kann er besonders gut?" „Wobei benötigt er Hilfe?", wodurch er das „Ich" des anderen akzeptieren lernt.

Zur didaktischen Struktur des Projekts „Ich bin ich":
Im folgenden wird jener Teil der Projektplanung vorgestellt, der sich auf die Auswahl und Strukturierung von Teilvorhaben bezieht (vgl. ebd., 7 f.): Einen inhaltlichen Leitfaden für das Projekt bildet das Kinderbuch „Das kleine Ich bin ich" von Mira Lobe (1986). Das Buch beschreibt die Geschichte eines kleinen Tierchens, die auf die Probleme und Elemente der Ich-Findung eines Kindes übertragen werden kann. Analog zur Handlungsabfolge des Kinderbuches, die den Selbstfindungsprozeß der Titelfigur nachzeichnet, werden Teilvorhaben für das Projekt gewonnen.
Das Projekt besteht aus 8 komplexen Teilvorhaben:
I. Was will ich?
II. Ich will fröhlich sein
III. Wer bin ich?
IV. Wie bin ich? Was kann ich?
V. Wer bist du? Was kannst du?
VI. Ich bin traurig
VII. Ich bin ich
VIII. Ich gehe auf dich zu
In der Aufeinanderfolge dieser acht Teilvorhaben soll im Projektverlauf ein systematisch pädagogisch geführter Lernprozeß die Selbstfin-

dung der geistig behinderten Schüler initiiert bzw. unterstützt werden.
Die folgende Übersicht zeigt, auf welche Weise der Selbstfindungsprozeß des kleinen Tierchens aus der Kinderbuchgeschichte in Selbstfindungsprozesse der geistig behinderten Schüler übertragen wurde:

Der Weg des kleinen Tierchens im Kinderbuch	Nr.	Teilvorhaben: Thema und Aufgabenstellung
Das kleine Tierchen	I.	Die Titelfigur wird in die Realität geholt. **Was will ich?** – Ich will auch so ein Tierchen haben (Basteln).
Der Weg beginnt auf einer Sommerwiese, auf der das Tierchen fröhlich spaziert.		Kinderbuchsituation „Fröhliche Stimmung auf der Sommerwiese" real werden lassen
	II.	**Ich will fröhlich sein**
Das Tierchen weiß nicht, wer es ist.	III.	**Wer bin ich?** – Diese Frage wird vom Schüler für sich selbst übernommen.
Auf der Suche nach seiner Identität trifft es verschiedene andere Tiere, mit denen es sich vergleicht.		
Im Vergleich mit jedem anderen Tier lernt es ein Stück von sich erkennen	IV.	**Wie bin ich? Was kann ich?** – Diese Fragen werden vom Schüler an sich selbst gerichtet und in vielfältigem Tun „beantwortet". Selbsttun – Selbsterfahrung – Selbstbestätigung
und von dem, was es von anderen unterscheidet.	V.	**Wer bist du? Was kannst du?** – als Fragen an den Mitschüler im gemeinsamen Tun
Es kann kein Tier finden, das ihm völlig gleicht. Es ist doch immer anders als sie. Das kleine Tierchen ist traurig darüber, daß es anders als andere ist.	VI.	**Ich bin traurig** – In dieser Frage die Stimmung des Traurigseins (und seiner Ursachen) erkennen lassen, die in konkreten problemhaften Lebenssituationen auftreten kann; dabei aber: Verstärkung von Lebensfreude und -zutrauen, die im Selbstfindungsprozeß zunehmend stimuliert wird.

115

Dann erwacht aber doch die Freude über seine eigene, einzigartige Identität.

VII. Ich bin ich –
Zusammenfassung der Etappen des Weges zum eigenen Ich:
So bin ich.
Das kann ich.
Ich bin ich.

VIII. Ich gehe auf dich zu –
Gestaltung sozialer Beziehungen initiieren, in denen die eigene Identität und die des anderen zusammengeführt werden.

Im Projektverlauf beginnen die einzelnen Teilvorhaben mit einer Analyse der jeweiligen Kinderbuchsituation. Diese wird auf die reale Lebenssituation der geistig behinderten Schüler übertragen und dann zu Erweiterungen und Verallgemeinerungen im Lebensumfeld der Schüler geführt. Dabei ist wichtig, daß die Schüler am „Ich" zum „Wir" finden und daß das Ich-Bewußtsein in sozialen Beziehungen wächst.

Der interessierte Leser kann die konkreten Planungsteile für das Projekt der Zeitschrift „Lernen konkret", Heft 3/1994 entnehmen. Im Rahmen dieses Beitrages kam es uns weniger darauf an, die Struktur des speziellen Projekts aufzuzeigen, als ein Beispiel dafür zu geben, daß in sachgebundenen Strukturen von Projektverläufen Selbstfindungsprozesse geistig behinderter Schüler systematisch geführt werden können.

Das Hallesche Projekt „Ich bin ich" versuchte, Ziele und Ansprüche, die auch das Empowerment-Konzept formuliert, unterrichtspraktisch umzusetzen. Ebenso kommt es darauf an, daß im Schulleben insgesamt stärker als bisher organisatorische Formen installiert werden, in denen die geistig behinderten Kinder und Jugendlichen selbständig Verantwortung übernehmen können. Eine wichtige Form der selbstbestimmten Mitwirkung der Schüler ist der Schülerrat. Auch für die seit 1990/91 gegründeten Geistigbehindertenschulen in den neuen Bundesländern ist die Wahl von Schülervertretungen in den Schulgesetzen verordnet. Im Land Sachsen-Anhalt zum Beispiel ist auf Grund des Schulgesetzes vom 30. Juni 1993 in einer entsprechenden Schülerwahlordnung vom 7. März 1994 bestimmt, daß ab dem 5. Schuljahrgang die Schüler einer Klasse ihren Klassensprecher und deren Stellvertreter wählen. Die Klassensprecher sind Mitglied des Schülerrates; der Schülerrat wählt die Vertreter in der Gesamtkonferenz. Da es für die Schülervertretungen an Geistigbehindertenschulen keine speziellen schulrechtlichen Bestimmungen gibt, wird die Schaffung entsprechender Rahmenbedingungen derzeit unterschiedlich gehandhabt. Wo noch kein Schülerrat besteht, übernehmen verschiedentlich Eltern das Stimmrecht der Schüler in der Gesamtkonferenz. Wo mit dem Schuljahr 1994/95 schon Schülerräte gebildet wurden, bestehen bei Lehrern, pädagogischen Mitarbeitern und Eltern teilweise noch skeptische Auffassungen in der Frage, inwieweit geistig behinderten Schülern Mitbestimmungsrechte im Schulleben übertragen werden können. Erste Erfahrungen an einer Geistigbehindertenschule in Halle/Saale lassen deutlich werden, daß im gegenwärtigen Meinungsbildungsprozeß zur Rolle der Schülervertretungen die Standpunkte von völliger Ablehnung des Stimmrechts für geistig behinderte Schüler über dessen Befürwortung als einen Versuch bis hin zu der kritischen Frage reichen, wieso in Anbetracht des pädagogischen Gesamtauftrags der Geistigbehindertenschule („Selbstverwirklichung in sozialer Integration") überhaupt über die Mit- und Selbstbestimmung der Schüler diskutiert werde. Die Mit- und Selbstbestimmungsmöglichkeiten der geistig behinderten Schüler wurden vor allem von jenen Lehrern befürwortet, die im Unterricht offene Lernformen bevorzugen. Gewählte Elternvertreter antworteten auf die geplante Mitwirkung der Schülervertretungen eher reserviert. Sie stellten den Antrag, die Schüler in der Gesamtkonferenz nur mit beratender Stimme einzubeziehen und den Anteil des Stimmrechts der Schüler (25 %; Eltern ebenfalls 25 %; Lehrer 50 %) bei Beschlußfassungen für diese zu übernehmen. Der Schülerrat an der Halleschen Schule wird von zwei Lehrern begleitet. Sie sollen als Berater wirken und die Schülervertreter bei der Organisation und inhaltlichen Gestaltung der Schülerratssitzungen unterstützen. Die Arbeit des Schülerrats steckt noch in den Anfängen, so daß noch keine Erfahrungen darüber vorliegen, wie die geistig behinderten Schüler tatsächlich an der Schule wirksam werden. Ein späterer Beitrag wird die Ergebnisse der Tätigkeit des Schülerrats zusammenfassen und Beobachtungen auswerten, die in Begleitung des Schülerrates gemacht werden sollen.

4.3. Empowerment und Ablösung vom Elternhaus

Die Ablösung geistig behinderter Menschen von ihren Familien ist ein „kritisches Lebensereignis". Häufig wirft sie Probleme auf, die schwer zu bewältigen sind und psychische Krisen befördern. Häufig sind Betroffene gerade in dieser schwierigen Zeit völlig auf sich alleine gestellt, da psychosoziale Hilfen nur schwer erreichbar sind. Gerade dieser Lebensabschnitt muß im Zusammenhang mit Empowerment besondere Bedeutung erhalten, denn die Loslösung geistig behinderter Menschen vom Elternhaus beinhaltet auch Chancen, die für eine neue Lebens- und Beziehungsgestaltung genutzt werden können. Gelingt es, an dieser positiven Perspektive anzuknüpfen, ist die Wahrscheinlichkeit groß, daß der Ablösungsprozeß erfolgreich bewältigt werden kann.

4.3.1. Einleitende Bemerkungen zum Konzept der „kritischen Lebensereignisse"

Wenn wir die Ablösung vom Elternhaus als ein „kritisches Lebensereignis" bezeichnen, so stützen wir uns hierbei auf einen theoretischen Bezugsrahmen, demzufolge Lebens- oder Entwicklungskrisen „nicht nur eine Gefahr für die Betroffenen im Sinne einer erhöhten Anfälligkeit für psychische und physische Störungen an sich, sondern... immer zugleich auch Chancen für Persönlichkeitsentfaltung und individuelle Weiterentwicklung" (Filipp 1982, 769) sein können (vgl. auch Miller 1980, 250). Diese Betrachtungsweise unterstreicht die Subjektivität des Individuums und rückt damit die individuelle Ereigniswahrnehmung, -deutung und -bewältigung in den Vordergrund des Interesses. Entscheidend ist somit die Frage, wie Eltern und geistig behinderte Menschen z. B. die Pubertät oder das Erwachsenwerden wahrnehmen, ob sie diese Zeit als Bedrohung oder als Herausforderung ansehen. Unbestritten ist, daß kritische Lebensereignisse etwas Alltägliches und „Normales" sind. Sie sind an und für sich „weder eine notwendige noch eine hinreichende Ursache für das Auftreten psychischer Störungen" (Katschnig 1980 b, 75 u. 79 f.). Erst aus dem Wechselspiel zwischen den situativen Gegebenheiten, der Ereigniswahrnehmung, den individuellen Bewältigungsformen (Coping) und den sozialen Ressourcen lassen sich psychische Probleme und Auffälligkeiten, z. B. eine sog. Symptombildung im Zusammenhang mit kritischen Lebensereignissen, verstehen. In der Regel ist eine größere Streßbelastung und Krisenanfälligkeit gegeben, wenn die personale Wertschätzung und Akzeptanz gering ist, wenn das Vertrauen in die individuellen Ressourcen fehlt, wenn Formen sozialer Unterstützung durch tragfähige, verläßliche Beziehungen ausbleiben und keine alternative Einbindung in soziale Netze, d. h. gesellschaftliche Solidarität stattfindet.
Aber gerade für diese Problemfelder bietet das Empowerment-Konzept entscheidende Antworten. Ausgehend von einer Wertschätzung

des geistig behinderten Menschen und einer auf Emanzipation gerichteten Grundhaltung, die sich über die gesamte Entwicklung direkt auf die Person des Behinderten, aber auch auf seine Bezugspersonen erstreckt, können Arbeits-, Wohn- und Freizeitangebote entwickelt werden, die einer Isolation und Hilflosigkeit in dieser Lebensphase entgegensteuern (vgl. auch Kap. 4.4. und 4.5.).

4.3.2. Jugend und Ablösung

Zum besseren Verständnis unseres Themas ist es sinnvoll, sich kurz den Loslösungsprozeß bei nichtbehinderten Jugendlichen zu vergegenwärtigen. Es handelt sich hierbei um einen völlig normalen und notwendigen Vorgang, der mit der Pubertät beginnt, die ihrerseits kein anormales Phänomen ist, sondern eine krisenhafte Lebens- und Entwicklungsphase, die jeder Jugendliche durchläuft. Aus entwicklungspsychologischer Sicht kommt es während dieser Zeit zu typischen „pubertären" Erlebens- und Verhaltensweisen, so z. B. zu immer wiederkehrenden Schwankungen in der Lern- und Leistungsmotivation, im Leistungsverhalten und in der Stimmung, zu einem sprunghaften Wechsel von einer Hochstimmung zu einem depressiv getönten, apathischen Tief, zu Schwankungen zwischen hoher Aktivität (z. B. im Sport, soziales Engagement, Hilfsbereitschaft) und einem lethargischen Rückzug in die Innerlichkeit. Außerdem werden eine geringe Frustrationstoleranz und eine erhöhte (plötzliche) Aggressivität oder Reizbarkeit als typisch erachtet. Viele Jugendliche neigen zu einem sog. narzißtischen Verhalten, indem sie insbesondere Erwachsenen gegenüber arrogant, überheblich, egozentrisch oder sich selbst überschätzend auftreten. Dieses Verhalten kann aber schlagartig in Minderwertigkeitsgefühle oder regressive Sehnsüchte umschlagen, wenn die Betreffenden ihren physischen Zustand als unfertig oder „verunstaltet" (pubertäre Unförmigkeit; hormonell bedingte Akne) erleben. Narzißtisch anmutend sind ebenso das besondere Interesse für das eigene Aussehen, die intensive Beschäftigung mit dem eigenen Körper und den physischen Veränderungen, die zum Teil provokative Selbstdarstellung durch auffällige, individualisierte Kleidung sowie die Scene-Sprache und Sprüche. Schließlich werden alle Werte, Ansichten, Normen oder Konventionen der Erwachsenen(-welt) häufig pauschal abgelehnt oder zumindest radikal in Frage gestellt und auf Authentizität, Glaubwürdigkeit oder Widerspruchsfreiheit überprüft.
All dies sind letztlich Ausdrucksformen eines Ich-Findungsprozesses, eines Fragens, Suchens und Experimentierens, des Versuchs, sich

aus kindlichen Abhängigkeiten zu lösen, eine eigene Position zu finden und einen individuellen Lebensstil zu entwickeln. Im wesentlichen geht es um den Aufbau von Ich-Identität, um die Übernahme gesellschaftlicher Rollen, um (soziale) Verantwortung und um Zukunftsplanung; kurzum: es geht um Selbstbestimmung auf dem Wege des Erwachsenwerdens. „Fehlen diese Verhaltensweisen gänzlich, verhält sich z. B. der Jugendliche völlig angepaßt an die Erwachsenenwelt, so ist dies eher ein alarmierendes Zeichen einer pathologischen Entwicklung als die rebellischen Akte Jugendlicher" (Bohleber/Leuzinger 1981, 26). Gerade mit dieser Erkenntnis tun sich viele Erwachsene, vor allem Eltern sehr schwer – erfordert sie doch ein Vertrauen in die Ressourcen ihrer heranwachsenden Kinder, das nicht ohne weiteres vorhanden ist. Darüber hinaus verlangt sie unter Umständen ein Umdenken, auf jeden Fall eine Problemsicht, die das pubertäre Verhalten nicht als auffällig im Sinne einer „psychischen Störung" diffamiert, sondern als ein aus der Sicht des Jugendlichen sinnvolles, hochzweckmäßiges Verhalten zur Lösung psychosozialer Krisen oder Konflikte begreift. Was vielen Eltern und Erwachsenen Sorgen bereitet, ist bekanntlich die Neigung von Jugendlichen, sich im Zuge der Ablösung Idolen oder Parolen vorbehaltlos, ja häufig fanatisch zuzuwenden. Diese unkritische Suche nach Halt tritt um so stärker in Erscheinung, je stärker die familiale Sozialisation als widersprüchlich, fragwürdig, defizitär, konsumorientiert, sozial schwach oder dekadent erlebt wird. Weiterhin tragen hierzu vor allem auch gesellschaftlich stimulierte Ohnmachtsgefühle, Bedrohungsängste und Mißtrauen bei, die durch Naturzerstörung, Überrüstung und Atomkraft, durch Gentechnik und Arbeitslosigkeit, durch die Technisierung des Lebens, durch sozial unverträgliche Affären, Positionen oder Omnipotenzansprüche einiger Politiker, durch die strukturelle Gewalt des Staatsapparates sowie die überdimensionierte Bürokratisierung provoziert werden. Nach einschlägigen Untersuchungen scheinen heute die meisten Jugendlichen kein Vertrauen mehr in Politik oder traditionelle Gesellschaftsentwürfe zu haben, statt dessen dominieren eher pessimistische, düstere Zukunftsvisionen. Wenn das Bedürfnis der Heranwachsenden nach Erklärung und Abhilfe ins Leere läuft, ihre Fragen unbeantwortet bleiben, ihre Ängste und Interessen überhört werden, dann kommt es nicht zu kompromißbereiten und verantwortungsbewußtem Widerstand, sondern zu Rückzug, Resignation oder destruktivem Protest. Die neofaschistische Suche nach Sündenböcken, die Abwehr von Neuem und die Ausgrenzung von Fremden (z. B. Ausländern), auch das religiös-fanatische Sektierertum oder der militant-autonome Protest stellen aus der Sicht der Betroffenen immer auch ein Signal dar, das das Bedürfnis nach Realitätskontrolle, psychosozialem Halt und Lebenssinn anzeigt. Nur wenn es als solches verstanden und nicht von vornherein verurteilt wird, sind sozial verträgliche Problemlösungen und damit erfolgreiche Ablösungsprozesse möglich (vgl. Thiersch 1992, 69; Theunissen 1992).

Um so mehr kommt es darauf an, daß Jugendliche während dieser Zeit der Loslösung von ihren Eltern personale Akzeptanz und Wertschätzung, Verständnis und verläßliche soziale, emotionale und informationelle Unterstützung erfahren. Daß sie sich auf dem Weg ins Erwachsenenalter solche Unterstützung wünschen, belegen die Untersuchungen von Kirchler u. a. (1992). Ihnen ist zu entnehmen, daß Eltern durchaus bei Schwierigkeiten in der Schule, bei Beziehungsproblemen (Freundschaften), bei der Berufsfindung und -auswahl wie auch bei Problemen am Arbeitsplatz von den Jugendlichen als wichtige Gesprächspartner geschätzt werden. Ebenso bedeutsam ist aber auch die Rolle von FreundInnen als Vertrauenspersonen sowie (und vor allem) die Rolle informeller und formeller Peergruppen. Hier können Jugendliche „gemeinsame Normen und Wertvorstellungen (entwickeln, die Autoren), eine spezifische Sprache bezüglich dessen, was den Mitgliedern wichtig ist, eine bestimmte Art des Auftretens und spezifische Umgangsformen, gemeinsame Erwartungen bezüglich des Aussehens und der Kleidung, ein ‚Wir-Gefühl‘, eine Rangfolge spezieller Positionen und eine Statushierarchie und Möglichkeiten, um spezifischen Bedürfnissen zu genügen, die im übrigen sozialen Kontext der Jugendlichen nicht vorhanden sind" (ebd., 292). Insofern haben Peergruppen auch eine wichtige positive Funktion, was bei aller Problematik, die oben angedeutet wurde, nicht in Vergessenheit geraten darf.

4.3.3. Hemmnisse der Ablösung

Während nichtbehinderte Jugendliche die Ablösung von der Familie weitgehend selbst bestimmen und dabei auf individuelle und soziale Ressourcen setzen, ist der Prozeß der Loslösung und des Erwachsenwerdens bei geistig behinderten Menschen erheblich erschwert. „In vielen Punkten sind sie den ‚normalen‘ Kindern gegenüber im Nachteil" (Walter 1985, 26). Welche Hemmnisse der Ablösung bestehen, soll an sechs Einflußebenen verdeutlicht werden.

4.3.3.1. Zur personspezifischen Einflußebene
Wesentliche Aspekte, die den Ablösungsprozeß geistig Behinderter von ihren Eltern blockieren oder beeinträchtigen, sind sozialer Art. Es

wäre aber unzulässig, nur diese Dimension zu thematisieren und personspezifische Faktoren (z. B. intellektuelle Kompetenz, körperliche Entwicklung, Hirnschädigung) völlig außer acht zu lassen. Vielmehr sollten beide Momente in ihrer zirkulären Bezogenheit gesehen werden. Nach Walter (1985, 26) können wir „zunächst einmal davon ausgehen, daß geistig behinderte Kinder und Jugendliche in der Regel denselben schmerzhaften und streßvollen Umstrukturierungsprozeß in Pubertät und Adoleszenz durchleben wie ihre nichtbehinderten Altersgenossen". In den meisten Fällen verläuft auch bei geistig Behinderten die körperliche Entwicklung in der Pubertät altersgemäß. Lediglich Heranwachsende mit speziellen Problemen (z. B. angeborene körperliche Mißbildungen der äußeren oder inneren Geschlechtsmerkmale, chromosonale Störungen) zeigen in der Pubertät oft eine schwache oder verzögerte sexualbiologische Reifung oder sexuelle Entwicklung, die aber langfristig kompensierbar ist und bei einer autonomiefördernden Erziehung keine besonderen Verhaltensprobleme nach sich zieht. Schwierigkeiten ergeben sich eher durch die „Ungleichzeitigkeit und asynchrone Abfolge der physiologischen und psychosozialen Reifungs- und Entwicklungsprozesse" (ebd., 27). Diese Diskrepanz verleitet viele Erziehungsträger (Eltern) dazu, geistig behinderte Jugendliche in einer permanenten Abhängigkeit, Überbehütung und Kontrolle zu halten und damit die Ablösung hinauszuschieben. Daher überrascht es nicht, „daß Ablösungskrisen bei geistig Behinderten oft mit zeitlicher Verzögerung auftreten und protahiert verlaufen" (Fehlhaber 1987, 158). Dies gilt vor allem auch bei Menschen mit schwerer geistiger Behinderung, denen wegen der hohen Pflegebedürftigkeit bzw. der Schwere der Behinderung häufig erst gar keine Adoleszenz und Loslösung zugestanden wird. Auch andere nicht intellektuell beeinträchtigte Jugendliche haben es mitunter schwer, mit dieser Entwicklungsdiskrepanz umzugehen oder sich angesichts einer verlängerten Ausbildungszeit von ihrem Elternhaus zu lösen, doch stehen ihnen weitaus mehr Bewältigungs- oder Abwehrstrategien zur Verfügung. Bei Menschen mit geistiger Behinderung ist dagegen die Möglichkeit zur intellektuell-kognitiven (insbesondere sprachlichen) Konfliktverarbeitung erheblich eingeschränkt. Dabei erleben sie durchaus die körperlichen Veränderungen, „können aber die körperlichen Empfindungen nicht deuten oder gar sublimieren" (Walter 1985, 27). Darüber hinaus denken auch viele (in erster Linie leichtgradig) geistig behinderte Heranwachsende über ihre Behinderung nach, merken, daß sie nur in Ausnahmefällen von anderen als attraktiv erlebt und beachtet werden, erleben sich im Zusammensein mit anderen Gleichaltrigen als „anders", spüren, daß sie durch ihr

Aussehen oder durch unkoordinierte, stereotype, eckige Bewegungen auf Gleichaltrige „abstoßend" wirken, erfahren deshalb womöglich eine Ablehnung als Außenseiter und fragen nach dem „Warum". Es ist anzunehmen, daß auch geistig behinderte Jugendliche einen „schmerzvollen Bejahungsprozeß in der Pubertät durchmachen, um ihre Behinderung akzeptieren zu lernen" (ebd., 30). Werden sie mit diesem Gespür, ihren Problemen, Fragen und Ängsten allein gelassen, ist die Gefahr groß, daß sie nicht nur Minderwertigkeitsgefühle, sondern eine schwere Identitätskrise entwickeln, die sie durch auffälliges Verhalten (kindisch-läppisches Verhalten, geringe Frustrationstoleranz, erhöhte Reizbarkeit, Verweigerung, Apathie, Depression, Rückzug o. ä.) bis hin zu Suizid zu bewältigen versuchen. Nur „ein geistig Behinderter, der um seine Behinderung elementar weiß, wird in die Lage versetzt, eine realistische Ich-Identität aufzubauen" (Schumacher 1982, 189). Von entscheidender Bedeutung ist, daß (auch) Eltern in dieser Zeit die Behinderung und die pubertäre Entwicklung annehmen. Denn: „Wie soll er (der Behinderte, die Autoren) seine Behinderung akzeptieren und in die eigene Persönlichkeit integrieren lernen, wenn selbst die engsten Bezugspersonen die seelisch-geistige Auseinandersetzung mit seiner Behinderung nicht bejahend abgeschlossen haben?" (ebd., 29).

Ein weiteres spezielles Problem, daß sich auf eine altersgemäß eintretende körperliche Reife bezieht, ist bei Jugendlichen mit einer leichten intellektuellen Beeinträchtigung (Lernbehinderung oder leichte geistige Behinderung) auszumachen. Nach Lempp (1971) befinden sich viele dieser Jugendlichen in einer „soziallabilen Situation" (Kluge), die aus ihrem geringeren Coping-Repertoire sowie ihrem schwachen Selbstwertgefühl resultiert. Da ein großer Teil dieser Jugendlichen (vor allem die sog. Lernbehinderten) aus sozial benachteiligten, sozial schwachen Familien stammt, müssen in diesem Zusammenhang aber auch schichtspezifische Faktoren berücksichtigt werden. Dieser Aspekt hat eine noch größere Bedeutung als der Faktor Lernbehinderung oder Hirnschädigung. „Um ihren Kameraden zu imponieren", so resümiert Kluge (1971, 23), „stellen sie sich unkritisch ‚Mutproben' ". Ferner lassen sie sich leicht von anderen „verführen"; „zahlreiche kleinere Diebstähle in Familie, im Laden und dergleichen dienen dem sozialen Außenseiter oft dazu, sich Freunde zu kaufen" (Lempp 1971, 123). Darüber hinaus bringt ihre in der Regel normale körperliche Reifung mit entsprechenden Bedürfnissen und Triebansprüchen sie nicht selten in Konflikte mit ihrer Umgebung. Hin und wieder wird über ein „hemmungsloses" Sexualverhalten sowie über exhibitionistische Handlungen berichtet, die „offenbar als Ausdruck einer allgemeinen Kontaktsuche einerseits wie auch einer gewissen sexuellen Demonstration zur Selbstwertbestätigung in primitiver Form zum Ausdruck" kommen (ebd., 124). Die Annahme, daß lernbehinderte oder geistig behinderte Jugendliche besonders triebhaft seien, ist aber wissenschaftlich nicht haltbar (vgl. Stöckmann 1971, 92). Ebensowenig werden von geistig behinderten Jugendlichen vermehrt sexuell-aggressive Akte begangen. Im Gegenteil: „Sie bedeuten einen Ausnahmefall" (Lempp 1971, 124). Früher wurde die Sexualität lern- oder geistig behinderter Jugendlicher meist als defizient betrachtet, und es fehlte jegliches Verständnis für die aus der Art der Behinderung und dem Vorhandensein oder Fehlen der Möglichkeit sexueller Aktivität resultierende Spezifizität psychosexueller Entwicklung und Orientierung (vgl. Bleuler 1972, 581). Hier soll nur festgehalten werden, daß erwachsene Menschen mit leichter geistiger Behinderung sehr wohl in der Lage sind, partnerschaftliche Beziehungen einzugehen, wenn eine angemessene Assistenz gegeben ist. Auch schwerer geistig behinderte Menschen haben sexuelle Bedürfnisse. Sie benötigen in erster Linie Akzeptanz, Zärtlichkeit, Geborgenheit und sinnerfüllte Lebensformen. Mit den Störungen der Geschlechtsidentität, sexueller Entwickung und Orientierung verhält es sich bei geistig behinderten Menschen wie bei Nichtbehinderten. Die durch mangelnde Förderung oder je nach Art der Behinderung erschwerte Sozialisation kann in vergleichsweise „unreifen" Sexualpraktiken ihren Ausdruck finden und zu Konflikten führen. „Der geistig behinderte Jugendliche möchte wie seine gesunden und leistungsfähigen Altersgenossen ... sexuellen Kontakt haben und als Mann anerkannt sein. Dabei ist der Wunsch nach sexuellem Kontakt meist nicht im Sinne eines in der kargen Phantasie gar nicht so genau vorstellbaren genitalen Kontaktes vorhanden, sondern vielmehr einfach im Zusammensein mit einem Partner des anderen Geschlechts. Es ist in diesem Zusammenhang darauf hinzuweisen, daß gerade der geistig Behinderte wie überhaupt der Minderbegabte in der Möglichkeit, seine sexuellen Wünsche und Bedürfnisse in der Phantasie auszuleben und abzureagieren, wie dies für den normalbegabten Jugendlichen die Regel ist, beschränkt ist" (Lempp 1971, 124).

Überdies sind die Kontroll-, Steuerungs- oder Abwehrmechanismen (Coping) noch nicht entsprechend ausgebildet bzw. entwickelt. Dies macht sie in der Tat anfälliger für sexuellen Mißbrauch oder sexuelle Mißhandlung (vgl. Kapitel 5.2.). Dieses Thema war lange Zeit stark tabuisiert. Entsprechend hoch liegt die Dunkelziffer. Weil sich die geistig Behinderten oft nicht artikulieren können oder es nicht wagen, Anzeige zu erstatten, laufen die Täter wenig Gefahr, zur Verantwortung gezogen zu werden. Sexuelle Belästigung oder Mißhandlungen können schwere Leiden und Funktionsstörungen auslösen, vor allem Kontaktstörungen, sexuelle Neurotisierung, Selbsthaß und Selbstverletzung sowie psychosomatische Störungen. Solche Auffälligkeiten werden häufig als personinhärente Eigenschaften, als Ausdruck der geistigen Behinderung mißverstanden oder fehlinterpretiert. Doch sind sie Ausdruck eines (vergeblichen) Versuchs, schwere psychische Belastungen abzuwehren. Da das Repertoire an Bewältigungsformen stark eingeschränkt ist, wird es eher auf einer einfachen, wenig differenzierten, unmittelbar streßreduzierten Ebene aktualisiert. Dies unterstreicht erneut die Notwendigkeit, geistig behinderte Jugendliche auf ihrem Weg ins Erwachsenenalter zu einem flexiblen sozialen Rollenhandeln, zu Ich-Stärke, Widerstandsfähigkeit und einem sozial eigenständig-verantwortlichen Verhalten zu befähigen.

4.3.3.2. Zur psychokrisenhaften Einflußebene

Auf dieser Ebene befassen wir uns mit der Frage nach der Wirkweise jener Erziehungspraktiken, die direkt mit unbewältigten psychischen Krisen einhergehen und den Prozeß der Loslösung stark belasten. Mit dem Ausdruck „psychokrisenhaft" wollen wir genau auf dieses Problem aufmerksam machen und aufzeigen, daß Schwierigkeiten einer Ablösung auch in der Art und Weise begründet liegen, wie Eltern die Behinderung psychisch verarbeitet haben. Bekanntlich löst die Tatsache, ein geistig behindertes Kind zu haben, oder die Mitteilung, ein behindertes Kind zu bekommen, schwere psychische Krisen aus, die von Schock, Gefühlen der Niedergeschlagenheit oder Aktivitätslähmung über Ängste, Schuldgefühle, Selbstzweifel, Enttäuschung und Verzweiflung bis hin zu Depressionen oder Abwehrformen wie Verleugnung, Projektion oder Überkompensation reichen. Gelingt es den Eltern nicht, die Behinderung (langfristig) anzunehmen, ist die Gefahr groß, daß die Krise zu einer unbewältigten psychischen Dauerbelastung wird, die den gesamten Erziehungs- und Sozialisationsprozeß (latent) beeinträchtigt. Nach Bodenberger (1981, 9) dauert es sehr lange, bis sich Eltern mit der (geistigen) Behinderung ihres Kindes abgefunden haben; ähnlich äußert sich auch Schuchhardt (1985; 1987). Wird die Behinderung z. B. verleugnet oder verdrängt, so sind häufig zu hohe Leistungsansprüche die Folge, die den geistig behinderten Menschen überfordern. Spürt dieser einen fast ständigen Leistungsdruck oder eine permanente Reglementierung auf sich gerichtet, spürt er, daß er regelmäßig zurückgewiesen wird, dann erlebt er dadurch Enttäuschung und Versagen. Diese Grunderfahrung wird den weiteren Verlauf seiner Entwicklung stören und eine Neurotisierung in

125

Gang setzen, bei der es mit Eintritt in die Pubertät zu verstärkten Aggressionsdurchbrüchen bei einer Blockierung der sensomotorischen und kognitiven Handlungskompetenz kommen kann. Ebenso denkbar sind übersteigerte Zuwendungsforderungen, Provokationen, massive Auflehnung oder impulse Augenblickshandlungen. Diese Verhaltensauffälligkeiten sind keine Pubertätsstörungen, sondern Ausdruck von in der Kindheit angelegten Frustrierungen, Signale eines Drangs nach Auflehnung im Sinne einer inneren Befriedigung und eines originär menschlichen Autonomiestrebens.

Gleichermaßen problematisch wie die Überforderung ist die übertriebene Aufopferung oder Überfürsorge (Overprotection), zu der sich viele Mütter aus Schuldgefühlen heraus verpflichtet fühlen. Zugleich kann sie aber auch Ausdruck dafür sein, sich besonders beweisen zu müssen. Damit verknüpft sind häufig diffuse Trennungsängste, die vor allem bei zunehmenden Selbständigkeitswünschen der geistig behinderten Menschen im pubertären Alter auftreten. Oftmals werden dann die behinderten Jugendlichen noch stärker durch eine überfürsorgliche Verwöhnung emotional gebunden und in Abhängigkeit gehalten. Leider wird dadurch der Loslösungsprozeß zusätzlich erschwert. In der überfürsorglichen Betreuung sehen anscheinend einige Mütter „eine sie erfüllende Lebensaufgabe, die zugleich Sinn und Lebensziel gibt. Sie können sich überhaupt nicht vorstellen, daß ihr behindertes Kind einmal nicht mehr bei ihnen wohnen wird" (Walter 1985, 33). Das geistig behinderte Kind kann sich nur selten dagegen wehren. Seine Situation ist gekennzeichnet durch Unterforderung bei einem hohen Grad sozialer Abhängigkeit. Es wird ihm wenig erlaubt, wenig zugetraut, und es erhält damit kaum Chancen zu mehr Autonomie. Vielmehr wird es in diesem Streben gedämpft, auch als Jugendlicher oder erwachsener Mensch auf die Stufe eines „ewigen Kindseins" fixiert und durch eine überfürsorgliche, durchaus gut gemeinte Kontrollpädagogik fremdbestimmt. Es fehlt hier das notwendige Maß an Vertrauen in die Ressourcen des Behinderten, wie aber auch die Bereitschaft, den Ablösungsprozeß durch entsprechende Unterstützung und Anreize allmählich einzuleiten. Besonders deutlich wird diese Problematik im Vergleich der Einschätzung der Selbständigkeit des behinderten Menschen: Untersuchungen in der Lebenshilfe Salzburg (Plaute 1992 b) konnten zeigen, daß Eltern ihre Kinder wesentlich unselbständiger einschätzen, als diese sich selbst. Darüber hinaus hängt die Beurteilung der Eltern von der Anzahl der Geschwister und der Wohnregion ab. Je größer die Anzahl der Geschwister, um so selbständiger schätzen Eltern die Selbständigkeit ihres behinderten Kindes ein. Diese „positivere" Einschätzung durch die Eltern erfolgt in ländlichen Regionen deutlich häufiger als im städtischen Bereich. Beide Aussagen können vermutlich damit erklärt werden, daß die Möglichkeit zu einer geringeren Fixierung der Mutter auf das behinderte Kind zu einer adäquateren Beurteilung der Selbständigkeit führt. Es kann auch angenommen werden, daß eine geringere Fixierung tatsächlich zu einer selbständigeren Lebensführung befähigt.

Über mögliche Folgen der Unterschätzung und damit Überbehütung (overprotection) berichtet Seligman (1986) mit seiner Theorie der „erlernten Hilflosigkeit". Ein in diesem Zusammenhang nicht zu unterschätzendes Problem ist die mangelnde Risikoerfahrung, die eine überbeschützende Erziehung oder Rundumversorgung nach sich zieht. In einem überbehüteten geistig behinderten Menschen werden sich nicht nur diffuse Ängste vor einer „gefährlichen" Welt festsetzen, sondern auch das Gefühl, hilflos dieser „Gefahr" ausgeliefert zu sein. Deswegen muß er dann Risiken vermeiden, und deswegen benötigt er andere zur eigenen Sicherheit. Solchen Menschen wird letztlich die Gelegenheit genommen, sich die Welt handelnd anzueignen und dabei die Grenzen seines Körpers zu erfahren. Außerdem fehlen Erfahrungen des eigenen Könnens, so daß sich infolge des sozialisationsbedingten „Nicht-Dürfens" ein „Nicht-Können" verfestigt. Damit wird jede neue Situation und Handlung vermieden – eine Angstbarriere besteht, die in realen Gefahren- oder Problemsituationen ins Panische oder zu Katastrophenreaktionen führen kann.

Aber auch die Erwachsenen (vor allem Mütter) verbauen sich durch eine zu starke emotionale Bindung ihre eigene Persönlichkeitsentwicklung, Selbstentfaltung und Zukunft. Schwierigkeiten ergeben sich häufig in der Beziehung zum Ehepartner, der durch das Subsystem der Mutter-Kind-Beziehung ausgegrenzt wird oder sich als ausgeschlossen, als familialer „Außenseiter" erlebt. Aus Untersuchungen weiß man, daß Väter geistig behinderter Kinder sich eher nach außen orientieren (z. B. beruflich) und seltener Erziehungsaufgaben übernehmen (vgl. Junglas 1990, 95; Innerhofer/Peterander 1992, 73; Plaute 1992 b). Insgesamt scheint die Ehe krisenanfälliger zu sein (hohe Scheidungsrate), was von betroffenen Eltern anscheinend oft verschwiegen oder heruntergespielt wird. „Die Vermutung liegt nahe, daß es sich bei diesem Problembereich um ein tabuisiertes Thema handelt, dessen Erörterung die Betroffenen vermeiden wollen" (Bodenberger 1981, 10). Geradezu pathologisch wird das familiale Beziehungsgefüge, wenn der behinderte Mensch in die Rolle eines Partnersubstituts gedrängt wird. Nicht selten wird er auch zum „Sündenbock" gemacht; oder es kommt zu Feindseligkeiten oder Ablehnung, die kompensiert werden, indem z. B. das Kind mit Fördermitteln oder

Spielzeug überschüttet oder eine Übertherapeutisierung durch das ständige Aufsuchen verschiedener Spezialisten angestrebt wird. Derartige Versuche, sich von Schuldgefühlen loszukaufen, tragen kaum zu einer tragfähigen, dauerhaften und authentischen positiven sozialen Haltung bei und befördern eher aggressive, sozial feindliche Reaktionen beim behinderten Menschen, der unter dieser double-bind-Situation leidet. Oft kommt es auch zu einem raschen Wechsel zwischen Verwöhnung und Feindseligkeit. Darin wird die Mutter nicht als eine eindeutig verstehbare, verläßliche Bezugsperson erlebt, was zu einem Verlust an Kontrolle der Lebenssituation führen kann: selbststeuerbare Handlungen wie z. B. stereotype Formen oder Autoaggressionen verschaffen dann ein Stück Sicherheit. Nach Spitz (1967, 268 ff.) scheint es auch einen Zusammenhang zwischen einem depressiv getönten Verhalten der Mutter und Fäkalspielen oder Koprophagie zu geben. Dies wird u. a. damit erklärt, daß die Depression der Mutter für das Kind einen emotionalen Verlust bedeute, der zu dem Versuch führe, durch seine Auffälligkeiten ein gewisses Maß an Beziehungen aufrecht zu erhalten (vgl. auch DeMyer 1986). Überdies sucht das Kind im Fäkalspiel eine Eigenbefriedigung. Geistig behinderte Menschen mit solchen Frühstörungen werden als Jugendliche oder Erwachsene Schwierigkeiten haben, sich aus diesen pathologischen interpersonellen Mustern zu lösen und sich in ihrer Umwelt kompetent und sicher zu orientieren. Eher ist eine Risikopersönlichkeit zu vermuten, der Eigenschaften wie Mißtrauen, Enttäuschung, Minderwertigkeitsgefühle oder auch Wut zugeschrieben werden.

Abschließend sei zu diesem Problembereich betont, daß aus dieser Analyse keine Schuldzuweisung erfolgen darf (vgl. auch Kapitel 3.2.). Solche Tendenzen haben in der Vergangenheit erheblichen Schaden angerichtet und eher zur Verschärfung der Probleme geführt. Zu Recht weisen Innerhofer/Peterander (1992, 64) auf reziproke Zusammenhänge zwischen Reaktionen der Umwelt und dem Verhalten von Eltern hin. Frustrationen, die zum Beispiel durch Diskriminierung oder eine ablehnende Haltung der Umwelt entstehen, können sich nicht nur nach außen, sondern ebenso „nach innen richten, so daß Eltern ihr Selbstwertgefühl verlieren und depressiv werden... Eine Reaktion, in der Überfürsorglichkeit und Aggressivität zugleich enthalten sind, ist Anklage und Selbstvorwurf, Annehmen und Ablehnen. Aus diesem Grundkonflikt resultiert nicht selten eine ambivalente Beziehung, die dadurch charakterisiert ist, daß starke Ablehnung und starke Hinwendung ständig wechseln oder sogar zusammen auftreten, so daß ein klares Handeln unmöglich wird" (ebd.). Somit muß ausdrücklich vor der Annahme gewarnt werden, daß auffällige Verhaltensweisen allein oder dominant durch mütterliches bzw. elterliches Problemlösungsverhalten determiniert werden. Und nicht jedes geistig behinderte Kind entwickelt solche Störungen, die seine pubertäre oder spätere Autonomieentwicklung hemmen.

Eine Geistigbehindertenpädagogik, die sich dem Empowerment-Gedanken verpflichtet fühlt, wird also gerade im Lebensabschnitt der Pubertät und Ablösung sowohl den geistig behinderten Menschen als auch seine soziale Umwelt im Blickfeld behalten. Nur die gemeinsamen Vorbereitung auf dieses „kritische Ereignis" kann eine positive Bewältigung und damit auch ein Ausgangspunkt für eine weitere sinnerfüllte Lebensgestaltung ermöglichen. Die Auseinandersetzung mit den zentralen Fragen (u. a. Integration, Normalisierung, Empowerment) ist sowohl für die Angehörigen als auch den behinderten Menschen selbst von zentraler Bedeutung (vgl. Baier 1993). Nur von dieser Basis aus können die Probleme im täglichen Leben erkannt und damit auch geändert werden.

4.3.3.3. Zur erzieherisch-familialen Einflußebene

Im Unterschied zur psychokrisenhaften Ebene geht es bei der erzieherisch-familialen Ebene nicht um Einflüsse, die aus unbewältigten psychischen Konflikten resultieren sondern um jene, die eher allgemeinen Charakter haben, d. h. aus einem Alltagswissen hervorgehen, also nicht psychisch „vorbelastet" sind, sondern gängige Erziehungspraktiken und Rollenklischees beinhalten und so die familiale Sozialisation mit prägen. Freilich gibt es zwischen beiden Bereichen Überlappungen oder schwer aufzulösende Verschachtelungen, insbesondere bei über- und unterfordernden Erziehungssituationen, auf die wir schon oben eingegangen sind. Dahinter kann zum Beispiel sich nicht nur eine psychosoziale Problematik verbergen, sondern auch die gut gemeinte Absicht stehen, nur „das Beste" für das geistig behinderte Kind zu wollen. Aber auch aus Unkenntnis und Verunsicherung heraus, vor allem aufgrund der Sorge um die Zukunft des behinderten Kindes, die Befragungen zufolge breiten Raum einnimmt, sind Eltern häufig davon überzeugt, immer für ihr Kind da sein zu müssen. Diese Vorstellung verleitet sie zu einer „permanenten Elternschaft" (Bodenberger), die den Autonomie- und Ablösungsprozeß wesentlich erschwert. Entscheidend ist, daß der geistig behinderte Mensch nicht zu Hause in permanenter Untätigkeit gehalten und durch fehlende Möglichkeiten, selbst Entscheidungen zu treffen, zu einer „erlernten Hilflosigkeit" (Seligman 1984) verdammt wird. Unkenntnis und Verunsicherung bestimmen auch die Einstellung zur und den Umgang mit der Sexualität, sei es, daß dem geistig behinderten Menschen keine

Sexualität (und auch Partnerschaft) zugestanden wird, sei es, daß die sexuelle Entwicklung mit restriktiven Vorschriften belegt wird. Rollenklischees, womöglich als Annäherung an die sog. Normalität gedacht, treten dort hinzu, wo geistig behinderte Mädchen spätestens in der Pubertät nicht nur „aus Angst vor sexuellem Mißbrauch" (Hofmann u. a. 1993, 99) stärker behütet werden, sondern auch eine ausgeprägte geschlechtsspezifische Erziehung erfahren. Letzteres gilt ebenso für geistig behinderte Jungen. „Während von den Jungen Durchsetzungsfähigkeit und Stärke gefordert wird, wird von den Mädchen Nachgiebigkeit, Zurückhaltung, Anpassungsfähigkeit und Sanftheit erwartet" (Barzen 1988, 113). Eine zu starke Orientierung an diesen Rollenklischees kann erhebliche Verhaltensprobleme im Zuge der Ablösung befördern. Es besteht die Gefahr, daß geistig behinderte Mädchen sich zu sehr auf das familiale Alltagsleben zentrieren und sich dabei sozial-gesellschaftlich isolieren, z. B. von sich aus keine Peers aufsuchen, aber auch nicht von ihren Eltern dazu ermutigt werden. Gerade dieser fehlende Kontakt zu einer Freundin oder zu einem Freund wird von vielen geistig behinderten Menschen als emotional belastend erlebt, besteht doch auch bei ihnen in der Regel der innigste Wunsch nach Partnerschaft, Kontakt, sozialer Anerkennung und Autonomie (vgl. Hofmann u. a. 1993, 110). Auch bei Jungen finden wir familienzentrierte Rückzugstendenzen, ausgeprägter ist aber meist ein aggressives Auflehnungs- oder Protestverhalten, welches ein Streben nach mehr Unabhängigkeit anzeigt. Sowohl geistig behinderte Mädchen als auch Jungen zeigen dieses Verhalten häufig gegenüber ihren engsten Bezugspersonen (Mütter). Die pubertierenden geistig behinderten Menschen spüren die Abhängigkeit, die sie als Einengung erleben. „Dabei wird ihnen die ambivalente Beziehung zu den Eltern nur wenig bewußt, noch weniger kann sie artikuliert werden, der Behinderte erlebt vielmehr eine diffuse Unzufriedenheit, die sich in ihm anstaut und zur Entladung drängt. Dabei hat der jugendliche Behinderte nicht die Möglichkeiten, die gleichaltrige Pubertierende haben, in dieser Phase Alternativen aufzubauen, z. B. über Kontakte außerhalb der Familie, um damit gewissermaßen den Raum füllen zu können, der durch die Ablösung frei wird" (Fehlhaber 1987, 159; vgl. auch Innerhofer/Peterander 1992, 67). In diesem Zusammenhang können die Beziehungen zu Geschwistern weiterhelfen, wenn diese bereit sind, sozial-integrative Prozesse, z. B. im Rahmen offener Jugendarbeit, zu fördern. Dies aber kann keinesfalls erzwungen oder als selbstverständlich erachtet werden, da die nichtbehinderten Geschwister sich auf dem Wege ihres Erwachsenwerdens häufig selbst in einer psychischen Krise befinden (z. B. auch familial zurückgesetzt erleben) und sich mit der Begleitung ihres behinderten Geschwisters eine verantwortungsvolle Aufgabe aufbürden. Über Gleichgültigkeit, soziales Desinteresse oder auch Überfürsorglichkeit von Geschwistern geistig behinderter Kinder wird aber nur selten berichtet. Baier (1993) untersuchte ausführlich die Bedeutung der Geschwisterkonstellation auf Basis einer Volluntersuchung mit allen Familien der Lebenshilfe Salzburg, deren behindertes Kind bereits außerhalb der Familie (in der Lebenshilfe) wohnt: „Die Beurteilung des Ablösungsprozesses hängt mit den Gefühlen der Geschwister zusammen. Um so positiver die Geschwister die Ablösung empfinden, umso besser wird auch der gesamte Prozeß beurteilt. Gleichzeitig konnte gezeigt werden, daß die Anzahl der Geschwister einen signifikanten Einfluß hat. So wird die Ablösung negativer erlebt, wenn das behinderte Kind als Einzelkind aufwächst. Aus diesen beiden Aussagen ergibt sich nun folgende Interpretation:

Ein wesentlicher Faktor bei der Beurteilung der Ablösung dürfte innerhalb der Familien die Beurteilung durch die Geschwister sein. Den negativen Gefühlen der Eltern stehen die wesentlich positiveren Gefühle der Geschwister gegenüber. Geschwister haben ein (legitimes) Interesse daran, daß die behinderten Geschwister das Elternhaus verlassen, da sie (bewußt oder unbewußt) während all der Jahre ein Schattendasein neben dem behinderten Geschwister führen mußten. Mit dem Auszug des behinderten Geschwisters kann das normale Kind nun endlich in das Zentrum der Familie rücken oder empfindet und erhofft dies zumindest subjektiv so. Dieser Interessenausgleich schwächt die negativen Gefühle der Eltern ab, wodurch insgesamt die Beurteilung des Ablösungsprozesses positiver ausfällt. Dieser Prozeß... verläuft nun in Stadt und Land unterschiedlich, da die (relative) Anzahl der Einzelkinder in der Stadt signifikant höher ist als am Land. Alle Hypothesen, die das städtische Milieu aufgeklärter und fortschrittlicher vorhersagten, scheinen an diesem Prozeß zu stürzen. Weit wichtiger als alle anderen theoretischen Annahmen dürfte eben dieser interne, emotionale Interessensausgleich zwischen den Geschwistern sein, der eben in der Stadt relativ weniger häufig vorkommen kann, weil häufiger Geschwister fehlen. Somit könnte abgeleitet werden, daß es gerade in Familien mit einem behinderten Kind besonders wichtig ist, daß noch weitere Kinder da sind, um eine zu intensive Konzentration auf das behinderte Kind zu vermeiden" (Baier 1993, 105 f.).

Ein letzter Aspekt, der sich auf die dritte Einflußebene bezieht, ist der Grad der Effizienz, mit der der (Erziehungs-)Alltag organisiert wird, um so die physische und psychische Überbelastung, unter der sehr viele Mütter geistig behinderter Kinder erheblich leiden, einigermaßen zu bewältigen und zu begrenzen. Eine rational-organisatorische Regelung des Alltags impliziert allerdings die Gefahr, die Bedürfnisse des behinderten Menschen zu verfehlen. Es entstehen zahlreiche Sachzwänge, die die Kommunikations-, Handlungs- und Entfaltungsmöglichkeiten einengen, die sensomotorische Entwicklung hemmen, den geistig Behinderten sowohl unter- als auch überfordern. Je schwerer die geistige Behinderung und je umfänglicher die Pflegebedürftigkeit, desto stärker prägen sich die Sachzwänge aus.

4.3.3.4. Zur gesellschaftlichen Einflußebene

Auf dieser Ebene geht es um gesellschaftliche Aspekte, die auf den Ablösungsprozeß Einfluß nehmen. Ein zentrales Problem sind zweifelsohne gesellschaftliche Vorurteile gegenüber Menschen mit (geistiger) Behinderung und deren Familien. Nach Bodenberger (1981, 13) macht sich offenbar „die ablehnende Haltung der sozialen Umwelt gegenüber der Familie" mit dem Älterwerden des geistig behinderten Kindes in noch größerem Maße bemerkbar. Geistig behinderte Jugendliche passen mit ihrem äußeren Erscheinungsbild erst recht nicht mehr in das übliche (verniedlichende) Kindchenschema. Dies führt zu sozialer Distanzierung und zu einem mangelnden Verständnis für (pubertäre) Verhaltens- und Erlebensweisen, die als auffällig etikettiert werden. Ebenso wird für die Familie weniger Mitleid empfunden, eher schwindet jegliches Verständnis für ihre Sorgen, Nöte, Belastungen oder Probleme. Viele Eltern spüren diese Geringschätzung und abweisenden Reaktionen, die sie in um so stärkerem Ausmaß psychosozial belasten, je massiver sie den sozialen Druck in Form von Schuldzuschreibungen, Vorwürfen und Stigmatisierung auf sich gerichtet erleben. Immer wieder wird von Eltern berichtet, daß zum Beispiel Probleme, die bei dem Autonomie- oder Loslösungsprozeß entstehen (z. B. sozial unerwünschte Auffälligkeiten des behinderten Jugendlichen in der Öffentlichkeit) negativ auf die Familie zurückfallen, indem ihnen mangelnde Beaufsichtigung, Verantwortungslosigkeit, Unvermögen oder Fehlverhalten zur Last gelegt werden. Nur einem Teil der Eltern gelingt es, sich dagegen offensiv zu wehren, z. B. durch das Engagement in Selbsthilfe-Gruppen, deren Bedeutung angesichts des eklatanten Mangels an sozialen Ressourcen und Netzen nicht hoch genug eingeschätzt werden kann. Nicht nur fehlt es an psychosozialer Hilfe, an Dienstleistungsangeboten zur Bewältigung psychischer Krisen, Belastungen oder diskriminierender Erfahrungen sowie der Pubertäts- und Ablösungsproblematik, sondern auch Freundes- oder Bekanntenkreis sind für Familien mit einem geistig behinderten Kind schwerer erreichbar (vgl. Innerhofer/Peterander 1992, 69 u.78). Dies alles befördert den sozialen Rückzug in die „familiale Innerlichkeit". In der festen Überzeugung, daß ein geistig behindertes Kind im pubertären Alter dem Ansehen der Familie noch mehr schade, scheuen sich manche Eltern vor der Partizipation am öffentlichen Leben mit ihrem behinderten Kind. Eher versuchen sie, die Tatsache und das Ausmaß der geistigen Behinderung zu verbergen. Gelegentlich kommt es auch zur Übernahme des ihnen angetragenen Fremdbildes, was zur Verfestigung der familialen Isolation und zur Verschärfung der gesamten Pubertäts- und Ablösungsproblematik führt. Für den heranwachsenden behinderten Menschen sind solche Reaktionen, insbesondere die familiale Abkapselung aus dem gesellschaftlichen Leben, wenig hilfreich. Zum einen bedeuten sie einen Verlust an sozio-kulturellen Bezügen, so daß für eine erfolgreiche Ablösung wichtige Lebenserfahrungen und Aneignungsprozesse von Welt ausbleiben. Zum anderen können keine neuen sozial-kommunikativen Beziehungen geknüpft und erfahren werden, da im Unterschied zu Nichtbehinderten die Sozialisationsinstanz der Peers (und damit die Chance, Freundschaften zu pflegen) völlig entfällt. Was bleibt, ist das Leben innerhalb der Familie, welches in der Gefahr steht, auf Dauer zu wenig Lebensanreize zu bieten, die für ein sozial kompetentes, eigenständig-verantwortliches Handeln (Lebenstüchtigkeit) unabdingbar sind. Dies gilt vor allem für Heranwachsende, die in zu großer Abhängigkeit und Unselbständigkeit gehalten werden und deren Freizeitgestaltung überwiegend auf Fernsehen und Musikhören beschränkt bleibt.

Auch geistig behinderte Jugendliche registrieren wie ihre Eltern die ablehnende Haltung der sozialen Umwelt. Auch sie haben Schwierigkeiten, damit umzugehen. Nicht selten kommt es im pubertären Altern zu Bewältigungsformen, die über Selbstwertzweifel oder über einen depressiv getönten Lebensmut hinaus das familiale Zusammenleben erheblich belasten, so daß sich Eltern mit Problemen konfrontiert sehen, die sie aus eigener Kraft kaum mehr meistern können. Dies gilt vor allem dann, wenn die pubertierenden Heranwachsenden stärker werden als ihre Eltern (Mütter) und versuchen, ihren Willen mit physischer Gewalt durchzusetzen. Die Suche nach Lösungen führt dann häufig zur Frage nach einer Heimunterbringung. Aber nur wenige Eltern greifen letztlich darauf zurück (vgl. Bodenberger 1981, 9). Dies hängt u. a. mit dem Fehlen von gemeindenahen Wohnheimplätzen zusammen. Viele Eltern (vor allem die jüngere Generation) wissen aber auch um gewisse Unzulänglichkeiten oder Schwierigkeiten der Wohnheime; insbesondere sind sie sich der Probleme bewußt, die eine Versorgung ihres geistig behinderten Kindes in einer vom Wohnort fernab gelegenen Großeinrichtung mit sich bringen würde (vgl. Wendeler 1992, 50; auch Theunissen 1993 a). In der Tat gereicht eine Heimunterbringung, vor allem wenn sie zu früh erfolgt, nicht immer zum Vorteil des geistig behinderten Menschen, denn es gibt sowohl autonomiefördernde und -hemmende Wohngruppen, gesellschaftlich (räumlich) integrierte wie sozial isolierte Wohnformen, verkrustete und verbürokratisierte Großsysteme oder reformierte Anstalten als „Orte zu leben" – wie es auch aufgeschlossene, weltoffene Elternhäuser und gesellschaftlich abgespaltene familiale Systeme gibt! Hinzu kommen spezifische Erfahrungen, z. B. Demütigungen, verletzende Diskriminierungen, soziales Unverständnis, drohende Vorwürfe, das behinderte Kind bloß abschieben zu wollen. Teilweise bestehen auch Ängste vor einer schlechten Versorgung aufgrund von Sparmaßnahmen oder vor den Auswirkungen der neuen Euthanasiedebatte, die eine Skepsis gegenüber Institutionen und der Sozialbürokratie begründen. All dies veranlaßt Eltern im Zweifelsfalle oft dazu, die Bürde der Versorgung oder Betreuung auch unter erheblichen Schwierigkeiten selbst weiterzutragen. An dieser Stelle macht sich zweifelsohne das Fehlen sozialer Ressourcen in Form von familienentlastenden, ambulanten Diensten und psychosozialen Hilfen besonders bemerkbar.

4.3.3.5. Zur sozio-ökologischen Einflußebene

Eng verknüpft mit der gesellschaftlichen Determinante ist die Umwelt als ökologische Kategorie, die ebenfalls den Loslösungsprozeß beeinflußt. Hier denken wir zum einen an den gesellschaftlichen Lebensraum, der Barrieren enthält, die ein relativ selbständiges Leben (geistig) behinderter Menschen erheblich behindern. Unüberschaubarer Autoverkehr, fehlende rollstuhlgerechte Verbindungswege und öffentliche Verkehrsmittel, Straßenlärm, Menschenmassen und Hektik in Fußgängerzonen, terrassen- und labyrinthartig angelegte betonierte Wohnanlagen, das Verschwinden natürlicher Grünflächen wie aber auch das Wuchern von Hochhäusern oder eng kalkulierten Einfamilienhaus-Siedlungen mit gepflegten Ziergärten – all dies kann die soziokulturelle Integration geistig und mehrfachbehinderter Menschen außerordentlich erschweren und Eltern davon abhalten, ihr geistig behindertes Kind mit dem gesellschaftlich-kulturellen Leben vertraut zu machen. Doch trotz aller Hindernisse und auch Risiken dürfen geistig behinderte Menschen nicht der Einfachheit halber oder aus falsch verstandener Fürsorglichkeit heraus wichtige soziale Lernerfahrungen verwehrt werden, die für eine relativ eigenständig-verantwortliche Lebensführung und Realitätsbewältigung unabdingbar sind. Zugleich kommt es zweifelsohne darauf an, mit Nachdruck z. B. über Bürgerbewegungen, offensiv für verbesserte humane Lebensbedingungen einzutreten. Denn die einseitige Anpassung des behinderten Menschen an die Gesellschaft kann nicht Ziel verantwortungsbewußter Behindertenpädagogik sein.

Zum anderen beeinflussen aber auch die gegebene Wohnlage sowie die unmittelbare Wohnwelt den Ablösungsprozeß. Innerhalb einer Großstadt können unter normierten und beengten Wohnverhältnissen autonomiefördernde Familienaufgaben, insbesondere dann, wenn die Mutter noch (stundenweise) berufstätig sein muß oder durch mehrere Kinder stark in Anspruch genommen ist, schlechter wahrgenommen werden als in einer großzügig ausgestatteten Wohnung in einer verkehrsberuhigten Zone, wo ein Haushaltstraining leichter durchgeführt werden kann und in der der geistig behinderte Heranwachsende ein eigenes Zimmer hat, das er weitgehend eigenständig ausgestalten kann.

4.3.3.6. Zur fachlichen Einflußebene

Auch Fachleute nehmen auf die Ablösung geistig Behinderter vom Elternhaus erheblichen Einfluß. Dabei kommt der Beratung eine Schlüsselfunktion zu. Ein Konzept, das auf Konsultation (gemeinsames Beraten), Kooperation und Empowerment angelegt ist, greift die Betroffenenperspektive auf und versucht, Vertrauen in die eigenen Ressourcen sowie in die elterliche Handlungskompetenz (Selbsthilfe) zu stärken. Hemmnisse und Probleme bei der Ablösung ergeben sich dort, wo Fachleute diesen Ansatz leichtfertig aufs Spiel setzen und/oder als „Besserwisser" auftreten. Leider begegnen wir im sozialen und medizinischen Dienstleistungssektor allzu oft einer asymmetrischen Beratung, die in dem naiven Glauben operiert, der Berater verfüge über so umfangreiches Fachwissen, daß er stets besser als der Laie wisse, was richtig und was falsch sei. Diese Beratung ist eine Einbahnstraße, die von der irrigen Annahme ausgeht, Fachwissen sei als solches schon der Garant einer erfolgreichen Beratung; und ebensowenig darf man glauben, daß ein Ratschlag von Ratsuchenden immer angenommen oder ausgeführt würde. Vielmehr fühlen sich viele Eltern durch Fachleute, die als „Verkünder der Wahrheit" auftreten, sozial entwertet, bedroht, verletzt, bevormundet oder entmündigt. Nur aufgrund von Verunsicherung, Überforderung, Verzweiflung oder Zukunftsängsten passen sie sich kritiklos den Experten an und lassen sich belehren und führen (vgl. auch Jonas 1993, 138). Dadurch aber werden noch keineswegs Schuldgefühle beseitigt, die ein solches Beratungskonzept erzeugt oder befördert, vor allem dann, wenn Eltern dem fachlichen Rat nicht nachkommen können. Suggerieren Fachleute Eltern das Gefühl, minderwertig, z. B. eine schlechte Mutter oder ein inkompetenter Vater zu sein, kommt es zu einer Vielzahl von Abwehrformen, die von einer sozialen Isolation (familialer Rückzug) über pathologische Beziehungsmuster bis hin zu Beschuldigungen und Kompetenzkonflikten reichen. In der Regel eskalieren die Probleme derart, daß gegenseitige Vorbehalte, Anschuldigungen, Diskriminierungen oder ein wachsendes Mißtrauen keine fruchtbare Zusammenarbeit in der Beratung mehr zulassen. Dies alles behindert eine notwendige Auseinandersetzung mit der Pubertäts- und Ablösungsproblematik und erst recht eine erfolgreiche Bewältigung der damit verknüpften Probleme durch psychosoziale Beratung. „Je unbewältigter der Schritt zur Trennung ist, desto größer sind auf seiten der Familie auch die Vorbehalte gegenüber dem zukünftigen Lebensraum ihres behinderten Kindes, um so eher werden Betreuer und Institution als Konkurrenz und Bedrohung erlebt, die die Einheit von behindertem Menschen und Familie zerstören" (Guski/Langlotz-Brunner 1991, 40 f.). Damit kommt es zu einem Teufelskreis, in dem der geistig behinderte Mensch der Leidtragende ist, verbleiben ihm doch letztlich nur noch sozial unerwünschte Problemlösungs- oder Anpassungsstrategien zur Situationskontrolle.

4.3.4. Pädagogische Aspekte der Ablösung

Auf den ersten Blick wirken der Pubertäts- und Ablösungsprozeß als „kritische Lebensereignisse" auf Menschen mit geistiger Behinderung alles andere als entwicklungsfördernd. Dies liegt vor allem daran, daß Jugendliche oder junge Erwachsene mit geistiger Behinderung häufiger als andere extremen Belastungen ausgesetzt und „verwundbarer" sind (erhöhte Vulnerabilität). Gleichwohl betont das Konzept der „kritischen Lebensereignisse" nicht nur die Probleme, sondern auch die Chancen, die es für alle Beteiligten zu nutzen gilt. Die Professionen Sozialer Arbeit (Heil-, Rehabilitations- und Sozialpädagogik, Psychologie/Psychotherapie) sollten sich deshalb herausgefordert fühlen, diese Möglichkeiten zu eruieren und Konsequenzen für präventive und begleitende Maßnahmen zu ziehen. Denn es ist wahrscheinlich, daß die Hemmnisse, die einer Ablösung im Wege stehen, reduziert oder gar vermieden werden können, wenn die Jugendlichen oder jungen Erwachsenen mit geistiger Behinderung auf den lebensverändernden Prozeß der Loslösung besser vorbereitet werden. Notwendig wäre hier insbesondere auch die Förderung einer positiven und unterstützenden Einstellung der Eltern. Davon könnten letztlich alle unmittelbar Betroffenen profitieren, denn für jeden ergäbe sich die Chance, seine Persönlichkeits- und Lebensverwirklichung besser zu realisieren.

Im Ansatz hat die Behindertenpädagogik schon darauf reagiert, vor allem in Wohneinrichtungen, die den Wohnwechsel vom Elternhaus in eine Wohngruppe durch gezielte Familien- oder Elternarbeit (Beratung, vorbereitende, begleitende und nachbereitende Hilfen) unterstützen. Dabei zeigt sich, wie wichtig ein rechtzeitiger Kontakt zur Familie ist, um zu einer tragfähigen Vertrauensbasis und Kooperation zwischen den zuständigen Mitarbeitern und den Eltern zu gelangen. „Für die zukünftigen Betreuer ist es ebenso wichtig, die bisherige Lebenswelt des behinderten Menschen kennenzulernen, wie die Familie frühzeitig Einblick in das zukünftige soziale Umfeld des behinderten Angehörigen bekommen sollte. Der behinderte Mensch muß alte und neue Erfahrungen integrieren lernen. Ihn dabei zu unterstützen setzt voraus, daß die jeweiligen Bezugspersonen wissen, was es zu integrieren gilt. Nur in Kenntnis und Berücksichtigung der Geschichte des behinderten Menschen können neue Erfahrungen möglich werden" (Guski/Langlotz-Brunner 1991, 42).

Darüber hinaus gibt es verschiedene, sehr verdienstvolle Initiativen, die sich einer „integrativen" offenen Jugendarbeit, z. B. Clubabenden oder Freizeitmaßnahmen mit behinderten und nichtbehinderten Jugendlichen, verschrieben haben. Derlei Veranstaltungen bieten Chancen, neue Erfahrungen zu sammeln und soziale Kontakte oder partnerschaftliche Beziehungen herzustellen. Wie wertvoll solche Angebote sein können, ist zum Beispiel dem kunstpädagogisch-therapeutischen Konzept von Steinhausen (1993) zu entnehmen, das wir hier stellvertretend für viele andere Veranstaltungen, Freizeit- und Integrationsclubs nennen möchten. Zum einen sollen geistig behinderte Jugendliche durch „therapeutisch intendierte Angebote" aus dem ästhetischen Bereich zur Erweiterung ihrer Ausdrucksmittel, Steigerung des Selbstwertgefühls, Verbesserung der „sinnengetragenen Wahrnehmung", Ausbildung von Identität und Verarbeitung autobiographischer Ereignisse gelangen (vgl. ebd., 44). Zum anderen schreibt Steinhausen den künstlerischen Aktivitäten einen hohen sozialintegrativen Stellenwert zu. Durch Arbeits- und Projektgruppen mit behinderten und nichtbehinderten Jugendlichen (Werken mit Holz, Photographie, keramisches Gestalten) sollen gemeinsames Tun, ein Wir-Gefühl, Gemeinschaftserleben und „sozialerwünschte Verhaltensweisen" wie „Rücksichtnahme, Hilfestellung, Kompromißfähigkeit und Akzeptanz des vermeintlich Anderen" (ebd.) angebahnt

und befördert werden. Auch die Erwachsenenbildung nimmt sich dem Thema der Ablösung an, wenn sie Kurse anbietet, die sich auf das Erwachsenwerden, auf Partnerschaft und Sexualität, auf Selbsterfahrungsgruppen oder Angehörigenarbeit beziehen (vgl. Badelt 1984; Baumgart 1986; Jakobs/König/Theunissen 1987).
Dennoch bleibt viel zu tun, wenn wir uns die Fülle der skizzierten Probleme vor Augen halten. Zum Beispiel ist auch die Öffentlichkeitsarbeit zum Abbau von Vorurteilen gegenüber behinderten Menschen und ihren Familien ein notwendiges, sehr wohl schwieriges Unternehmen. Im folgenden haben wir nun einige Aspekte herausgegriffen, die vor allem aus pädagogischer Sicht einer besonderen Aufmerksamkeit bedürfen.

4.3.4.1. Chancen der Ablösung

Das Konzept der „kritischen Lebensereignisse" fordert von uns, von den Problemen und den Chancen aus zu denken, zu planen und zu handeln. Bereits in unseren bisherigen Ausführungen wurden immer wieder einzelne Chancen angesprochen. Für den geistig behinderten Menschen liegen die Vorzüge der Ablösung vor allem darin, daß er zu mehr Autonomie (Selbstbestimmung), zu einer relativ selbständigen, eigenständig-verantwortlichen Lebensführung, zu „seinem" Lebensweg, zur Entdeckung und (Aus-)Gestaltung neuer Lebensbereiche – kurzum: zu einem Leben als Erwachsener „so normal wie möglich" gelangen kann. Dies entspricht auch den Wünschen geistig behinderter Menschen. Sie äußern Bedürfnisse nach selbständiger Lebensgestaltung und Wahrung der Privatsphäre. Sie wollen so leben wie jeder andere auch und bejahen recht eindeutig das Erwachsenwerden (vgl. Speck 1982 b, 20 ff.). Allerdings wird auch der Wunsch nach Hilfe bekundet, und es werden Ängste vor dem Erwachsensein bzw. vor einer autonomen Realitätsbewältigung laut. Anscheinend spüren geistig behinderte Menschen die Risiken der Normalität und die damit verknüpften Gefahren einer Überforderung, Ausgrenzung und sozialen Isolation. Diese Ängste gründen somit nicht nur in einer infantilisierenden Sozialisation, sondern sie haben auch einen „realen Kern", der darin begründet liegt, daß „das heute übliche Erwachsenenleben . . . aufgrund bestimmter Pervertierungen von Erwartungen und Zwängen nicht als Modell schlechthin für ein humanes und relativ autonomes Erwachsenenleben geistig behinderter Menschen anzusehen ist" (Speck 1987, 7 f.). Demzufolge wäre es geradezu verfehlt, bloße „Anpassungshilfe" zu leisten. Präventive und begleitende pädagogische Angebote als Hilfe zur Selbsthilfe sind eine Seite der Medaille. Denn ihr Erfolg hängt nicht zuletzt von der Veränderung und der Bereitschaft zur Mitarbeit des gesamten sozialen Umfelds ab. Wechselseitige Anpassungsleistungen sind unabdingbar. Dies gilt insbesondere auch für die unmittelbaren Bezugspersonen, für Eltern, Angehörige, Betreuer in Wohneinrichtungen oder Werkstätten wie auch für Nachbarn, Bekannte oder Dienstleistungsanbieter.

Chancen für eine individuelle Weiterentwicklung bestehen aber nicht nur für die geistig behinderten Menschen, sondern auch für ihre Eltern und Geschwister. Vor allem ergeben sich für ihre Mütter neue Lebensperspektiven, indem sie, psychisch und physisch entlastet, nun eigenen Interessen und Wünschen eines selbstbestimmten (auch beruflichen) Lebens nachgehen und zu sich selber finden können. Überdies können Bekanntschaften reaktiviert und neue Freundschaften geknüpft sowie die ehelichen Beziehungen „erneuert" oder intensiviert werden. Das Spektrum der Freizeitgestaltung erweitert sich, und – was nicht unerheblich ist – die Beziehung zu ihrem heranwachsenden bzw. erwachsenen Kind mit geistiger Behinderung kann sich „normalisieren", d. h. eine neue Qualität annehmen, die mit einer Infantilisierung nichts mehr zu tun hat. Dabei sollte folgendes klar sein: „Auch für geistig Behinderte sollte die Loslösung zu etwas Normalem werden. (...) Auch wenn sich Eltern (und Behinderte) zu einer Loslösung in Form einer Heimunterbringung entscheiden, sollten beide wissen, daß Eltern Eltern bleiben und der Behinderte ihre Zuneigung nicht verliert. Es gilt allerdings das Verhältnis Behinderter – Eltern neu zu definieren" (Klauß 1988, 118). Nur dadurch werden letztlich die „permanente Elternschaft" als überdimensioniertes Machtinstrument sowie vielschichtige Blockierungen des Familienlebens überwunden. Freilich sind diese Chancen auch an andere Voraussetzungen geknüpft, z. B. setzen sie die Akzeptanz der Pubertätsentwicklung und des Erwachsenwerdens geistig behinderter Menschen sowie ihre Bejahung und Annahme als erwachsene Persönlichkeiten voraus. Außerdem ist ein gewisses Maß an sozialer und emotionaler Stabilität (vor allem auch Selbstvertrauen) erforderlich, so daß nach einer Loslösung kein „psychisches Vakuum" oder „Loch" entsteht und die Chancen eigener Lebensentfaltung genutzt werden können. Eine Ablösung darf nicht etwa eine neue psychische Krise auslösen, neue Schuldgefühle oder unbewältigte Ängste befördern. Neue Probleme entstehen insbesondere dann, wenn Eltern sich nach einer Loslösung auf die professionelle assistierende Bezugswelt nicht verlassen können. Denn all das, was wir in bezug auf den Pubertäts- und Ablösungsprozeß als pathologisches Erziehungsverhalten ausgewiesen haben, z. B. die Formen einer überfürsorglichen, autonomiehemmenden, kontrollierenden, reglementierenden, überfordernden, unterfordernden, inkonsequenten, infantilisierenden oder auch gewaltträchtigen Pädagogik, kann nicht nur im Elternhaus, sondern auch in Wohneinrichtungen den Lebensalltag geistig behinderter Menschen bestimmen und ihre Identität beschädigen. Aus diesem Grunde sollte auf jeden Fall der Wunsch einiger Eltern, die Erziehung und/oder eine längere familiale Begleitung ihres geistig behinderten Angehörigen als Chance für ein sinnerfülltes Leben zu begreifen und leben zu können, ernst genommen und gewürdigt werden. Immer wieder äußern Eltern auch positive Aspekte der Betreuung ihres behinderten Kindes, die sich zum Beispiel auf die eigene Einstellung zum Leben, auf Beziehungen zum Mitmenschen oder auf eine größere Sensibilität für Belange von Randgruppen beziehen (vgl. auch Brändle 1989, 198). Ohne dies vertiefen zu wollen, sei gesagt, daß bei Annahme der Behinderung, bei Weltoffenheit der Eltern, bei Akzeptanz, Ermöglichung und Sicherung der Autonomieansprüche des geistig behinderten Menschen ein längerer Verbleib im Elternhaus nicht grundsätzlich verurteilt werden sollte. Dennoch sollte man bedenken, daß zum Beispiel ein plötzliches Ereignis (Tod, schwere Erkrankung eines Elternteils, Notsituation), welches einen sofortigen Wohnwechsel notwendig macht, auch im Falle einer autonomiefördernden Betreuung zu einer schweren psychischen Krise führen kann. Bei einer rechtzeitigen Ablösung im jüngeren Erwachsenenalter (vgl. Thesing 1990, 60) sind derartige Konflikte seltener zu erwarten. Der Zeitpunkt der Ablösung kann also nicht absolut festgelegt werden, sollte sich aber an den Bedürfnissen des behinderten Menschen und in Anlehnung an „normale Lebensstandards" orientieren.

4.3.4.2. Familienarbeit

Eine Antwort auf die zahlreichen mit der Pubertät und Ablösung einhergehenden Probleme ist die Familienarbeit. Hierbei unterscheiden wir drei Formen:

Erstens braucht es familienentlastende Dienste, die vor Ort in den Familien arbeiten und in erster Linie eine Entlastung pflegender Angehöriger (Mütter), eine Aufrechterhaltung ihrer Pflege- oder Betreuungsbereitschaft, eine Unterstützung der Selbständigkeit und des Selbsthilfepotentials der behinderten Menschen wie aber auch eine Vermeidung von stationärer Unterbringung intendieren.

Zweitens sind psychosoziale Hilfen zur Krisenbewältigung und pädagogisch-psychologische Beratungsangebote in bezug auf die Pubertäts- und Ablösungsthematik geboten. Beratungsstellen oder vergleichbare Anlaufstellen (pädagogisch-therapeutische Praxen) für geistig behinderte Menschen, Eltern, Angehörige und Betreuer (vgl.

Lingg/Theunissen 1993, 110; Theunissen 1993 e) wie auch Bildungsstätten, die Elternseminare organisieren, kommen hierfür in Betracht. Ziel der Beratung (i. S. v. Konsultation) sollte es sein, Eltern darin zu stärken, zu ihren Gefühlen zu stehen, Vertrauen in ihre Fähigkeiten und Selbstbestimmung zu entwickeln, den Pubertätsprozeß anzunehmen, sich die Loslösung zugestehen zu können und dem Erwachsenwerden ihres geistig behinderten Kindes partnerschaftlich zu begegnen. Beratung ist immer dann angezeigt, wenn schwierige Entscheidungen anstehen und Handlungsunsicherheit besteht, wenn Ratlosigkeit, Desorientierung oder Überforderung in Erziehungsfragen herrschen. Sie hat über berufliche Möglichkeiten und zukünftige Versorgungssysteme zu informieren und dabei zu helfen, die „krankmachenden" und die entwicklungsfördernden Interaktionsmuster zu erkennen. Sie hat die Eltern dabei zu unterstützen, besser auf schwierige Verhaltensweisen zu reagieren und psychische Krisen durchzustehen. Wichtig ist es, daß Eltern auch lernen, sich auf die Zeit nach der Ablösung einzustellen. Insofern muß es auch ein Aspekt von Beratung sein, „den zurückbleibenden Familienangehörigen bei der Neuorientierung zu helfen. (...) Einzelgespräche mit Eltern über Zukunftsängste, neue Aufgaben und Lebensinhalte, Unterstützung gemeinsamer Überlegungen und Aktivitäten der Ehepartner, Elterngesprächskreise, in denen gleichbetroffene Eltern gemeinsam Lösungswege für ihre neue Lebenssituation finden können, Einbeziehung der vom Wechsel ebenso betroffenen Geschwister des behinderten Menschen sind notwendige Bestandteile einer ganzheitlich orientierten Familienarbeit. Schwerpunkt einer im Kontext der Ablösungsproblematik anstehenden Familienarbeit sollte es sein, Familien darin zu unterstützen, die Chance dieser Lebenskrise zu nutzen und neue Perspektiven im Rahmen ihrer Lebensumstände und unter Berücksichtigung der Alterungsprozesse zu entwickeln. Nur so kann auch der behinderte Mensch seine Chance zur Weiterentwicklung nutzen" (Guski/Langlotz-Brunner 1991, 42). Alles in allem muß Beratung darauf achten, daß Eltern selbst die Entscheidungen treffen. Dabei hat der Berater eine „assistierende" Rolle einzunehmen und darf nicht in den Fehler verfallen, Eltern „fertige" Lösungen zu liefern. Zum besseren Verständnis der elterlichen Situation und auch der Lage der geistig behinderten Menschen sollte er sich unbedingt „die Mühe machen, die Geschichte des betroffenen behinderten Menschen und seiner Familie zu verstehen. Das macht bescheidener, geduldiger und gerechter und bietet Ansatzpunkte, mit den Betroffenen gemeinsam (und nicht etwa gegen Vater, Mutter, Großeltern etc.) etwas zu erreichen. Familien sind wie Mobiles. Unterstützt man in diesem schwebenden

Gleichgewicht ein Teil, so kommt das Ganze in Bewegung" (Klauß 1988, 115). Natürlich schließt die Konsultation der Eltern eine Individualberatung der geistig behinderten Menschen nicht aus. „Gespräche mit dem Behinderten, wie er sich seine Zukunft vorstellt, und wie sich sein Verhältnis zu den Eltern in Zukunft gestaltet" (ebd., 118) sind im Sinne von Empowerment von zentraler Bedeutung, um seine Bedürfnislage und Interessen nicht zu verfehlen. Bei behinderten Menschen, die sich nicht sprachlich äußern können, sind alternative Formen einer pädagogischen Assistenz zu nutzen (durch gemeinsames Tun und Erleben; Einsatz bildnerischer Mittel). Spezielle pädagogisch-therapeutische Hilfen zur Um- oder Neuorientierung können dann angesagt sein, wenn es um die Bewältigung von Ängsten geht, z. B. um Angst vor neuen Situationen oder um das Gefühl, vom Elternhaus abgeschoben zu werden.

Drittens schlagen wir eine sog. heilpädagogische Familienhilfe vor (in Deutschland: nach BSHG § 39 f.; oder in bezug auf KJHG § 31). Heil- oder rehabilitationspädagogische Fachkräfte sollen Familien mit einem geistig behinderten Angehörigen bei der Bewältigung von Pubertäts- und Ablösungsproblemen, bei Erziehungsschwierigkeiten, bei der Lösung von Konflikten, Alltagsproblemen oder Krisen sowie bei der Bewältigung von lebenspraktischen Anforderungen assistierend unterstützen und damit Anregungen zur Selbsthilfe geben. Programm der heilpädagogischen Familienhilfe ist die Kooperation mit Eltern, dem behinderten Menschen und anderen Angehörigen. Ähnlich wie die sozialpädagogische Familienhilfe stellt sie allerdings einen professionellen Eingriff in die Privatsphäre einer Familie dar. Es besteht damit zweifelsohne die Gefahr der Kolonisierung der Lebenswelt (vgl. Herriger 1980). Deswegen muß ein solches Angebot den Schutz der Familie gegenüber Dritten (z. B. Behörden oder Institutionen) garantieren können. Außerdem kann sie nur in einer Atmosphäre des gegenseitigen Vertrauens kooperativ realisiert werden. Wohlwissend, daß es in Zeiten wirtschaftlicher Rezession unpopulär ist, neue oder spezielle Sozialhilfe-Projekte vorzuschlagen, halten wir es trotzdem angesichts der aufgezeigten Probleme für dringend erforderlich, über Möglichkeiten des hier anskizzierten Weges nachzudenken und ggf. entsprechende Konzepte modellhaft zu erproben. Denn mit jedem Zuwachs an Selbständigkeit kann sich ein geistig behinderter Mensch aus dem „totalen Angewiesensein auf seine Angehörigen" (Wilken 1985, 42) ein Stück lösen; und dies sollte auch für Eltern „Anlaß zur Freude, zur Genugtuung und zu berechtigtem erzieherischen Stolz sein" (ebd., 43).

4.3.4.3. Außerfamiliale Behindertenarbeit

Um ein Scheitern der Ablösung zu verhindern, bedarf es neben der Familienarbeit auch der außerfamilialen assistierenden Hilfe und Angebote. Einige Bausteine dazu (Erwachsenenbildung, integrative Freizeitmaßnahmen) wurden bereits oben angesprochen (vgl. ausführlich auch Kap. 4.4. und 4.6.). Allerdings sind sie für geistig behinderte Menschen, die zu Hause wohnen, häufig nur schwer erreichbar. Oftmals fehlt es an geeigneten Fahrdiensten (fehlende Finanzierung), so daß es letztlich von Eltern abhängt, ob sie sich als „Taxidienst" für die Teilnahme geistig behinderter Jugendlicher oder Erwachsener an gesellschaftlich-kulturellen Veranstaltungen, Bildungs- oder Freizeitangeboten engagieren und organisieren. Darüber hinaus halten wir eine curricular organisierte frühe Vorbereitung geistig behinderter Jugendlicher und junger Erwachsener auf das Leben in einer gemeindeintegrierten Wohngruppe für unabdingbar. Neben dem Wohntraining sollte auch die berufliche (Aus-)Bildung, vor allem die berufliche bzw. betriebliche Integration geistig behinderter Jugendlicher und Erwachsener in die reguläre Arbeitswelt stärker als bisher ins Auge gefaßt werden. Dieser Normalisierungsaspekt kann soziale Kontakte und Formen einer humanen Zusammenarbeit zwischen Behinderten und Nichtbehinderten befördern. Die berufliche oder betriebliche Integration sollte ebenso zum Auftrag der Schule (Geistigbehinderten-Schule oder integrative Berufsschule) zählen. Ferner ist neben der sorgfältigen Vorbereitung der betrieblichen Mitarbeiter auch eine soziale Nachbetreuung oder (zeitweilige) Arbeitsassistenz (job coach) konzeptionell mitzudenken (vgl. auch Behneke u. a. 1993; Schön 1993; Jacobs 1992; 1993 a; b). Unter diesen Bedingungen wird die betriebliche und soziale Integration den Ablösungsprozeß und eine soziale Anerkennung geistig behinderter Menschen als erwachsene Persönlichkeiten begünstigen. Freilich darf keine Vereinzelung (neue Isolation durch lediglich physische statt sozialer Integration) entstehen, weswegen die Einbettung der betrieblichen Integration in ein Gesamtkonzept einer regionalen Behindertenhilfe (z. B. über betreutes Wohnen und Begleitdienste) sichergestellt sein muß.

Weiterhin sollten in Schule und Erwachsenenbildung Lerninhalte und Angebote, die explizit die Pubertäts- und Ablösungsthematik aufgreifen, einen festen Platz erhalten. Ein Beispiel wäre die curriculare Aufbereitung der „geschlechtlichen Identität". Vor allem Arbeitsformen aus dem ästhetischen Bereich (bildnerisches Gestalten, Rollenspiele etc.) sind in ausgezeichneter Weise dazu geeignet, sog. Grundqualifikationen sozialen Rollenhandelns (i. S. v. Coping-Fähigkeiten) aufzugreifen, anzubahnen, zu festigen oder zu differenzieren (vgl. Konrath 1977; Theunissen 1987; 1994 b; d). Wichtige pädagogisch anzu-strebende Qualifikationen und Bewältigungs- oder Problemlösungs-strategien wären zum Beispiel:

Fähigkeiten, sich selbst wahrzunehmen, sich als Person (Frau/Mann) zu reflektieren und realistisch einzuschätzen;

Fähigkeiten, den eigenen Körper zu erfahren, zum eigenen Körper-schema und zur eigenen Behinderung zu stehen;

Fähigkeiten, eigene (Lern-)Bedürfnisse zu erkennen und zu äußern;

Fähigkeiten, Handlungen eigenständig und kooperativ durchzuführen;

Fähigkeiten, sich selbst (in unbekannten Situationen) helfen zu können;

Fähigkeiten, ambivalente Gefühle auszuhalten;

Fähigkeiten, sich mit divergierenden Rollenerwartungen auseinander-zusetzen, sie zu tolerieren und Konflikte durchzustehen, ohne dabei die eigene Identität zu gefährden;

Fähigkeiten, sich in die Rolle eines Anderen hineinzuversetzen und einzufühlen, eine Situation aus der Sicht des Anderen wahrzunehmen und einzuschätzen;

Fähigkeiten, sich gegenüber Rollen und Normen reflektierend und distanzierend zu verhalten.

Ein derart identitätsstiftendes Konzept stützt das Selbstbewußtsein, es dient der Bewußtmachung der Geschlechts- und Rollenunterschie-de sowie des Fremd- und Selbstbildes, der Förderung der Kommuni-kationsfähigkeit und der sozialen Kompetenz, der Auseinanderset-zung mit Erwartungen der Umwelt und deren Bewältigung. Vor allem hat es auch für weitere zentrale Themen, z. B. für den Umgang mit der eigenen Behinderung und für den Bereich der Sexualität und Partner-schaft, eine konstitutive Bedeutung. Dies zeigt zum Beispiel das Pro-jekt „Körper und Sexualität" von Schünemann/Müller (1993), denen es gelungen ist, beide Momente miteinander zu verschränken. Wert-volle curriculare Anregungen für die Thematisierung von Behinde-rung finden wir bei Schumacher (1982), der in Anlehnung an die Emp-fehlungen der Kultusministerkonferenz (KMK 1980) einen entspre-chenden Entwurf für Unterrichtsprojekte skizziert hat. In bezug auf die Pubertätszeit und Ablösungsphase sind solche Lernziele und -inhalte, die eine erfolgreiche Verarbeitung der eigenen Behinderung ermöglichen, unbedingt auch innerhalb der außerschulischen Behin-dertenarbeit zu berücksichtigen. Sie führen letztlich zu mehr Auto-nomie im Erwachsenenalter und befördern das inzwischen vielbe-schworene Ideal der Selbstbestimmung von Erwachsenen mit geisti-ger Behinderung.

4.4. Empowerment und Wohnen

Sehr eng verbunden mit dem Problem der Ablösung ist die Frage des Wohnens. Nur wenn diese geklärt ist, wird es für Eltern möglich, ihre Tochter oder ihren Sohn aus dem elterlichen Wohnbereich ausziehen und in eine eigene Wohnung übersiedeln zu lassen. Gerade im Wohnbereich scheint eine zukunftsträchtige Chance zu liegen, die für die gesamte Entwicklung der Geistigbehindertenpädagogik im Lichte des Empowerments richtungsweisend sein könnte.

Auf dem Gebiet des Wohnens hat sich ein deutlicher Wandel vollzogen. Nicht zuletzt die systemökologische Sichtweise (vgl. Speck 1988; Theunissen 1992) hat dazu geführt, die gesellschaftliche Integration geistig behinderter Menschen stärker in den Mittelpunkt pädagogischen Handelns zu rücken. Jeder geistig behinderte Mensch ist gleichermaßen wie jeder Nichtbehinderte Mitglied der Gesellschaft. Deshalb dürfen ihm die geltenden Menschenrechte nicht vorenthalten werden. Jeder geistig behinderte Mensch hat somit ein Recht auf Anerkennung als „vollwertige" Person, auf Schulbildung, auf Arbeit, auf Benutzung öffentlicher Verkehrsmittel, auf freie Wahl des Wohnortes und damit auf ein gesellschaftlich integriertes Leben. Auf dem Hintergrund dieser Argumentation sind in den letzten Jahren zahlreiche Reformen oder Initiativen zu verzeichnen, die eine „Normalisierung" der Lebens- und Wohnbedingungen zum Ziel haben.

Ein Lebensbereich, der als „normal" erachtet wird und für uns „Nichtbehinderte" so selbstverständlich erscheint, daß er kaum reflektiert wird, ist das Wohnen, das „Zuhause" als persönlicher Verwirklichungsbereich des Individuums. Seine jeweiligen Bedürfnisse und Ansprüche an die Lebensqualität definiert jeder Einzelne individuell für sich. Es lassen sich auch einige universale Wohnbedürfnisse nennen, so zum Beispiel der Wunsch nach Sicherheit, Wärme, Schutz oder Geborgenheit, das Bedürfnis nach Beständigkeit und Vertrautheit, die Sehnsucht nach Raum für Selbstverwirklichung, der Wunsch nach einem Ort der Intimität sowie das Bedürfnis nach Kommunikation, Zuwendung, Wertschätzung und Anerkennung (vgl. Andritzky/ Selle 1987, 106). Diese Momente sind für ein menschenwürdiges Wohnen unabdingbar. Lebensqualität fußt auf der Möglichkeit zur individuellen Lebensgestaltung, auf den Möglichkeiten einer aktiven Teilnahme am gesellschaftlichen Leben und auf einer eigenständlich-verantwortlichen Bewältigung des Alltagslebens. Für viele Menschen mit geistiger Behinderung scheinen solche Wohn- und Lebensmöglichkeiten als anzustrebendes und zugleich konstituierendes Moment von Empowerment bis heute kaum gesichert und „normal" zu sein. Hier gilt Wohnen als „Ort zu leben" noch nicht als selbstverständlich, erst ansatzweise wird in Betracht gezogen, daß Erwachsene mit geistiger Behinderung die gleichen Wohnbedürfnisse wie andere Mitbürger haben können (vgl. Speck 1982 c; 1986). Vielmehr werden nach wie vor sehr viele Menschen mit geistiger Behinderung – häufig gegen ihren Willen – in großen Anstalten, psychiatrischen Einrichtungen oder Pflegeheimen untergebracht und zentral versorgt. Diese Praxis jedoch gerät zunehmend unter heftige Kritik – gilt sie doch als Anachronismus, der der „Normalisierung" deutlich widerspricht (vgl. Theunissen 1993 d).

Dem Wohnen in stationären Einrichtungen werden heute Konzepte gegenübergestellt, die ein gemeindenahes und -integriertes Wohnen aller geistig behinderten Menschen vorsehen. Hierbei geht es insbesondere um die Entwicklung sog. Wohnverbundsysteme, denen gute Chancen eingeräumt werden, die traditionellen Großeinrichtungen abzulösen.

Die folgenden Forderungen, die in leicht modifizierter Weise bei einer internationalen Arbeitstagung zur Wohnsituation geistig behinderter Menschen erarbeitet wurden, stellen wichtige Grundlagen für Wohneinrichtungen dar (vgl. Lebenshilfe Salzburg, 1993 a).

1. Die Lebensgestaltung in den verschiedenen Wohneinrichtungen orientiert sich am Normalisierungsprinzip.

2. Jedem Bewohner muß ein eigenes Wohn-Schlafzimmer zur Verfügung stehen. Nur auf eigenes Verlangen kann ein Doppelzimmer eingerichtet werden (z. B. für Paare).

3. Einrichtungen wie gemeinsame Toiletten, Badezimmer usw. müssen auf ein Minimum beschränkt werden (max. für 2–3 Personen).

4. Die Wohnbereiche müssen in einer Wohngemeinde liegen.

5. Wohneinrichtungen dürfen nur so groß sein, daß ihre Bewohner in dieser größeren Gemeinschaft aufgehen können. Schließlich bedeutet Normalisierung auch, daß geistig behinderte Menschen, die nicht länger bei ihrer Familie oder in ihrem eigenen Zuhause wohnen können (oder wollen), eine Wohnstätte von normaler Größe und in normaler Wohnlage finden, die weder isoliert noch größer ist, als sich das mit zwischenmenschlichen nachbarlichen Beziehungen in gegenseitiger Achtung vereinbaren läßt.

6. Die gesellschaftlichen Kontakte zwischen den Wohnbereichen müssen sich in beiden Richtungen frei entfalten können.

7. Während der Ferien sollten nach individuellen Wünschen andere Wohnorte möglich sein.

8. Wohnen und Arbeiten sollten nach Möglichkeit voneinander getrennt sein.

9. Der Behinderte bestimmt seine Freizeitbeschäftigung nach Ort, Jahreszeit und Geselligkeitsbedürfnis aktiv mit.

10. Der Behinderte kann, wenn er möchte, Freunde oder Bekannte bei sich oder anderweitig treffen.

11. Dem heranwachsenden Menschen muß erlaubt sein, sich in den Betätigungen und unter den Lebensbedingungen der Erwachsenen zu erproben, soweit er dazu in der Lage ist.

12. Berücksichtigung der zweigeschlechtlichen Welt, in der wir leben. Sowohl die Auswahl des Personals als auch die Wohnformen sollen darauf Bedacht nehmen.

In den Ergänzungskonzepten „Betreutes Wohnen" (Lebenshilfe Salzburg, 1993 b) und „Wohnverbund" (Plaute 1994) wird die Realisierung in Form des Wohnverbundes genauer beschrieben:

„1) Definition des ‚Betreuten Wohnens':

Unter ‚Betreutem Wohnen' wird eine Wohnform verstanden, in der behinderte Menschen im Sinne des Normalisierungsprinzips weitgehend selbstbestimmt und unter möglichst geringer Kontrolle leben können. Unter Selbstbestimmung verstehen wir die höchstmögliche persönliche Freiheit zu bestimmen, wie die einzelnen Teile des täglichen Lebens gestaltet werden sollen. Das Ausmaß der Hilfe und Kontrolle hängt dabei von zwei Faktoren ab: 1) der Selbständigkeit des betreffenden Menschen und 2) dem eigenen Wunsch. In Zusammenarbeit mit den behinderten Menschen ist daher festzulegen, welche Hilfe und Kontrolle von Mitarbeitern der Lebenshilfe übernommen werden soll. Die Form des ‚Betreuten Wohnens' soll nach dem Modell des Wohnverbundes realisiert werden."

„2) Pädagogische Implikationen eines ‚Wohnverbundes':

Kleinere dezentrale Wohneinheiten bringen ein verändertes Freizeitverhalten der Bewohner mit sich. Die Funktion des Betreuers orientiert sich stärker an der Rolle des Assistenten und löst sich von der Vorstellung des Helfers. Somit haben viele traditionelle Funktionen des Erziehers nur mehr empfehlenden oder anregenden Charakter. Geht man von neuen Modellen aus (vgl. Autonomie-Konzept, Empowerment), so soll die individuelle und möglichst selbständige Gestaltung des eigenen Lebensbereiches so weit als möglich den Bewohnern überlassen werden. Dies bedeutet, daß die Bewohner aus einer anregenden und empfehlenden Auswahl von Angeboten diejenigen wählen können, die den eigenen Neigungen und Vorlieben entsprechen. Dieses Konzept erstreckt sich über alle Bereiche des täglichen Lebens. Die Funktion des Pädagogen ist somit keine vorgesetzte und hierarchisch höherrangige, sondern eine auf das Wohl des Bewohners gerichtete, gleichberechtigte Funktion des Assistierens und Begleitens.

Das Prinzip, das für die Orientierung des Pädagogen an erster Stelle stehen muß, heißt: Individualisierung. Beratung und Assistenz haben sich nach den individuellen Bedürfnissen jedes einzelnen Bewohners zu richten. Allgemeingültige Richtlinien und Formulierungen (z. B. Vollversorgung oder das Prinzip der Familiennähe) müssen somit als verkürzt zurückgewiesen werden.

In diesem Konzept kommt somit der beratenden Funktion ein hoher Stellenwert zu. Diese Beratungsfunktion ist aus zweifacher Hinsicht von Bedeutung: die Schutzfunktion für den Bewohner und die Ermächtigung des Bewohners zu selbständigerem Handeln.

Da ein Konzept der Autonomie nicht daran vorbeigehen darf, daß es sich bei den Bewohnern in der Regel um Menschen handelt, die zumindest in Teilbereichen auf fremde Hilfe angewiesen sind und ihr Leben daher nicht in völliger Selbständigkeit bewältigen können, muß klar sein, daß in der Begleitung der Bewohner auch ein (individuelles) Maß an Schutzbedürftigkeit Berücksichtigung finden muß. Um dieses Maß an Schutzbedürftigkeit möglichst klein zu halten bzw. zu verringern, ist es notwendig, daß der Bewohner unter Beratung und Hilfestellung des Pädagogen mit allen Dingen des täglichen Lebens konfrontiert wird. Nur in der Konfrontation ist eine Erhöhung der individuellen Fertigkeiten zu erreichen, die wiederum in einem direkten Zusammenhang mit der Unabhängigkeit von externer Hilfe zu sehen sind."

Ein solches Verbundsystem weist gegenüber dem traditionellen Wohnkonzept zahlreiche Vorteile auf. Zum Beispiel kann durch die Betreuung geistig behinderter Menschen in kleinen, gemeindeintegrierten Wohngruppen dem Prinzip der Normalisierung weitgehend entsprochen werden. Durch die überschaubare Anzahl der Bewohner können Formen personaler Kommunikation, beispielsweise Beziehungen zwischen den Bewohnern untereinander, zwischen den behinderten Menschen und ihren MitarbeiterInnen sowie kommunikative Verbindung zwischen Bewohnern und nichtbehinderten Mitbürgern besser hergestellt werden. Erfahrungen zeigen auch, daß die Bereitschaft der Bevölkerung, mit behinderten Menschen in Kontakt zu treten, bei einer kleinen, überschaubaren Wohngruppe größer ist als bei einer Anstalt. Der Studie von Windisch u. a. (1991) ist zu entnehmen, daß kleine, normalisierte Wohnformen eher einen fördernden Einfluß auf die Bildung sozialer Netzwerke haben und somit die gesellschaftliche Integration fördern und ermöglichen.

Da die Wohngruppe möglichst in bzw. nahe der Heimatgemeinde des Behinderten sein soll, wird es nicht zu einem tiefen Bruch des behinderten Menschen mit seinem vertrauten lebensweltlichen System kommen. Er kann in „seiner" Stadt wohnen und leben, ausgehen, einkaufen, an kulturellen Veranstaltungen teilnehmen, Besuche abstatten wie auch selbst häufiger besucht werden. Durch die örtliche Nähe seiner Wohngruppe lassen sich wichtige Bindungen zu Angehörigen, Eltern, Geschwistern oder auch zu Bekannten aufrechterhalten. Damit kann im Rahmen eines Wohnverbundsystems eine gemeindenahe Angehörigenarbeit verwirklicht werden, so daß „ökologische Übergänge" (Bronfenbrenner), z. B. der Wechsel von Familie in Wohngruppe, günstig verlaufen können. Differenzierte, kleine, überschaubare Wohnformen geben durch ihre häusliche Struktur und wohnliche Atmosphäre den behinderten Menschen ein wichtiges Stück Sicherheit, Geborgenheit und Orientierung – also ein Zuhause – und können so auch zusätzliche Schädigungen (Hospitalisierungssymptome) durch Anstaltsmilieu und Anstaltsroutine verhindern.

Gleichwohl gibt es im Zuge der gesellschaftlichen Integration geistig behinderter Menschen auch erhebliche Risiken und Gefahren, die bei der Planung und beim Aufbau gemeindenaher, differenzierter Wohnformen mitbedacht werden müssen und nicht ideologisch verschleiert werden sollten. Zum Beispiel kann die Integration ins „normale" Leben zur Folge haben, daß die behinderten Menschen zwar räumlich integriert leben (im Sinne der „physischen Integration"), aber dennoch keinen Kontakt zur Außenwelt haben (keine „funktionale" und „soziale Integration"). Folglich ist beim Aufbau gemeindenaher Wohnformen darauf zu achten, daß die Frage nach der Sicherheit des Lebensraumes, in welchem sich geistig behinderte Menschen wohlfühlen, entwickeln und sozial entfalten können, nicht zu kurz kommt. In diesem Zusammenhang gilt zu bedenken, daß die Bereitschaft der nichtbehinderten Bevölkerung durch ehrenamtliche Tätigkeit zusätzliche „Belastungen" auf sich zu nehmen, heute nicht (mehr) allzu groß ist und eher abzunehmen scheint. Ferner ist die Gefahr gegeben, daß Mitarbeiter in einer gemeindeintegrierten Wohngruppe gegenüber ihren Bewohnern weniger tolerant sind, da sie sich stärker unter sozialem und öffentlichem Druck erleben. „Die angestrebte Erweiterung der Möglichkeiten der Behinderten, sich selbständig, als Subjekt, zu erleben, verkehrt sich dadurch leicht ins Gegenteil. Der Behinderte aber muß sich solange als andersartig und unzureichend empfinden, solange er den Druck von Pädagogik und Therapie auf sich gerichtet fühlt" (Gaedt 1982, 18 f., vgl. auch 1981).

Der Aufbau gemeindeintegrierter Wohnformen ist ein wichtiges, wegweisendes, aber auch schwieriges Anliegen, das sehr viel Sensibilität für die Bedürftigkeit der behinderten Menschen als auch eine „Vorarbeit" mit Eltern, Nachbarn und anderen Mitbürgern verlangt, um die

Bereitschaft, geistig behinderten Menschen ein Wohnen „so normal wie möglich" zuzugestehen, zu erhöhen.

4.4.1. Zur Arbeit mit Eltern und Familien

In den alten Ländern der BRD leben zur Zeit noch rund 60 % aller Erwachsenen mit geistiger Behinderung in ihren Herkunftsfamilien. Allein deswegen sollte die Arbeit mit Eltern und Familien (Geschwistern) breiten Raum einnehmen. Angesichts der in Kapitel 3.2. beschriebenen familiären Hemmnisse für die Selbstbestimmung des behinderten Menschen scheint es auf den ersten Blick naheliegend zu sein, Eltern oder Angehörige von einer „alternativen" Autonomiepädagogik zu überzeugen. Der „Aufklärung" durch fachliche Beratung käme in einem derartigen Konzept eine Schlüsselfunktion zu. Doch eine solche Art von Beratung ist eine Einbahnstraße. Es verleitet Fachleute dazu, als „Besserwisser" oder „Verkünder der Wahrheit" aufzutreten, Eltern zu belehren oder gar zu „entmündigen", vermittelt den Eltern das Gefühl, minderwertig oder inkompetent zu sein. Dies alles läuft dem Ziel der Selbstbestimmung zuwider, behindert die notwendige Auseinandersetzung mit der Autonomiethematik und den spezifischen Schwierigkeiten in der Arbeit mit geistig behinderten Menschen sowie ein gemeinsames Suchen nach Lösungen und Perspektiven zukünftiger Assistenz (vgl. Kap. 4.3.4.2.). Vielmehr sollte – wie schon oben erwähnt – die Eltern- oder Familienarbeit auf Konsultation (gemeinsames Beraten), Kooperation und – ebenso wie die Arbeit mit den behinderten Menschen – auf Empowerment angelegt sein. Sie sollte die Betroffenenperspektive aufgreifen, Eltern als Experten in eigener Sache respektieren und ernst nehmen sowie das Vertrauen in die eigenen Ressourcen und die elterliche Handlungskompetenz stärken.

Besonders wichtig ist im Zusammenhang mit Ablösung und Wohnen die einfühlsame Beschäftigung mit den jeweiligen Zukunftsperspektiven aller Familienmitglieder. Jeder hat seine eigenen legitimen Vorstellungen von seinem weiteren Leben, die herausgearbeitet und als eine Grundlage für eine Zukunftsplanung herangezogen werden müssen. Dies stellt ein besonders schwieriges Unterfangen dar, wie sich in einer Untersuchung der Lebenshilfe Salzburg (Plaute 1992 b) gezeigt hat. „Selbst auf die Frage, ob an eine Wohnunterbringung in der Zukunft gedacht wird, können 50 Eltern nicht mit ‚Ja' oder ‚Nein' antworten. … Erschreckend ist aber die Ausbeute an Antworten bei der Frage nach einem Zeitpunkt für eine Wohnunterbringung ihres Kindes. In 140 Fragebögen (von 158, die Autoren) werden keine konkreten Angaben in Jahren gemacht und immerhin in 123 Fragebögen werden keine inhaltlichen Gründe für eine derartige Wohnunterbringung formuliert. 35 Eltern geben an, daß sie eine Wohnunterbringung wünschen, wenn sie einmal nicht mehr in der Lage sind, ihre Kinder selber zu betreuen (z. B. durch Krankheit oder Tod)" (Plaute 1992 b, 43). Wenn keine Vorstellungen existieren oder diese zumindest nicht offengelegt und diskutiert werden, können keine konkreten Schritte zur Realisierung von Rahmenbedingungen vorgenommen werden, die zur Einlösung der Normalisierung und Rechte-Perspektive für geistig behinderte Menschen notwendig sind. Ebenso ist es wenig hilfreich, das Recht auf Ablösung zu postulieren, ohne aber geeignete Wohnformen (flächendeckend) vorweisen zu können. Deshalb liegt ein zentraler Arbeitsbereich der Fachleute darin, gemeinsam mit Angehörigen und geistig behinderten Menschen individuelle Zukunftsplanungen zu erarbeiten und deren Realisierung zu betreiben.

Das Beispiel der Lebenshilfe Salzburg zeigt, wie solch eine gemeinsame Arbeit mit Eltern und Angehörigen aussehen kann: Zur Klärung der teilweise unklaren Situation im Bereich „Wohnen" wurde in Zusammenarbeit von Fachleuten, Eltern und geistig behinderten Bewohnern in der Lebenshilfe Salzburg ein sogenannter „Wohnvertrag" konzipiert. In diesem Vertrag werden die wichtigsten Bereiche für das Wohnen behinderter Menschen innerhalb der Lebenshilfe dargelegt. Der Grundgedanke dieses Vertrages ist die Sicherstellung der Rechte geistig behinderter Menschen. Alle beteiligten Personen sind in diesem Vertrag integriert, es werden die jeweiligen Rechte und Pflichten formuliert, um dem Bewohner zu garantieren, daß seine Wohnumgebung auch dem entspricht, was er sich vorstellt. Bei der Erstellung dieses Vertrages durch eine Arbeitsgruppe der Lebenshilfe Salzburg waren alle beteiligten Personengruppen „Experten in eigener Sache" und konnten aus ihrer Sicht am Gelingen dieses Projektes mitwirken. Als Prämisse für die gesamte Arbeit war allerdings die Devise ausgegeben: „Es geht nicht um Fachleute oder Angehörige, sondern um die praktische Verwirklichung der Rechte geistig behinderter Menschen!" (vgl. Lebenshilfe Salzburg 1994).

4.4.2. Konsequenzen für Wohneinrichtungen und Mitarbeiter

Die Forderung nach einem selbstbestimmten Leben hat für den Bereich des institutionellen Wohnens erhebliche Konsequenzen. Im wesentlichen geht es hierbei um den Abbau autonomiehemmender Faktoren in Wohnungen und Wohnhäusern, so daß die Entscheidungs- und Handlungsräume der geistig behinderten Menschen erweitert werden. In Anlehnung an Speck (1985, 168) können folgende wichtige Aspekte genannt werden, die in der praktischen Umsetzung allen Bewohnern in Form eines „Wohnvertrages" zu garantieren sind (vgl. Lebenshilfe Salzburg 1994):

Recht auf Wahl des Wohnortes, der Wohnform (Einschränkungen müssen begründet sein; sie sollten zumindest eine Mitsprache des geistig behinderten Menschen zulassen; „Verlegungen" ohne Einverständnis der Betroffenen bzw. ihrer Vertreter sind unzulässig; Mitsprache bei der Auswahl der Zimmerkollegen);

gemeindeintegrierte kleine Wohnformen (möglichst im vertrauten Lebensraum unter Berücksichtigung individueller Bedürfnisse, z. B. große Nähe zu einem Grünbereich, einem Einkaufszentrum, einer Bushaltestelle, einem Altenclub);

kleine (häuslich strukturierte) Wohngruppen (je nach Bedarf mit festen Bezugspersonen);

Prinzip der „autonomen Wohngruppe" (z. B. Haushaltsführung mit eigenem Budget; autonome Regelung des Alltags; Verzicht auf zentrale Dienstleistungen);

Schaffung und Sicherung eines Intimbereichs (Bewahrung und Respektierung der Privatsphäre; Akzeptanz des Privatlebens; eigene Schrank- und Zimmerschlüssel; Anklopfen bei Betreten des Zimmers; Schutz vor Besichtigungen oder unangemeldetem Besuch);

Recht auf Einladung anderer Personen (auch anderen Geschlechts) und Besuch im eigenen Zimmer; Einschränkungen nur in begründeten und besprochenen Ausnahmefällen);

Sicherung des personenbezogenen Datenschutzes (z. B. bei der Dokumentation, Aktenführung);

Recht auf eine menschenwürdige Betreuung i. S. v. Assistenz (Achtung der personalen Integrität, Vermeidung erniedrigender Betreuungsformen, pflegerischer oder therapeutischer Hilfen; Rücksichtnahme auf individuelle Empfindlichkeiten; Verbot willkürlicher Zwangsmaßnahmen; kontrollierter Einsatz und scharfe Überwachung sog. Schutzmaßnahmen zur Sicherung der Gesundheit);

Recht auf eigene Meinungsäußerung (Beschwerden etc.);

Respektierung und Beachtung individueller und kollektiver Wünsche, Bedürfnisse oder Interessen;

Recht auf Information (z. B. Medienbenutzung nach eigener Wahl);

Recht auf individuelle Wohnraumgestaltung (keine Einheitsmöblierung; Respektieren individueller Wünsche und Bedürfnisse bei der Zimmerausstattung und -ausschmückung);

Recht auf Verwaltung und Ausgabe des eigenen Taschengeldes (Ausnahmen müssen begründet und abgesprochen sein).

Eine weitere wichtige Forderung ist die Verbesserung der Rechte des sog. (Heim-)Beirates. Bislang haben Beiräte nur ein Mitwirkungsrecht, was letztlich bedeutet, daß die Betroffenen stets auf den „guten Willen" der Einrichtungsbetreiber und -leiter angewiesen sind. Dabei stellt sich die Frage, inwieweit geistig behinderte Menschen von Hausleitern als Gesprächspartner (Experten in eigener Sache) ernst genommen werden, ob Kritik oder unangenehme Meinungen von vornherein abgetan oder angenommen werden, ob die behinderten Menschen ihre Vorschläge oder Ideen durchsetzen können. Deshalb müssen die bestehenden Abhängigkeiten zugunsten von mehr Demokratie abgebaut werden. Mit Glänzer (1994, 17) ist zu fordern, „daß aus den Mitwirkungsrechten Mitbestimmungsrechte werden müssen." Unstrittig ist für ihn die „Demokratiefähigkeit" geistig behinderter Menschen. Es sei deshalb inkonsequent, wenn Bedienstete zwar für das allgemeine Wahlrecht ausländischer MitbürgerInnen sowie für die Mitbestimmungsrechte der Ausländerbeiräte eintreten, sich aber nicht für die Ausweitung der demokratischen Rechte von Beiräten einsetzen würden. Freilich ist die Konstituierung von Beiräten in Wohnungen für geistig behinderte Menschen kein einfaches Unternehmen, immer wieder wird über Schwierigkeiten bei der Durchführung berichtet; doch andere Erfahrungen zeigen, daß mit Hilfe von sog. Vertrauensmitarbeitern demokratische Prozesse eingeleitet werden können (vgl. auch Jung 1994).

Die noch weit verbreitete Ignoranz gegenüber dem Selbstbestimmungs- und Mitbestimmungsrecht von Menschen mit geistiger Behinderung hat ihre Wurzeln in der theologisch und psychiatrisch präformierten konservierenden Heilpädagogik, die geistig behinderte Menschen vom Nicht-Können her definiert und ihnen wenig zutraut; sie ist aber zugleich auch Ausdruck spezifischer Ängste vor Omnipotenz-, Einfluß- und Kompetenzverlust. Bekanntlich sind viele Anstalten oder Heime für geistig Behinderte alles andere als demokratisch strukturiert. In der Regel dominiert eine hierarchisch-autoritäre Organisationsstruktur, die den Entscheidungs- und Handlungsraum für MitarbeiterInnen an der Basis erheblich einengt. Deswegen muß Empowerment auch ein Programm für Mitarbeiter sein. Denn der „selbst bestimmte" Mitarbeiter wäre der beste Agent für die Belange (Selbstbestimmung) geistig behinderter Bewohner. Solange den Mitarbeitern in ihrer Arbeit Selbstbestimmung und demokratische Mitwirkungsmöglichkeiten verwehrt bleiben, werden sie wohl kaum dazu bereit und fähig sein, demokratische Strukturen für geistig behinderte Menschen zuzulassen und aktiv zu leben. Autonome und in weiten Teilen selbstverwaltete Einheiten dagegen, in denen die Mitarbeiter unter fachlicher Hilfestellung (begleitende Konsultation) ihren beruflichen Alltag bewältigen können, wären die beste Grundlage für Wohn- und Lebensräume, in denen geistig behinderte Menschen unter professioneller Assistenz ihren Lebensalltag bewältigen können. Gerade an dieser Stelle tun sich sehr viele Einrichtungen schwer. Sie bevormunden und „entmündigen" ihre Mitarbeiter, zugleich aber postulieren sie Selbständigkeit als zentrales Erziehungsziel. Auch der Zusammenhang zwischen dem „burn-out"-Syndrom sowie der fehlenden Identifizierung der Mitarbeiter mit der Institution und einer hierarchisch-autoritären Einrichtungsstruktur mit verbürokratisiertem Eigenleben wird nicht gesehen oder verdrängt (vgl. Leifeld 1991, 110). Schibilsky (1991, 62 ff.) hat dies kürzlich unter der „Krise des Helfens" in diakonischen und caritativen Einrichtungen diskutiert. Er kommt, wie viele andere (z. B. auch Nell-Breuning, zit. in Leifeld) zu dem Ergebnis, daß sich Diakonie und Caritas nicht mit Herrschaft vertrügen, weswegen mehr Demokratie, Mitbestimmung und „Gemeinschaft von unten" gewagt und realisiert werden sollten. „Behinderte, ihre Mitarbeiterschaft und Angehörige müssen sich auf die Solidarität von Kirche und Diakonie und Caritas verlassen können... Ich warne deshalb vor einer scheinchristlichen Ethik, die Menschen mit geistiger und körperlicher Behinderung zu Objekten diakonischer Tätigkeit degradiert... Helfen ist objektiv anspruchsvoller geworden. Hilfe darf den anderen nicht entmündigen oder überwältigen, sondern den Weg zu seinen eigenen Möglichkeiten erschließen... Die Einrichtungen der Diakonie und Caritas müssen Ort der Menschenfreundlichkeit Gottes sein – nicht nur für die Patienten, sondern auch für die Mitarbeiterschaft" (ebd., 76 f.).

Keine Reform kann besser sein als die Reformer selbst. Aus dem Plädoyer für mehr Autonomie folgt nicht zwangsläufig eine autonomiefördernde Praxis. So kommt es letztlich auf die Leiter und die Bediensteten an, die bereit sein müssen, die Forderung nach Selbstbestimmung zu akzeptieren und mehr Demokratie zu wagen.

4.5. EMPOWERMENT UND ARBEIT

4.5.1. Arbeitsmodelle

Grundsätzlich muß zu diesem Lebensbereich für Menschen mit geistiger Behinderung festgehalten werden, daß dieser wesentlich schwerer zu gestalten ist als z. B. der Bereich des Wohnens. Da die Wirtschaft den Zwängen der Konkurrenz unterliegt, Leistung und Produktivität und nicht eine humane Lebensgestaltung die Maxime der Arbeitswelt darstellen, werden geistig behinderte Menschen immer Schwierigkeiten haben, hier Fuß zu fassen. Konnten wir z. B. für den Bereich des Wohnens klare Forderungen, orientiert an den Bedürfnissen des behinderten Menschen, stellen, so zwingt uns die besondere Situation in den Wirtschaftsbetrieben dazu, differenziertere, komplementäre Arbeitsmodelle anzuerkennen, die einer Normalisierung, Integration und Gleichberechtigung zumindest teilweise widersprechen. Im folgenden werden jene Modelle vorgestellt, die dem Empowerment-Konzept am nächsten kommen.

In der Konzeption der österreichischen „Tagesheimstätten", der es insbesondere um schwer geistig behinderte Menschen zu tun ist, spielt die Produktivität im klassischen Sinne eine untergeordnete, die individuelle Förderung die zentrale Rolle. Jede kreative Lebensäußerung wird für sich als Wert gesehen und muß nicht in einer kommerziell verwertbaren Form vorliegen. Der Tages- und Wochenablauf wird von den verschiedensten Angeboten geprägt, die von der klassischen Beschäftigungstherapie (wie textiles Gestalten, Holz- oder Tonarbeiten) über den lebenspraktischen Bereich (u. a. Selbstbedienung, Körperschulung, Umweltorientierung, Verkehrssicherheit) und den Bereich der Haushaltsführung (u. a. Küchenarbeit, Wäschepflege, Gartenarbeit) bis zu Sport und der ästhetischen Erziehung (u. a. bildnerisches Gestalten, Musik) reichen. Neben diesen, je nach Schwerpunktsetzung der Gruppe und persönlichen Interessen der behinderten Menschen ausgewählten Inhalten, werden eine nachschulische Förderung (u. a. Sachunterricht, Formauffassungs- und Unterscheidungsübungen, Lesen, Schreiben, Mengenauffassung) und ein therapeutisches Programm (u. a. Physiotherapie, Ergotherapie, Logopädie) angeboten. Inhalt und Intensität der jeweiligen Aktivität sind auf die individuelle Situation des geistig behinderten Menschen abgestimmt und werden nach Möglichkeit gemeinsam mit ihm festgelegt (u. a. in Wochenplanbesprechungen). Dieses Konzept hat in seiner heilpädagogischen Ausrichtung und in seiner Offenheit für alle Menschen mit geistiger Behinderung seine besonderen Qualitäten, stellt allerdings noch kein integratives Modell dar und geht auch nicht von einer geregelten Entlohnung (z. B. nach Kollektivvertrag) aus.

Eines der zukunftsträchtigsten Modelle ist das Konzept der Arbeitsassistenz aus den USA, welches einen wichtigen Schritt in Richtung auf Empowerment bedeutet – zumindest für Menschen mit leichter und mittlerer geistiger Behinderung (vgl. u. a. The West Virginia Research and Training Center 1988). Nach dieser oder ähnlichen Konzeptionen entstanden auch in der BRD verschiedene Projekte (vgl.

Schön 1993; Behnecke u. a. 1993). So wurde 1984 in Bayern eine Modellmaßnahme beschlossen, die nach dem Konzept der Arbeitsassistenz schwer behinderte Menschen in den Arbeitsmarkt integrieren sollte. Nach seinem erfolgreichen Abschluß im Jahr 1990 wird es derzeit landesweit ausgebaut. Ähnliche Projekte entstanden auch in anderen Städten (u. a. in Berlin seit 1989 und in Hamburg seit 1992) oder sind in Entwicklung (vgl. Jacobs 1992; 1993 b).

Das Konzept der Arbeitsassistenz, nach dem in den USA und in Kanada behinderte Menschen bereits seit vielen Jahren erfolgreich in das Arbeitsleben eingegliedert werden, geht von dem Grundprinzip aus: Arbeitnehmer, Kollegen und Arbeitgeber bekommen dann Hilfe, wenn sie sie brauchen, und zwar in einer quantitativen bzw. qualitativen Form, die auf die jeweiligen Bedürfnisse abgestimmt ist (vgl. Moon et al. 1986; Barcus et al. 1987; Black 1989).

Grundsätzlich ist dieses Konzept für alle Menschen mit einer geistigen Behinderung geeignet. Bei den Teilnehmern des Trainingsprogramms der Virginia Commonwealth University, in dem im Zeitraum bis 1986 214 Arbeiter durchschnittlich 21 Monate trainiert wurden, lag der durchschnittliche IQ bei 49 (vgl. Moon et al. 1986, V). In verschiedenen Studien konnte gezeigt werden, daß diese Konzeption in Verbindung mit speziellen Trainings im Bereich „Self-Management" auch für schwer geistig behinderte Menschen geeignet ist. So werden in einer Studie von Lagomarcino et al. (1989) verschiedene Untersuchungen zitiert, nach denen geistig behinderte Menschen mit einem Intelligenzquotienten zwischen 34 und 54 erfolgreich ihre Arbeit in diversen Restaurants bewerkstelligen.

„Supported Employment" (wie es in den USA genannt wird) beinhaltet grundsätzlich, unabhängig von den jeweiligen Modellen, die weiter unten dargestellt werden, folgende Leistungen:

„Supported Employment" vermittelt bezahlte Arbeit für alle Menschen, die aufgrund ihrer Behinderung bisher als unvermittelbar gegolten haben, was meist zu einer finanziellen und personellen Abhängigkeit führt;

vermittelt Arbeiten, die herkömmlicherweise von nicht-behinderten Menschen ausgeführt werden;

ermöglicht dem behinderten Menschen, seinen Beruf selbst auszuwählen;

fördert die Zusammenarbeit der verschiedensten Organisationen, die sich für behinderte Menschen einsetzen; nur durch eine breite Zusammenarbeit von privaten und öffentlichen Körperschaften können derartige Programme dauerhaft funktionieren.

Je nach den individuellen Möglichkeiten des behinderten Menschen bzw. den Voraussetzungen für das jeweilige Berufsfeld kommen verschiedene Modelle der Integration zum Tragen (vgl. The West Virginia Research and Training Center 1988):

Individual Placement Model – Modell der Einzelintegration:
Einzelne behinderte Menschen werden auf reguläre Arbeitsplätze vermittelt, wo sie durch Arbeitstrainer jene Unterstützung bekommen, die sie brauchen, um die benötigten Fertigkeiten zu erlernen und entsprechende Leistungen zu erbringen. Meist private Organisationen/ Agenturen bekommen vom Staat das Geld, um sogenannte „Job Coaches" (Arbeitstrainer) auszubilden, die den behinderten Menschen dann am Arbeitsplatz unterstützen. Die besondere Stärke dieses Modells liegt darin, daß der behinderte Arbeitnehmer ständig auf Hilfe zurückgreifen kann, wenn dies notwendig ist; der Arbeitstrainer bleibt „ein Leben lang" für den behinderten Menschen zuständig.

Enclave Model – Modell der Gruppenintegration:
Eine Gruppe von behinderten Menschen (üblicherweise acht Personen = Enklave) wird in einem normalen Betrieb trainiert und betreut. Dabei wird der Firma eine festgelegte Produktionsmenge bei fixierten Gehaltskosten garantiert; die Betreuung der Gruppe erfolgt von einem speziell ausgebildeten Vorarbeiter.

Mobil Crew Model – Modell einer mobilen Arbeitsgruppe:
Für behinderte Menschen, die mehr Betreuung brauchen, als ihnen von einem zeitweiligen Betreuer gegeben werden kann, bzw. bei denen damit gerechnet werden kann, daß die Toleranz der Arbeitskollegen nicht ausreichend sein dürfte, wurde das Modell der mobilen Arbeitsgruppe geschaffen. Dabei sind ca. fünf behinderte Arbeitnehmer mit einem Vorarbeiter unterwegs, um Auftragsarbeiten zu verrichten (z. B. Gärtnerarbeiten, Parkbetreuung...).

Modell der speziellen Werkstätten:
Werkstätten, in denen Eigenproduktionen (Holz, Textil...) betrieben wird, werden mit entsprechendem Fachpersonal (handwerklich und pädagogisch) an bestehende Betriebe angeschlossen oder als selbständige Werkstätte mit einigen wenigen Arbeitsplätzen konzipiert.

Alle diese Modelle bauen auf sogenannten „Arbeitstrainern" auf, die dem behinderten Menschen während des gesamten Arbeitsverhältnisses als Assistenten zur Seite gestellt werden. Die Intensität der Assistenz richtet sich dabei nach den individuellen Bedürfnissen des behinderten Menschen bzw. seiner Umwelt im Berufsalltag. Die Aufgaben des Arbeitstrainers erstrecken sich auf folgende Gebiete (vgl. Black 1989):

Job Development – Arbeitsplatzentwicklung
Bevor der behinderte Arbeitnehmer einen bestimmten Arbeitsplatz einnehmen kann, sind verschiedene Schritte notwendig, um Arbeitsplätze zu finden bzw. um zu prüfen, ob der behinderte Mensch eine Arbeit überhaupt erfüllen kann: Dazu muß zunächst festgestellt werden, welche Arbeitsplätze überhaupt frei sind; der Arbeitsmarkt wird analysiert. Danach wird der Erstkontakt zu den jeweiligen Arbeitgebern hergestellt. Um einen behinderten Menschen auf einen Arbeitsplatz vermitteln zu können, muß gewährleistet sein, daß der behinderte Arbeitnehmer eine bestimmte Leistung erbringen kann. Dazu müssen zunächst der Arbeitsplatz und seine Anforderungen genau analysiert werden. Es wird ein Profil des Arbeitsplatzes angefertigt (Job Site Assessment).

Client Assessment – Leistungseinschätzung des behinderten Menschen
Ebenso wie der Arbeitsplatz müssen auch die Stärken und Schwächen des behinderten Menschen analysiert werden, um einen geeigneten Arbeitsplatz finden zu können; es wird ein Profil des Arbeitnehmers angefertigt.

Job Placement – Auswahl und Vermittlung des Arbeitsplatzes
Bevor nun ein konkreter Job vermittelt wird, müssen Arbeitsplatzanalyse und Leistungsprofil miteinander verglichen werden. Je besser diese übereinstimmen, um so größer ist die Wahrscheinlichkeit, daß der behinderte Mensch den Job erfüllen kann und die Vermittlung dauerhaft sein wird. Danach müssen der behinderte Mensch selbst, aber auch seine Umwelt (Geschwister, Eltern, Nachbarn...) motiviert werden, diese Vermittlung zu unterstützen. Ebenso ist ein Erstgespräch zwischen Arbeitgeber und Arbeitnehmer vorzubereiten bzw. durchzuführen.

Job site training – Arbeitstraining vor Ort
Der Arbeitstrainer arbeitet so lange vor Ort mit, wie dies notwendig ist. Er ist verantwortlich: für die Vermittlung aller Fertigkeiten, die der behinderte Mensch beherrschen muß, um in der Arbeit erfolgreich zu bestehen (inkl. Leistungskontrolle); für die Vermittlung aller notwendigen Fähigkeiten, die im weiteren Sinne mit dem neuen Arbeitsplatz verbunden sind (z. B. Busfahren), sowie für die Vertretung der Interessen des behinderten Menschen.

Case Management – Administrative Begleitung

Der Arbeitstrainer begleitet den behinderten Menschen während des gesamten Ablaufes und übernimmt somit auch die Administration des gesamten Projektes (u. a. Eingaben bei Behörden, Finanzierung etc.).

On-going Assessment & Follow-Along – Leistungskontrolle und Hilfestellungen

Vom ersten Tag an über die gesamte Dauer des Arbeitsverhältnisses ist der Arbeitstrainer für die Kontrolle der erbrachten Leistungen und die Hilfe bei Problemen aller Art zuständig. Dieser Faktor bietet allen Beteiligten die Sicherheit, daß im Falle eines Problems rasch Hilfe geleistet werden kann.

Advocacy – Vertretung der Interessen des behinderten Menschen

Neben der direkten Arbeit mit dem behinderten Menschen stellt die Vertretung der Interessen behinderter Menschen in unserer Gesellschaft ein wichtiges Anliegen dar, das ebenfalls vom Arbeitstrainer übernommen wird. Diese Aufgabe erstreckt sich grundsätzlich auf alle Bereiche des gesellschaftlichen Lebens. Von der Vertretung in Ausschüssen oder sozialpolitischen Gruppierungen bis hin zur Öffentlichkeitsarbeit in Schulen werden so die Anliegen und Interessen auf breiter Basis gestützt.

Aus der Empowerment-Perspektive gibt es gute Gründe, die integrativen Modelle zu favorisieren, da sie von einer selbsttätigen Arbeit in der „realen" Arbeitswelt ausgehen und so eine Kooperation mit nichtbehinderten Arbeitnehmern ermöglicht sowie (spezifisch adaptierte) Arbeitstätigkeiten auf hohem Leistungsniveau zugänglich werden. Der wesentliche Vorteil dieser Konzeptionen ergibt sich im Vergleich mit anderen (nicht-integrativen) Modellen. Neben den Tagesheimstätten (wie oben beschrieben) gibt es in Österreich zwei weitere Modelle, die von einer Minderleistungsdefinition ausgehen. In fast ganz Österreich wurden „Geschützte Werkstätten" errichtet, die für Menschen aller Behinderungsformen mit mehr als 50 % Arbeitsleistung Arbeitsplätze anbieten sollen. Die Entlohnung richtet sich nach dem Metall-Kollektivvertrag. In Salzburg (Österreich) gibt es darüber hinaus noch das Modell „Arbeit für Behinderte", das von einer Mindestleistung von 30 % ausgeht. Die Entlohnung in diesem Modell muß als Prämie betrachtet werden. In diesen Behinderten-Werkstätten wird neben Eigenproduktion (Textil, Weberei, Holz...) vor allem für die Industrie gefertigt. Das Hauptproblem dieser Modelle stellt die geringe Durchlässigkeit nach oben und nach unten dar. Obwohl in den Konzeptionen darauf besonderen Wert gelegt wurde, bleiben Versuche, behinderte Arbeitnehmer aus diesen nicht-integrativen Werkstätten in den freien Arbeitsmarkt zu integrieren, bis auf wenige Einzelbeispiele erfolglos. Außerdem bieten diese Modelle infolge ihrer Forderung einer bestimmten Mindestleistung für schwerer geistig behinderte Menschen keine Perspektive.

Aus diesen Gründen ist einem individualisierten Modell der „Arbeitsassistenz" mit dem Versuch der Integration auf den freien Arbeitsmarkt der Vorzug zu geben. Allerdings dürfen hierbei der persönlichkeitsfördernde Wert einer Arbeit, die Persönlichkeit und Entfaltung des behinderten Menschen nicht zu kurz kommen. Eine bloße Anpassung des behinderten Menschen an das „normale Arbeitsleben" reicht nicht aus. Normalisierung bedeutet mehr als Anpassung und Normierung. Ein Integrationsmodell, das nur davon ausgeht, behinderte Arbeitnehmer so in der Arbeitswelt zu plazieren, daß sie möglichst produktiv und „gewinnbringend" eingesetzt werden können, greift wesentlich zu kurz. Es kann nicht unser Ziel sein, Arbeitsplatzmodelle zu entwickeln, in denen der behinderte Mensch ohne ausreichende Assistenz einer krankmachenden und ihm gegenüber möglicherweise negativ eingestellten Arbeitswelt ausgesetzt wird. Neben den bereits angesprochenen Assistenzleistungen des Arbeitstrainers müssen daher auch bildende und fördernde Maßnahmen entwickelt werden, die dem Gedanken der Selbstbestimmung und Selbständigkeit des behinderten Menschen verpflichtet sind.

Weiterhin müssen vor allem den Problemen der schwer geistig behinderten Menschen verstärkte Anstrengungen gelten. Wenn es gelingt, Menschen mit leichter und mittlerer Behinderung auf dem Arbeitsmarkt zu vermitteln, bleiben die schwer behinderten Menschen zurück, deren Isolation und Ausgrenzung so weiter verstärkt wird. Es kann nicht unser Anliegen sein, behinderte Menschen „unterster Klasse" zu produzieren. Im Sinne der Empowerment-Philosophie muß daher ein gleichberechtigter und vom Leistungsgedanken unabhängiger Zugang zu einem integrativen Arbeitsplatz gefordert werden. Damit wird nicht die heterogene Behindertengruppe gefordert, die in eigenen Behindertenwerkstätten ihre Arbeit leisten soll, sondern die Öffnung des Arbeitsmarktes für alle behinderten Menschen mit Hilfe der persönlichen, individualisierten Arbeitsassistenz. Nur dieser Ansatz geht von der Gleichberechtigung aller Menschen aus und vermeidet eine weitere Differenzierung in verschiedene Klassen von behinderten Menschen.

4.5.2. Demokratie in Arbeitsstätten geistig behinderter Menschen

Neben der betrieblichen Integration sind auch verbesserte Mitwir-
kungs- und Mitbestimmungsmodalitäten im derzeitgen Arbeits- und
Werkstattbereich (WfB) anzustreben. Hier ist die Position der geistig
behinderten Menschen in starkem Maße unbefriedigend (vgl. Laga
& Salig 1993; Scheler 1994). So werden den WfB-Mitarbeitern vom
Gesetzgeber weder in bundesdeutschen noch österreichischen Werkstätten für Behinderte Mitbestimmungsmöglichkeiten eingeräumt, in
absehbarer Zeit scheint keine Änderung geplant zu sein. Die Mitwirkungsmöglichkeit der geistig behinderten Menschen ist somit im
wesentlichen auf Anregungen und Beschwerden, auf Vorschläge zur
Arbeitsplatzgestaltung oder Ausgestaltung der Räumlichkeiten, auf
Fragen zur Unfallverhütung oder Arbeitszeitverkürzung sowie auf
arbeitsbegleitende Maßnahmen (Ferienfreizeiten, Veranstaltungen)
beschränkt und kann in der Praxis „ohne konkrete Folgen" (Scheler)
bleiben. Da die Mitwirkungsmöglichkeit selbst so banale Rechte wie
das Recht auf Akteneinsicht, die Anhörung bei Einstellungen oder
Entlassungen und Kooperation mit dem Betriebsrat (der nichtbehinderten Bediensteten) nicht umfaßt, muß sie „als eine unzureichende
Ersatzlösung betrachtet werden" (Laga & Salig 1993, 158).
Umfragen haben ergeben, daß auch die Angestellten der WfB geistig
behinderten Menschen wenig zutrauen und ihnen die Fähigkeit zur
Mitbestimmung absprechen. Außerdem wird „das Ziel der wirtschaft-
lichen Rentabilität dem der Rehabilitation übergeordnet... und eine
eventuelle Beeinträchtigung dieser Zielsetzung durch Mitbestimmung nicht akzeptiert" (ebd., 158). Es bleibt somit noch viel zu tun.
Da die Mitbestimmung nur durch eine – kurzfristig nicht zu erwarten-
de – Gesetzesänderung eingeführt werden kann, bleibt derzeit nur, die
bestehenden Möglichkeiten optimal zu nutzen. Die Mitwirkung stellt
hierbei ein wichtiges Lern- und Erfahrungsfeld dar, das in bezug auf
die Rechte-Perspektive weiter ausgebaut werden müßte. Insbesondere Behindertenvertretungen als Organ der Mitwirkung „bieten eine
gute Möglichkeit, demokratische Einstellungen und Verhaltensweisen zu vermitteln" (ebd., 158). Um eigene Interessen (auch gegenüber
der Ersatzlösung eines Elternbeirates) besser durchsetzen zu können,
kann es im Einzelfalle sinnvoll sein, Vertrauensmitarbeiter als assistierende Berater einzuschalten. Außerdem sind Fortbildungsangebote
unabdingbar.
Auch hier muß nochmals darauf hingewiesen werden, daß eine Umsetzung von demokratischeren Strukturen für geistig behinderte Menschen nur dann sinnvoll geschehen kann, wenn auch die Betreuungs-

kräfte unter selbstbestimmten und demokratischen Bedingungen leben und arbeiten können. Es bleibt höchst zweifelhaft, ob Mitarbeiter dazu fähig sein können, für behinderte Menschen demokratische, selbstbestimmte Strukturen aufzubauen, wenn sie selbst in einem fremdbestimmten und undemokratisch-hierarchischen System arbeiten müssen. Dieser Aspekt findet in den meisten Behindertenorganisationen noch viel zu wenig Beachtung: Es gehört zu den zentralen Zielen des Empowerment-Konzepts, alle Bereiche, in denen der geistig behinderte Mensch lebt, zu demokratisieren.

4.6. EMPOWERMENT UND ERWACHSENENBILDUNG

4.6.1. Grundzüge der Allgemeinen Bildungstheorie

Ein der Empowerment-Philosophie verpflichteter Ansatz der Geistigbehindertenpädagogik knüpft hohe Erwartungen an die Erwachsenenbildung. Dieser Arbeitsbereich war bislang das Stiefkind der Heilpädagogik – hatte sie doch vor allem infolge ihrer pychiatrischen Orientierung jahrzehntelang die Bedeutung der Erwachsenenbildung bei Menschen mit geistiger Behinderung völlig verkannt. So wurde zum Beispiel unhinterfragt das von der Medizin vertretene „defektorientierte Entwicklungsmodell" für Menschen mit geistiger Behinderung übernommen, welches eine „bestimmt geartete, pathologische Persönlichkeitsentwicklung" sowie eine „im Ganzen endgültige Entwicklungsbeschränkung" (Lutz 1961, 156) im Erwachsenenalter annahm. Überdies wurden Erwachsene mit geistiger Behinderung als „ewige Kinder" betrachtet und behandelt. Ständige Beaufsichtigung, Kontrolle und Reglementierung, eine pflegerisch überdimensionierte Rundumversorgung, Fremdsteuerung und Fremdbestimmung beschränkten die Persönlichkeitsentwicklung des behinderten Menschen. Die Vorstellung, daß auch ein Mensch mit geistiger Behinderung wie jede andere Person darauf angelegt sein könnte, erwachsen zu werden und sich als Erwachsener in seiner Persönlichkeit zu entfalten, war der Heilpädagogik fremd.

Erst seit wenigen Jahren findet diesbezüglich ein Umdenken statt. Die Lern- und Entwicklungsfähigkeit geistig behinderter Menschen im Erwachsenenalter steht heute außer Zweifel (vgl. Theunissen 1993 a, 38 ff.), ihre Bildungsfähigkeit jedoch wird bis heute immer wieder in Zweifel gezogen. Der Bildungsbegriff tauge nicht als zentrale Kategorie heilpädagogischen Arbeitens mit geistig schwer behinderten Erwachsenen, da es sich bei geistig schwer behinderten Menschen weitgehend um „Pflegefälle" handle, die in klinisch organisierten Großeinrichtungen zu versorgen seien. Der Bildungsbegriff sei ungeeignet, die alltägliche heilpädagogische Arbeit zu bezeichnen; anstelle von Bildung solle lieber von „Förderpflege", „Förderung" oder auch Lernen gesprochen werden, um den Bezug zur Praxis, zu den realistischen Möglichkeiten heilpädagogischen Handelns, nicht zu verlieren. Denn in vielen großen Behinderteneinrichtungen wird eine derartige Differenzierung der tagesstrukturierenden Systeme in Erwachsenenbildung für sog. werkstattfähige geistig behinderte Menschen einerseits und in Förder- oder Therapiestätten für schwerst- und mehrfachbehinderte Personen (sog. Intensivbehinderte) andererseits durchgeführt.

Eine solche Position jedoch fußt auf einem vagen, ja unreflektierten Verständnis von Bildung, in dem (Allgemein-)Bildung mit Elitebildung oder „höherer Bildung" gleichgesetzt oder verwechselt wird und somit dem Irrtum unterliegt, „es handle sich um einen idealisierend-überhöhenden Begriff" (Klafki 1985, 12).

In allen „klassischen" Bildungstheorien wurde Bildung ursprünglich als gesellschaftskritische und zugleich handlungsbezogene Kategorie verstanden (vgl. Klafki 1986). Bei Lessing, Herder, Kant, Goethe, Schiller, Pestalozzi, Diesterweg, Fröbel, Schleiermacher, Fichte und insbesondere Humboldt findet sich – über alle Differenzierungen hinweg – eine allen gemeinsame Auffassung vom Ziel aller Bildung: „Anspruch und Möglichkeit jedes Menschen, zur Selbstbestimmungsfähigkeit zu gelangen, weiterhin die Auffassung vom Recht jedes Menschen auf pädagogisch zu unterstützende Entfaltung aller seiner Möglichkeiten (Pestalozzi und Humboldt: ‚Entwicklung aller Kräfte des Menschen'), überdies die Überzeugung, daß die Entfaltung der Vernunftfähigkeit in jedem Individuum zugleich die Möglichkeit eröffnet, daß die Menschen im vernunftgemäßen Miteinander-Sprechen und -Diskutieren und im reflexiven Verarbeiten ihrer Erfahrungen eine fortschreitende Humanisierung ihrer gemeinsamen Lebensbedingungen und eine fortschreitend vernünftigere Gestaltung ihrer gesellschaftlich-politischen Verhältnisse erreichen, unbegründete Herrschaft abbauen und ihre Freiheitsspielräume vergrößern können" (Ders., 1985, 43). Dieses Bildungskonzept, das die Selbstbestimmung des Menschen als „soziale Kategorie" begriff, wurde in der Folgezeit zusehends pervertiert und verstümmelt, indem die allseitige Entfaltung der Persönlichkeit „absolut" gesetzt wurde. Die Dialektik von Selbstbestimmung und Demokratisierung wurde ignoriert und in ausdrücklicher Distanz zur gesellschaftlichen Realität wurde ein vermeintlicher „Freiraum" für Persönlichkeitsbildung geschaffen. In dessen Zentrum rückte die Beschäftigung mit bloßer Geisteskultur, die den Rückzug in die Innerlichkeit und Welt des „schönen Scheins" beförderte. Dies alles geschah auf Initiative eines aufstrebenden Bürgertums, welches sich mit den politisch einflußreichen alten Mächten arrangiert hatte. Bildung wurde damit zu einem unpolitischen Phänomen, das sich von der ursprünglichen Idee immer mehr entfernte: „Bildung wurde zum Privileg der Wohlhabenden, sich dem restaurierten Obrigkeitsstaat anpassenden oder durch ihn profitierenden Gesellschaftsschichten, im Sinne jener Ehe von ‚Besitz und Bildung' " (Klafki 1985, 15). Ein Bildungsverständnis, das von dieser „Verfallsgeschichte der klassischen Bildungsidee" (ebd.) geprägt ist, tendiert dazu, soziale Ungleichheit und Mißstände zu verschleiern und zu stabilisieren. Unzulänglich ist dieser Bildungsbegriff aber auch deshalb, weil von einem „bestimmten Kanon von zeitlosen verbindlichen Inhalten ausgegangen wird, der die ‚Gebildetheit' eines Menschen ausmachen soll" (Blankertz 1986, 42). Dieses Konzept hat sich angesichts des raschen gesellschaftlichen Wandels als ein Trugschluß erwiesen. Eher befördert es die Gefahr, daß das „gebildete" Subjekt den Bezug zur Wirklichkeit verliert und gesellschaftlichen Entwicklungen nahezu hilflos ausgeliefert bleibt.

Angesichts dieser „Verfallsgeschichte der klassischen Bildungsidee" stellt sich in der Tat die Frage, ob am Bildungsbegriff festgehalten werden sollte. Ob aber Begriffe wie Förderung oder „lebenslanges Lernen" geeigneter sind, ist allerdings noch zweifelhafter. Sie begünstigen nämlich „ein unverbundenes Nebeneinander oder gar Gegeneinander von zahllosen Einzelaktivitäten" (Klafki 1985, 13) und lassen eine übergeordnete pädagogische Zielperspektive vermissen. Dies kann im Einzelfall bedeuten, daß es den (heil-)pädagogischen Maßnahmen um Selbstbestimmung oder Autonomie (geistig-)behinderter Menschen gar nicht zu tun ist. Genau das läßt sich durch den Begriff der Bildung vermeiden, insofern er in seiner ursprünglichen Bedeutung, d. h. in seiner Dialektik von individueller Selbstbestimmung und Humanisierung von Lebensbedingungen, kurzum: als Kategorie zur Gewinnung von mehr Menschlichkeit begriffen wird.

Vertreter der Kritischen Erziehungswissenschaft (vgl. Kap. 2) haben, anknüpfend an dieses Argument, in den letzten Jahren die klassische Bildungsidee zu einem zeitgemäßen Konzept weiterentwickelt. Aus der Empowerment-Perspektive sind insbesondere Klafkis Ausführungen von Interesse. Er schreibt (1985, 18): „Bildung muß in diesem Sinne zentral als Selbstbestimmungs- und Mitbestimmungsfähigkeit des Einzelnen und als Solidaritätsfähigkeit verstanden werden". Ein neues Allgemeinbildungskonzept müsse sich an drei zentralen Grundsätzen orientieren:

Erstens soll durch „allgemein" zum Ausdruck gebracht werden, daß „Bildung eine Möglichkeit und ein Anspruch aller Menschen" (ebd., 17, 45) ist. Insofern darf (auch aus allgemeinpädagogischer Sicht) kein Personenkreis von diesem Anspruch ausgeschlossen werden. Mit anderen Worten Bildung gilt auch für Erwachsene mit geistiger Behinderung – und zwar unabhängig der Schwere oder Art der Behinderung!

Zweitens führt seine Bestimmung von Allgemeinbildung zu einem Bildungsverständnis, das „‚Schlüsselprobleme' unserer Gegenwart und der vor uns liegenden Zukunft" (ebd., 20) aufgreifen und hierdurch mehr Menschlichkeit durch „emanzipierte Beteiligung" (Gieseke) erreichen will. Anstelle eines festen Kanons „traditionell geheiligter Güter" (Pöggeler 1970, 3) sollen aktuelle Themen wie die Friedens- oder Umweltfrage, Möglichkeiten und Gefahren technischen Fortschritts, soziale Ungleichheit, Demokratisierung, Arbeit, Arbeitslosigkeit, Freizeitgestaltung, Asylpolitik, Sexualität, gesellschaftliche Integration von Menschen in marginaler Position, Funktion der Massenmedien u. a. m. aufbereitet werden (vgl. Klafki 1985, 21). Durch die Beschäftigung mit Inhalten und Problemen, die das konkrete Alltagsleben, die individuelle und gesellschaftliche Existenz betreffen, sollen soziale Grundqualifikationen (z. B. Selbst- und Fremdkritik, Empathie), Sozialinteresse, Sachkenntnis, Einsicht in lebensrelevante Zusammenhänge, sozialverantwortliches, ethisches Denken und Handeln und damit die Entwicklung von Selbstbestimmungsfähigkeit gefördert werden. Die Auseinandersetzung mit lebensrelevanten, individuell frei gewählten „aktuellen Sorgethemen" (Siebert) soll dazu beitragen, daß jeder einzelne zu verbesserter Realitätskontrolle, zu gesteigerter Entscheidungs- und Handlungsautonomie bei der Bewältigung individueller und gesellschaftlicher Lebensaufgaben gelangen kann. Denn: „Eine demokratische Gesellschaft erfordert Bürger, die zu einer weitgehenden Selbstbestimmung bereit und fähig sind und die aufgrund von Selbstkompetenz, Sachkompetenz und sozialer Kompetenz an politischen, kulturellen und ökonomischen Prozessen teilhaben können" (Siebert 1974, 276).

Auch dieses zweite Bestimmungsmoment einer Allgemeinbildung gilt uneingeschränkt für Erwachsene mit geistiger Behinderung. Eine dem Selbstbestimmungsgedanken verpflichtete Bildung muß auf den „Schlüsselproblemen" von Menschen mit geistiger Behinderung aufbauen und diese derart aufbereiten, daß die Entwicklung von Autonomie von einer weitestgehend selbstbestimmten Daseinsbewältigung und Lebensgestaltung befördert wird. Relevante Themen könnten zum Beispiel sein: Sexualität und Partnerschaft, autonomes Wohnen, traditionelle und alternative Wohnformen, Mitwirkungs- oder Mitbestimmungsmöglichkeiten im Heim oder am Arbeitsplatz, kulturelle Partizipation. Selbsterfahrung und Umgang mit der eigenen Behinderung, Behinderte und Nichtbehinderte, Bildung eines eigenen Interessenvereins, Ablösung vom Elternhaus etc. Die Auswahl der Themen darf freilich nicht einzig und allein in der Hand von Pädagogen liegen, sondern jede Zielgruppe sollte soweit wie möglich daran beteiligt werden. Auch ist eine Vielzahl unterschiedlicher Angebote denkbar, die nicht direkt aktuelle Fragen betreffen, sondern sich aus individuellen Interessen- und (Lern-)Bedürfnissen ergeben (z. B. Aneignung von Grundfertigkeiten, Alphabetisierung, Rhetorik, Abbau von Ängsten, Befähigung zur Artikulation von Wünschen oder Meinungen). Auch durch derlei Angebote wird die Fähigkeit zur Autonomie erweitert, wenn die erlernten Kompetenzen im Alltag zur Anwendung kommen und im Zusammenhang mit den emanzipatorischen „Schlüsselthemen" benutzt werden. Die bislang hier aufgeführte Themenpalette geht über die gängigen Angebote aus dem Umkreis des sog. Musischen oder einer Freizeitpädagogik hinaus und will „kognitive" Potentiale zur Selbstbestimmung freisetzen. Es wäre allerdings eine Blickverengung, Empowerment nur auf dieser Ebene anzustreben. Außerdem würde es der Idee der Allgemeinbildung widersprechen, wenn „das Insgesamt der menschlichen Möglichkeiten" (Klafki 1985, 18) der kognitiven Dimension geopfert würde.

Damit kommen wir drittens zu einem Bestimmungsmoment der Allgemeinbildung, das den „ganzen" Menschen im Auge hat, d. h. nicht nur das vernunftbegabte Handeln und intellektuelle Fähigkeiten, sondern auch emotionale Erfahrungen, subjektive Befindlichkeiten, physisches Empfinden, körperliche Betätigung, ästhetisches Erleben und Tun sowie soziale, zwischenmenschliche Beziehungen. Auch dieser Aspekt ist schon in der klassischen Bildungsidee angelegt, betonen doch Pestalozzi oder Humboldt immer wieder die „allseitige Entfaltung der Persönlichkeit". Ebenso lenken Schillers „Briefe über die ästhetische Erziehung des Menschen" den Blick auf eine „Theorie allgemeiner Bildung", der es um die Vielseitigkeit der menschlichen Natur zu tun ist. Die ästhetische Dimension verweist auf die Entwicklung der Phantasie, des Ausdrucks- und Darstellungsvermögens, des Gemeinschaftssinns, der Verfeinerung des ästhetischen Sinns und der ästhetischen Urteilskraft, des Gemüts und des Geschmacks, damit soll sie den Weg zum sittlich-politischen Denken und Handeln (emanzipierte Beteiligung) vorbereiten (vgl. Theunissen 1989; Noetzel

1992). Die Bereiche der ästhetischen Bildung beziehen sich hierbei keineswegs nur auf die „große" Kunst, sondern sie umfassen das breite Spektrum der Alltagsästhetik „von der Unterhaltung bis zur Dichtung..., von der Popmusik bis zur klassischen Musik, von der Bildreklame bis zur großen Malerei, Plastik und Architektur, von der laienhaften Pantomime bis zum Drama usw." (Klafki 1985, 25). Hinzu kommen Spiel, Tanz und körperliche Bewegung, bildnerisches Gestalten, Medienarbeit (Video, Foto, Hörspiel), Projekte zur „Ästhetisierung" des Lebensraumes (Raumgestaltung), Formen der Geselligkeit (Feste feiern) oder erlebnispädagogische Unternehmungen. Selbstverständlich hat die ästhetische Bildung im Dienste der Selbstbestimmung nicht nur eine wahrnehmungsfördernde, bewußtseinsbildende und kritische Funktion zu erfüllen, vielmehr ist ihr eine „allgemeine Kultivierung" (Groothoff) aufgegeben, die auch dazu beitragen kann, Lebenssinn zu erschließen. Ästhetisches Tun besitzt einen Eigenwert, es offeriert zahlreiche Möglichkeiten und Ebenen für eine zweckfreie Selbstverwirklichung.

Wie wichtig gerade eine „ästhetische Nische" im Kontext einer Allgemeinbildungskonzeption ist, wird vor allem an der Situation von Erwachsenen deutlich, die als geistig schwer- oder mehrfachbehindert gelten. Hier würde ein bloß kognitiv dimensionierter Bildungsbegriff die Möglichkeit menschlicher Verwirklichung völlig verfehlen. Überdies würde die „Kopflastigkeit" von Bildung die Selektion, Ausgrenzung und soziale Isolation dieses Personenkreises sowie seinen Ausschluß von Bildungsangeboten geradezu bestätigen, verfestigen und perpetuieren. Dies aber kann und darf nicht Ziel einer Erwachsenenbildung für alle sein.

Folglich stellen Angebote aus dem ästhetischen Bereich eine inhaltliche Ergänzung zu den sog. Schlüsselthemen dar, da sie nicht nur die Lebensqualität verbessern, der Sinnerschließung oder einer ästhetisch-kreativen Lebensverwirklichung dienen, sondern weil sie insbesondere auch autonome Handlungs- und Entscheidungsprozesse unterstützen helfen, d. h. zur Entwicklung von Selbstbestimmungs-, Mitbestimmungs- und Solidaritätsfähigkeit sowie zur Humanisierung gesellschaftlicher Bedingungen beitragen. Diese auf Selbstbestimmung gerichtete Zielsetzung darf nicht vergessen werden, um zu vermeiden, daß ästhetische Bildung ein von der Alltagswelt und der Gesellschaft abgespaltenes, idealisiertes Eigenleben entwickelt. Darüber hinaus bietet die ästhetische Praxis Methoden oder Arbeitsformen an, die bei der Aufbereitung der aktuellen Fragen genutzt werden sollten, da sie den Lernmöglichkeiten, Bedürfnissen, Kompetenzen und Ressourcen geistig behinderter Menschen sehr entgegen kommen (vgl.

Theunissen 1989; 1994 b, c). Dadurch kann zugleich der augenfälligen Gefahr einer kognitiven Überforderung bei der Auseinandersetzung mit den Schlüsselthemen begegnet und ein „allseitiges Lernen" in der realen Lebenswelt ermöglicht werden.

Diese Lebensweltorientierung spielt in der Bildungsarbeit mit geistig behinderten Menschen eine zentrale Rolle. Zum einen resultiert ihre Notwendigkeit aus dem Lernverhalten geistig Behinderter (z. B. erschwerter Transfer). So weiß man, daß „künstlich" aufbereitete Bildungsangebote fernab von der konkreten Situation in der Regel weniger effektiv sind als lebensweltintegrierte Lernfelder (vgl. Theunissen 1993 a, 77). Zum anderen fordert die Lebensweltorientierung zur Zusammenarbeit mit den Bezugspersonen und den lebensweltlichen Systemen heraus, deren Einfluß auf die Entwicklung und die Autonomie von Geistigbehinderten erheblich ist. Denn Erwachsenenbildung für Menschen mit geistiger Behinderung kann letztlich nur unter Bedingungen gedeihen, die eine emanzipatorische Bildungsarbeit wirklich zulassen. Lern- und Entwicklungsfortschritte zur Selbstbestimmung können am ehesten dann erreicht werden, wenn die Bildung in Kooperation mit den relevanten Bezugspersonen erfolgt, die ihrerseits der Leitidee aufgeschlossen gegenüberstehen und gegebenenfalls bereit sein müssen, sich selbst mit zu verändern. Ein in einer Bildungseinrichtung organisierter Kochkurs nutzt wenig, wenn der geistig behinderte Mensch in seiner alltäglichen Lebenswelt keine Möglichkeit hat, das Gelernte umzusetzen (vgl. Linden/Schwarte 1985, 174). Ein noch so gut gemeintes Bildungsangebot bleibt letztendlich ineffektiv, wenn der behinderte Mensch seine unmittelbare Lebenssituation außerhalb der Erwachsenenbildung (weiterhin) als bedrohlich erlebt und seine Ängste nicht im Alltag bewältigen kann. Insofern kann in der Erwachsenenbildung für Menschen mit geistiger Behinderung „auf den reflektierenden Bezug zum situativen Umfeld des Lernenden nicht verzichtet werden" (Schwarte 1994, 154). Damit ist die Erwachsenenbildung immer auch eine lebensweltkritische Kategorie, der es um die Überwindung von Bedingungen zu tun sein muß, die die Entwicklung von Selbstbestimmungsfähigkeit oder eine (relativ) autonome Lebensverwirklichung hemmen. Hierzu sind in enger Kooperation mit relevanten Bezugspersonen Handlungsfehler abzustecken, die einen systematischen Abbau isolierender Bedingungen und eine kontinuierliche Erschließung und Ausdehnung von Lern- und Erfahrungsräumen für Erwachsene mit geistiger Behinderung möglich machen. Dadurch erhalten die Betroffenen Gelegenheit, „sich selbst besser kennen zu lernen, sich auszudrücken und äußern zu lernen, ihre Wahrnehmung für sich und andere zu sensibilisieren, ihnen kritisches Betrachten ihrer Umweltbedingungen zu ermöglichen und ihre Selbstbehauptungstendenzen zu stärken" (Badelt 1992, 6). Durch diese Ausbildung von Identität können die geistig behinderten Menschen zu sich selbst finden und „hinter ihren Masken hervortreten, die sie zum Schutz vor angsterzeugenden, bedrückenden, undurchsichtigen oder unberechenbaren Lebenssituationen angelegt haben" (ebd., 5). In dieser Hinsicht leistet eine Allgemeinbildung zugleich eine wichtige Auseinandersetzung und die Verarbeitung von Erfahrungen, die zu einem zwanghaften, ritualisierten und fremdbestimmten Anpassungsverhalten geführt haben. Dabei kann sie durchaus therapeutisch wirksam sein, und in der Tat sind die Übergänge zwischen Bildungsarbeit und (pädagogisch-psychologischer) Therapie fließend. Dies zeigt sich auch daran, daß durch ästhetische Bildungsangebote Schwächen oder Irregularitäten in der sensorischen, motorischen und kognitiven Entwicklung oder auch Auffälligkeiten im Sozialverhalten und Erleben kompensiert werden können. Die Affinität zur Therapie ergibt sich insbesondere dort, wo in der Bildungsarbeit auf heilpädagogische oder therapeutische Arbeitsformen (z. B. Basale Stimulation, Heilpädagogische Rhythmik, Psychomotorisches Trainingsverfahren, Übungen zur Wahrnehmungsförderung, Sensorische Integration, therapeutisches Gestalten, Musik-Malen, verhaltenssteuerndes Selbstbehauptungstraining) zurückgegriffen wird. Insofern ist es wichtig, eine Unterscheidung zwischen Bildung und Therapie zu treffen. Bereits Georgens/Deinhardt (1861; 1863), die „Väter" der Heilpädagogik, fordern, daß eine „heilende ästhetische Erziehung" nie der Idee der „allgemeinen ästhetischen Bildung" widersprechen dürfe. Dies bedeutet, daß der Einsatz spezieller therapeutischer Verfahren in der Erwachsenenbildung für Menschen mit geistiger Behinderung nur dann legitim ist, wenn dieser der Entwicklung von Selbstbestimmungs-, Mitbestimmungs- und Solidaritätsfähigkeit nicht entgegensteht. Ein reines Funktionstraining oder eine heilpädagogische Übungsbehandlung, die den geistig behinderten Menschen zu einem Anpassungsverhalten dressiert (vgl. Klein-Jäger 1978; v. Oy/Sagi 1977), hat mit Bildung nichts zu tun. Gleichermaßen kritisch müssen Lernsituationen gesehen werden, in denen fast ausschließlich das therapeutische Interesse dominiert und das Bildungsziel nur nachrangig wertgeschätzt, begründet und angestrebt wird. In letzter Zeit wird häufig insbesondere in der Arbeit mit geistig schwer behinderten Erwachsenen der Begriff der „Förderung" für therapeutische und heilpädagogische Maßnahmen benutzt. Wie schon eingangs erwähnt, ist der damit verknüpfte Verzicht auf den Bildungsbegriff problematisch. Dies gilt vor allem für das unreflektierte Förderverständnis vieler Heilpädagogen, die mit funktionalistischen Verfahren planmäßig aus einem behinderten Menschen etwas herausholen, ja „machen" wollen. Dieser traditionelle heilpädagogische Übungsansatz ist einzig und allein auf das Nicht-Können, auf Defizite oder Verhaltensauffälligkeiten gerichtet. Hat er in der Erwachsenenbildung handlungsorientierende Funktion, geht es fast ausschließlich nur um ein Eintrainieren bestimmter Verhaltensweisen. Der geistig behinderte Mensch ist dabei Objekt einer Behandlung und hat keine Chancen, sich selbst zu bilden. Folglich ist der Gebrauch des Begriffs der Förderung nur dann legitim, wenn dem übergreifenden emanzipatorischen Bildungsinteresse Rechnung getragen wird. Und das bedeutet, daß Förderung als eine Form der Vermittlung von Bildung jeden geistig behinderten Menschen dazu befähigen soll, sein Leben sinnvoll und möglichst autonom zu gestalten und zu bewältigen. Förderung ist damit eine assistierende therapeutische Hilfe, die sich im Bildungsprozeß soweit wie möglich überflüssig machen muß.

Durch die bisherigen Ausführungen sollte gezeigt werden, daß der Empowerment-Gedanke schon in den klassischen Theorien der Allgemeinbildung angelegt ist. Auf diese stützen sich auch die Vertreter der kritisch-konstruktiven Erziehungswissenschaft, die ein zeitgemäßes Allgemeinbildungskonzept entwickelt haben, welches prinzipiell für alle Menschen geeignet ist. Deshalb brauchen wir keine spezielle, womöglich ausgrenzende heilpädagogische Bildungstheorie, wohl aber müssen wir mit Blick auf die Zielgruppe, dessen Lebenssituation und Fähigkeiten das Allgemeinbildungskonzept derart umstrukturieren, daß mehr Autonomie auch für Menschen mit geistiger Behinderung Realität werden kann. Unsere diesbezüglichen Vorschläge (vgl. auch ausführlich Theunissen 1993 a) laufen darauf hinaus, sog. aktuelle Themen mit ästhetischen Angeboten derart zu verschränken, daß sowohl Lern- und Emanzipationshilfe geleistet als auch Gelegenheit für Sinnerschließung und ästhetisch-erfüllendes Erleben gegeben werden kann. Diese bereits im Konzept der Allgemeinbildung angelegten Chancen und Möglichkeiten, die über ein bloßes (kritisches) Lernangebot hinausgehen, gilt es in der Erwachsenenbildung für Menschen mit geistiger Behinderung voll zu nutzen.

4.6.2. Folgerungen für die Didaktik

Wird die Erwachsenenbildung für geistig behinderte Menschen am allgemeinpädagogischen Konzept orientiert, stellt sich zugleich die Frage, ob es einer speziellen Didaktik für geistig behinderte Erwachsene bedarf. Diese Frage wird in der Heilpädagogik weitgehend bejaht. Begründet wird die Forderung nach einer Sonderdidaktik vor allem mit den speziellen Bedürfnissen, aber auch mit dem „Nicht-Können" und der „kognitiven Andersartigkeit" (Thalhammer) geistig behinderter Menschen. Als Besonderheiten geistig behinderter Menschen, auf die die allgemeine Didaktik nicht ausgerichtet sei, werden vor allem genannt: perzeptive und motorische Beeinträchtigungen, sprachliche Auffälligkeiten, geringes Lerntempo, begrenzte Gedächtnisleistungen, geringe Aufmerksamkeit und Durchhaltefähigkeit, mangelnde Spontaneität, Einschränkung altersgemäßer Tätigkeiten, mangelnde Zielgerichtetheit des Verhaltens, begrenzte Fähigkeit zu eigenständiger Aufgabengliederung, Verhaftetsein im „kindlichen Verhaltensschema", Beeinträchtigung des intellektuellen Problemlöseverhaltens, psychische Auffälligkeiten u. a. m.

Auch in der Zielsetzung des heilpädagogischen Handelns besteht weitgehend Einigkeit: Es gehe um Selbstverwirklichung in sozialer Bezogenheit, d. h. um Erschließung von Lebenssinn und Lebensfreude, um Gelegenheiten „zum beglückenden Miteinandersein" (Speck), um optimale Teilhabe am Leben in der Gemeinschaft und um mehr Autonomie. Auch wenn diesen Zielvorstellungen unbedenklich zugestimmt werden kann, bleibt gleichwohl zweifelhaft, ob die gegenwärtige heilpädagogische Erwachsenenarbeit tatsächlich dazu beiträgt, den Betroffenen zu autonomer Handlungskompetenz, zu individueller und sozialer Selbstverwirklichung zu verhelfen. Die Überdimensionierung des „musisch-kreativen Bereichs" in der Erwachsenenbildung wurde bereits oben bemängelt. Die heilpädagogische Praxis bleibt weit hinter ihrer Zielsetzung zurück, wenn sie sich in ein „heilpädagogisch-musisches Ghetto" zurückzieht und letztlich – zwar fern der Umwelt – die Behinderten aber doch zur Anpassung an diese „erzieht". Beschränkt sich die Erwachsenenbildung auf bloße Freizeitaktivitäten und betreibt sie womöglich in Förderstätten eine Sonderbehandlung geistig schwer behinderter Erwachsener, erreicht sie aber das Gegenteil von dem, was intendiert ist: nicht selbstbewußte, sozial kompetente Bürger, sondern lebenslang abhängige, erziehungsbedürftige, in ihrem Sonderstatus verhaftete geistig behinderte Menschen.

Um dem Anspruch eines jeden auf Chancengleichheit und auf ein sinnerfülltes, auf Selbstbestimmung und Selbstverwirklichung hin ausgerichtetes Leben gerecht zu werden, muß auch die Allgemeindidaktik zum Ausgangspunkt zielgruppenbezogener Entscheidungen gemacht werden (vgl. Abb. S. 175). Auf der Basis der Allgemeindidaktik müssen Curricula erstellt werden, die geeignet sind, die jeweils spezifischen Kompetenzen und Bewältigungsmuster heranzubilden, die ein geistig behinderter Mensch zu seiner selbstbestimmten und eigenverantwortlichen Realitätsbewältigung und Daseinsgestaltung benötigt. Folglich geht es nicht darum, das gesamte Spektrum der allgemeinen Didaktik der Erwachsenenbildung undifferenziert zu übernehmen, sondern mit Blick auf unsere Zielgruppe rehabilitative Intentionen zu reflektieren und mit den allgemeinen Zielsetzungen zu verknüpfen. Die allgemeinen und rehabilitativen Ziele dürfen nicht einfach nebeneinander stehen, sondern müssen aufeinander bezogen werden: Die speziellen rehabilitativen Zielsetzungen dürfen den allgemeinen nicht widersprechen, diese wiederum haben den rehabilitativen Zielen gegenüber eine kritisch-reflexive Funktion zu erfüllen.

4.6.2.1. Zu den Zielen

Klafki (1985, 58) nennt als wichtigste Aufgabe der Didaktik, „Aufklärung über und Hilfen zur Entwicklung von Selbstbestimmungs-, Mitbestimmungs- und Solidaritätsfähigkeit zu leisten." Hierzu hat sie einerseits Bedingungen und Voraussetzungen zu untersuchen, die dem obersten Ziel der Selbstbestimmungsfähigkeit entgegenstehen, und andererseits hat sie Möglichkeiten und Situationen zu schaffen, unter denen Bildungsprozesse im Sinne der Generalintention stattfinden können. Für eine dem Empowerment-Gedanken verpflichtete Erwachsenenbildung bedeutet dies, Rahmenbedingungen zu schaffen, in denen Menschen mit geistiger Behinderung „sich austauschen, sich gegenseitig beraten und stärken können, um dann, mehr und mehr ermächtigt, ihre Interessen selbst zu vertreten und Selbstbestimmung zu realisieren" (Niehoff 1994 b, 194). Folgende Grundfähigkeiten sollten als Ziele formuliert, eine auf Autonomie hin angelegte Erwachsenenbildung für Menschen mit geistiger Behinderung bestimmen: Selbstannahme, Akzeptanz der eigenen Behinderung; Fähigkeit, mit der Behinderung zu leben; Empathie; Ambiguitätstoleranz; Rollenflexibilität und Rollendistanz; Selbstbewußtsein und Ich-Stärke; Kritikfähigkeit (einschließlich der Fähigkeit zur Selbstkritik); Entscheidungsfähigkeit; Kompetenzen zur Bewältigung von Alltag und Umwelt (soziale und lebenspraktische Fähigkeiten); Artikulationsfähigkeit, z. B. die Fähigkeit, eigene Wünsche oder gemeinsame Forderungen zu entwickeln und vorzutragen; Durchsetzungsfähigkeit; realistische Selbsteinschätzung; Fähigkeit, gemeinsam mit anderen Strategien zur Durchsetzung von Gruppeninteressen zu entwickeln; Fähigkeit, in unvertrauten Situationen sich selbst zu helfen (Hilfe zur Selbsthilfe; Umstellfähigkeit); Fähigkeit, Ängste eigenständig-kompetent zu bewältigen; Fähigkeit, gemeinsam mit anderen Gruppeninteressen zu entwickeln und für eigene Belange und Rechte einzutreten;

Fähigkeit, mit anderen gemeinsam eine eigene Interessenvertretung aufzubauen.

Selbstverständlich handelt es sich hier nur um eine Auswahl von Fähigkeiten, die sich zwar wechselseitig bedingen, sich aber nicht aus dem obersten Ziel ableiten lassen. Vielmehr resultieren sie aus der rehabilitativen Notwendigkeit und sind an den Möglichkeiten, Bedürfnissen und Wünschen der geistig behinderten Menschen orientiert. Die leitende Fragestellung hierbei lautet: Welcher Kompetenzen, Kenntnisse, Orientierungen und Bewältigungsstrategien bedarf ein geistig behinderter Mensch, um angesichts seiner Möglichkeiten Autonomie-, Mitbestimmungs- und Solidaritätsfähigkeit entwickeln zu können? So muß zum Beispiel das Entscheidenkönnen gelernt sein, wenn ein selbstbestimmtes Leben verwirklicht werden soll. Selbständiges Handeln ist dagegen keine notwendige Voraussetzung für Selbstbestimmung. Viele geistig behinderte Menschen bleiben ihr Leben lang abhängig von Hilfestellungen, jedoch schließt dieser Grad an Unselbständigkeit Selbstbestimmung keineswegs aus. Wenn ein geistig behinderter Mensch zum Beispiel seinem Betreuer gegenüber seinen Willen bekundet und ihn auffordert, dementsprechend zu handeln, kann er über ein hohes Maß an Entscheidungsautonomie verfügen. Ein weiteres Beispiel: Ein Ziel von Empowerment ist, analog zum Bildungsideal, die selbstbestimmte Lebensführung und damit auch die größtmöglichste Kontrolle über die Dienstleistungssysteme durch die behinderten Menschen selbst. Erster Schritt hierzu wäre zum Beispiel die Berufung geistig behinderter Menschen in die Vorstände der jeweiligen Wohlfahrtsverbände oder Organisationen. Die Realisierbarkeit dieses Gedankens wird allerdings von vielen bezweifelt. In der Tat handelt es sich um ein höchst anspruchsvolles Ziel, welches mehrere der oben genannten Qualifikationen voraussetzt. Einige Menschen mit geistiger Behinderung sind aber sehr wohl in der Lage, diese in mühevoller Kleinarbeit zu erlernen (vgl. auch Breuer/Piatke 1992). Über ein Projekt, in dem geistig behinderte Menschen mit ihren Assistenten Einfluß auf die eigenen und kollektiven Lebensbedingungen nehmen konnten, berichtet die AG Freizeit e. V. Marburg (1993). Hier war die Artikulationsfähigkeit der behinderten Menschen Voraussetzung dafür, daß diskriminierende Alltagserfahrungen geschildert und Forderungen nach einem Antidiskriminierungsgesetz vorgetragen werden konnten. Zusammengefaßt können wir somit feststellen, daß die rehabilitativen Zielsetzungen dadurch begründet und gerechtfertigt werden müssen, daß sie das oberste Bildungsziel fördern können. In der Erwachsenenbildung sollten diese Ziele möglichst mit jedem einzelnen behinderten Menschen gemeinsam abgesteck werden, um ihn in seiner Subjekthaftigkeit nicht zu verfehlen. Jeder Erwachsenenbildner sollte in der Lage sein, in einem gemeinsamen Bildungsprozeß diejenigen Kompetenzen zu entwickeln und zu fördern, die benötigt werden, um das Leben möglichst autonom führen zu können und dabei sozial kompetent zu reagieren, d. h. erfolgreich für individuelle und gemeinsame Interessen eintreten zu können.

Fassen wir die bisherige Diskussion der Ziele der Erwachsenenbildung zusammen, so kann als *oberste Zielebene* die Entwicklung von Selbstbestimmungs-, Mitbestimmungs- und Solidaritätsfähigkeit festgehalten werden. Eine Parallelbezeichnung wäre „Emanzipation", die Überwindung von überflüssiger Herrschaft und unnötiger Abhängigkeit (Fremdbestimmung) zugunsten von individueller und kollektiver Autonomie. Diese Generalintention hat das traditionelle Bildungsziel der „Mündigkeit" abgelöst, welches dem Empowerment-Konzept nicht entspricht, da es die sozialen Faktoren (Chancengleichheit, Diskriminierung, Isolation, Aussonderung) nicht reflektiert.

Andererseits haben wir einige Grundqualifikationen sozialen Handelns angesprochen, die dem obersten Ziel untergeordnet wurden. Diese *zweite Lernzielebene* beinhaltet jene Qualifikationen, die für die Generalintention grundlegend sind, sich aber noch nicht auf einzelne Inhalte oder Lernbereiche beziehen. Sie besitzen allgemeinen Charakter und müssen noch konkretisiert werden.

Eine solche Ziel-Inhalt-Verknüpfung findet auf einer *dritten Lernzielebene* statt, die wir im Anschluß an Klafki (1985, 219 f.) die „bereichsspezifische" nennen. Hier werden im Sinne der obersten Zielsetzung die bereits oben genannten Schlüsselprobleme als relevante Themen bzw. Lernbereiche ausgewählt. „Relevant" bedeutet zum einen, daß die Themen aus der Lebenswelt der behinderten Menschen entstammen, ihren Bedürfnissen, Wünschen und Möglichkeiten entsprechen müssen, zum anderen dürfen sie dem emanzipatorischen Vorhaben nicht widersprechen, weswegen sie ideologiekritisch zu hinterfragen sind. Zum Beispiel würde die Aufbereitung des Lernbereichs „Wohnen" zu kurz greifen, wenn eine kritische Auseinandersetzung mit verschiedenen Wohnformen ausbliebe. Wichtig wäre ebenso die Reflexion von Wohngruppenkonzepten, um Formen überflüssiger Kontrolle und Fremdbestimmung aufzuspüren und Chancen für mehr Autonomie zu erkennen. Auch Themen wie der „Intimbereich" und die „Heimmitwirkung" sind dem Lernbereich Wohnen zuzuordnen, der angesichts seiner Komplexität als Lehrgang, als Abfolge von aufeinander aufbauenden Niveaus mit wachsenden Schwierigkeitsgraden konzipiert werden müßte: unterschiedliche Räume kennenlernen und

Modell einer Didaktik für die Erwachsenenbildung geistig behinderter Menschen

Allgemeine Bildungstheorie:

Bildung für ALLE Menschen

Schlüsselprobleme

(des individuellen
und gesellschaftlichen Lebens)

Ganzheitlichkeit
(Sinnerschließung und
Alltagsästhetik)

Zielebenen: 1:

Selbstbestimmung / Autonomie / Emanzipation

2:	3:	4:	5:
Allg. Grund-qualifikationen sozialen Rollen-verhaltens	Soziale Hand-lungskompetenz im Zusammen-hang mit Schlüs-selproblemen	Instrumentelle Lernziele (lebensprakt. Basisfertig-keiten)	Basale Lernziele

Methoden: – Grundformen der Aneignung (z. B. Phasenmodelle)
– Verfahrensweisen (z. B. Projektarbeit)
– Sozialformen (z. B. Gruppenarbeit)
– Aktionsformen (z. B. Demonstration)
– Urteilsformen (z. B. Ermutigung)

Medien: Auswahlkriterien:
– Entwicklungsgemäßheit
– Altersgemäßheit
– gemäßigte Neuartigkeit
– Handlungskompetenz

Bedingungen: – anthropogene Bedingungen
– soziokulturelle Bedingungen
– institutionelle Bedingungen

175

benennen; das typische Mobiliar einzelner Räume kennenlernen und diesen zuordnen; die Funktionen verschiedener Räume einer Wohnung kennenlernen; erkennen, daß sich Wohnungen unterscheiden, die eigene Wohnung visualisieren oder materialisieren; individuelle und kollektive Bedeutung des Wohnens benennen, beschreiben und erkennen; verschiedene Wohnformen, Wohnlagen, Häuser und Gebäude sowie unterschiedliche Wohngruppenkonzepte kennenlernen, beschreiben und im Hinblick auf eigene Wohnbedürfnisse beurteilen und dabei Formen überflüssiger Versorgung und Fremdbestimmung erkennen; Wohnalternativen für ein selbstbestimmtes Leben erarbeiten, die Rechte-Perspektive und Mitbestimmungsmöglichkeiten zur Schaffung und Sicherung autonomer Lebensräume kennenlernen...

Bereits diese knappen Hinweise zeigen: Sämtliche Inhalte unterliegen stets konkurrierenden Ansprüchen einflußreicher Mächte (Einrichtungsbetreiber, Wohlfahrtsverbände, Staat, Kirche, Fachdisziplin, Wissenschaft), denen nicht fraglos entsprochen werden darf, sondern die nur in differenzierter Form übernommen werden können, sofern sie zur Freisetzung von Fähigkeiten und Möglichkeiten für mehr Entscheidungs- und Handlungsautonomie beitragen.

Nun könnte uns spätestens an dieser Stelle der Vorwurf einer „normativen Erwachsenenbildung" gemacht werden, da stets von verbindlichen (kritischen) Zielvorgaben die Rede sei. Dieser Vorwurf läßt sich mit Blick auf unsere wissenschaftliche Position (s. Kap. 2) leicht zurückweisen. Zunächst einmal ist mit dem hier formulierten Bildungsbegriff ein Interesse verbunden (Selbstbestimmung), das anthropologisch durch das originäre Streben eines jeden Menschen nach Verfügung über die eigenen Lebensumstände und einer sinnerfüllten Daseinsgestaltung begründbar ist. Damit wird die Verwirklichung der im Menschen angelegten Möglichkeiten zur leitenden Maxime erkoren und gerade keine Interessen oder Ansprüche gesellschaftlich einflußreicher Mächte zu verbindlichen Lernzielen deklariert. Der Dogmatismus normativer Konzepte dagegen ist gerade daran erkennbar, daß hier das Subjekt mit seinen Möglichkeiten meistens ignoriert wird. Normative Bildungskonzepte beinhalten deshalb häufig klare Handlungsanweisungen, die von der obersten Sinn-Norm abgeleitet wurden. Diese jedoch bleiben in der Praxis nicht nur häufig wirkungslos (vgl. Blankertz 1986, 20 ff.); aus der Arbeit mit geistig behinderten Menschen wissen wir, daß zum Beispiel Lerntherapien oder heilpädagogische Übungsbehandlungen, deren Ziel es ist „unauffällig soziale Anpassung" (Levinson/Sagi) zu befördern, in der Regel den subjektiven Interessen und originären Bedürfnissen entgegenstehen, weswegen solche, häufig als Spiel getarnten heilpädagogischen Maßnahmen an der Zielgruppe scheitern. Auf der anderen Seite gibt es normative Bildungskonzepte, deren oberste Sinn-Normen und handlungsorientierende Leitprinzipien derart vage, unspezifisch und hochtrabend sind, daß sie kaum eine didaktische Reflexion zulassen und sich einer Erfolgskontrolle weitgehend entziehen. Dies ist zum Beispiel das Dilemma der musischen Bildung oder der anthroposophischen Heilpädagogik, deren Dogmen der Parteinahme für das Eigenrecht, für die Autonomie der behinderten Menschen entgegenstehen. Auch diese Ansätze brechen nicht mit auf Herrschaft, Kontrolle und Fremdbestimmung tendierenden Ansprüchen und tragen damit zur Besonderung, Aussonderung und Isolation behinderter Menschen bei.

Selbstbestimmung als kritische und handlungsorientierende Zielkategorie impliziert und befördert dagegen ein Umdenken in der Behindertenpädagogik: In erster Linie ist nicht der Adressat behindert, sondern vielmehr behindert die Gesellschaft den Prozeß seiner Persönlichkeitsentwicklung und sein Recht, ein selbstbestimmtes (normales) Leben zu führen. In dieser Hinsicht fällt der Erwachsenenbildung für geistig behinderte Menschen die Aufgabe zu, für diese Zielsetzung einzutreten und bei der Auswahl und Aufbereitung von Inhalten das Recht auf Selbstsein und Autonomie als Basisnorm zu verankern. Erwachsenenbildung für geistig behinderte Menschen ist damit kein Vollzugsorgan der Instanzen sozialer Kontrolle (Heim, Sozialamt) oder gesellschaftlicher Mächte, sondern Anwalt von Personen in marginalisierter Position. Das schließt nicht aus, daß in die Ziel-Inhaltsverknüpfung gewisse Ansprüche der Gesellschaft einfließen, da ein menschliches Zusammenleben stets Anpassungsleistungen und soziale Verpflichtungen eines jeden erfordert. Die Dialektik von Anpassung des Menschen an die Gesellschaft und Anpassung der Gesellschaft an die Bedürfnisse des einzelnen ist somit alles andere als aufgehoben. Deshalb nennt Klafki die Selbstbestimmungsfähigkeit stets in Verbindung mit der Mitbestimmungs- und Solidaritätsfähigkeit; deshalb nimmt die Befähigung zu einem sozialen Handeln, welches spezifische Tugenden wie Hilfsbereitschaft, Anteilnahme, Rücksichtnahme, Zuhören können usw. einschließt, im Empowerment-Konzept der Erwachsenenbildung breiten Raum ein.

Daneben sind allerdings weitere Fähigkeiten, die sog. Basisfertigkeiten nützlich, ja konstitutiv für „selbstbestimmte Anpassungsleistungen". Der Grad der Handlungsautonomie wächst mit der Aneignung von lebenspraktischen Kompetenzen. Dies führt zu einer *vierten Lernzielebene*, auf der wir instrumentelle Lernziele ansiedeln möchten. Im wesentlichen geht es hier um das Erlernen von Techniken, die emanzipatorisches Handeln befördern können. Beinhaltet die dritte Lernzielebene die sog. Schlüsselprobleme, so rücken nun Lernbereiche in den Vordergrund, die fachspezifischeren Charakter haben und nicht mit der allgemeinen (kritischen) Zielsetzung (Lernzielebene zwei) verschränkt sein müssen. Wir denken hier zum Beispiel an das Erlernen von Kulturtechniken, Verkehrserziehung, bildnerisches Gestalten, Werken, Sportaktivitäten, Selbstversorgung, Umgang mit Geld usw. Zum Beispiel beim Thema „Kochen" geht es um das Erlernen instrumenteller Fertigkeiten, während auf der dritten Ebene die Urteilsoder Kritikfähigkeit etwa in bezug auf Dosenkost und frischer Nahrung, gesunde oder weniger gesunde Gerichte, Sonderangebote, Fastfood-Restaurants sowie die Auszahlung von und der (selbst-)verwaltete Umgang mit Essensgeldern im Mittelpunkt steht. Bei ein und demselben Thema sollten die verschiedenen Lernzielebenen miteinander verschränkt und gemeinsam im Niveau gesteigert werden. Damit kann zugleich sichergestellt werden, daß die Inhalte nicht losgelöst vom kritisch-emanzipatorischen Anliegen angeeignet werden.

Die verschiedenen Lernzielebenen unterliegen keiner stringenten Deduktion, sondern stehen eher in einem interdependenten Verhältnis zueinander. Dies gilt insbesondere auch für die *fünfte Lernzielebene*, die wir als „basale" bezeichnen möchten. Sie erstreckt sich auf basale Fähigkeiten, die den instrumentellen vorausgehen und ebenfalls in die Selbstbestimmungsfähigkeit einfließen. Hier findet im wesentlichen „basales Lernen" statt, das vor allem in der Bildungsarbeit mit geistig schwer behinderten Menschen eine zentrale Rolle spielt. Darüber hinaus ist der „basale Charakter" generell eine wichtige Eigenschaft jeder ästhetischen Bildung (vgl. Theunissen 1989; 1994 c). Schon vor Jahren formulierte von Hentig (1970, 93) als Ziel ästhetischer Praxis, „den Menschen von klein auf die Gestaltbarkeit der Welt erfahren zu lassen, ihn anzuhalten, mit der Mächtigkeit der ästhetischen Wirkungen zu experimentieren und die unendliche Variation nicht nur der Ausdrucksmöglichkeiten, sondern gerade auch der Aufnahme- und Genußmöglichkeiten zu erkennen." Ästhetische Bildung versteht sich hier als Entwicklungsaufgabe. Zugleich bietet sie aber auch einen Raum für (verlorengegangene) Primärerfahrungen, für sinnerfüllende Eigentätigkeiten, Selbsterfahrung und Selbstbildung. In dieser Hinsicht kann die fünfte Lernzielebene als korrektiv gegenüber den kritisch-emanzipatorischen und pragmatischen Zielsetzungen begriffen werden. Für die Bildungsarbeit mit geistig (schwer) behinderten Menschen ist sie dreifach bedeutsam:

Erstens kommt ihr eine aufbauende, entwicklungsfördernde Funktion zu, indem sie durch Initiierung basal-ästhetischer (Lern-)Prozesse eine generelle Aktivierung des Individuums (und seiner retardierten Sinnesfunktionen) zum Ziel hat. Dies gilt in erster Linie für geistig behinderte Menschen, die sich auf einem sehr frühen Niveau der menschlichen Entwicklung bewegen, deren Lernbasis in fast allen Entwicklungsbereichen als „extrem reduziert" bezeichnet werden könnte.

Zweitens nimmt die ästhetische Bildung eine therapeutisch-intervenierende Funktion wahr, wenn sie partielle Lernausfälle und Störungen in der Wahrnehmung, Irregularitäten oder Diskrepanzen in der sensorischen oder sensomotorischen Entwicklung durch basal-ästhetische Stimulation aufzuheben oder auszugleichen versucht. Um nicht durch eine Funktionalisierung ästhetischer Mittel die Idee der ästhetischen Bildung zu verfehlen, muß die therapeutische Intervention genügend Raum lassen für ästhetisches Erleben und Erfahrungen augenblickhafter Erfüllung.

Drittens läßt sich eine psychohygienisch-kompensatorische Funktion ausmachen. Sie knüpft unmittelbar an Ausdrucksformen, Visualisierungen, Spiel- oder Gestaltungsprozesse an, die „regressive Tendenzen" aufweisen, d. h. nicht dem tatsächlichen Alter der geistig behinderten Menschen entsprechen, sondern weit in ihre ontogenetische Vergangenheit zurückreichen (vgl. auch Richter 1977). Unbewältigte psychosoziale Probleme oder psychische Krisen können mittels basal-ästhetischer Operationen und Materialien (z. B. Matschen mit Wasser und Sand; Fingermalen) ausgeglichen und aufgearbeitet werden.

Die Gemeinsamkeit dieser drei Möglichkeiten basalen Arbeitens besteht zum einen darin, daß die „Offenheit" ästhetischer Materialien voll genutzt wird. So erlaubt der Umgang mit ästhetischen Materialien unterschiedlichste basale Aktivitäten (z. B. Farben und Papier: malen, spritzen, kleben, reiben, pusten, drücken, verschmieren, zerknüllen, zerreißen, collagieren etc.), ohne daß „zwingende Problemlösungsschritte beachtet werden müßten" (Richter 1984, 84). Derartige Operationen kommen den Lernbedürfnissen, Voraussetzungen und der Problemlage von Menschen mit (schwerer) geistiger Behinderung (und Verhaltensauffälligkeiten) sehr entgegen. Zum anderen wird dem Prinzip der Entwicklungsgemäßheit entsprochen. Das besagt, daß sich die Bildungsarbeit im ästhetischen Bereich am Verlauf und den Gesetzmäßigkeiten der menschlichen Entwicklung zu orientieren hat (vgl. hierzu Theunissen 1994 a, b).

Die fünfte Lernzielebene begründet sich somit insbesondere aus den spezifischen Lernmöglichkeiten und Problemlagen geistig behinderter Menschen. Allerdings darf die ästhetische Bildung nicht zum bloßen Selbstzweck gerinnen und so zu einem Verzicht auf den allgemeinen Bildungsauftrag führen; auch sie bedarf deshalb der interdependenten Vernetzung mit den anderen Zielen innerhalb eines umfassenden Gesamtkonzeptes.

4.6.2.2. Zu den Methoden

Die Entscheidungen über Methoden müssen prinzipiell aus dem obersten Bildungsziel sowie den inhaltlichen Zielsetzungen begründbar sein, die stets „von und mit der und für die Person" (Theunissen 1993 a) zu entwickeln sind. Aber nicht nur diese inhaltlichen Zielsetzungen, sondern auch die anthropogenen (individuellen) Voraussetzungen der Lernenden, die sozial-kulturellen Voraussetzungen (Heterogenität der Zielgruppe, soziale Beziehungen, lebensweltliche Bezugssysteme) sowie institutionelle und organisatorische Rahmenbedingungen (Lernort, Raumfrage, Zeit) müssen reflektiert werden, bevor eine Methodenauswahl getroffen werden kann.

Auch bei den Methoden sollten verschiedene Ebenen unterschieden werden. Als erstes wären Grundformen oder *Phasen der Aneignung* zu nennen. In der Bildungsarbeit mit geistig behinderten Erwachsenen wird gerne auf das Konzept des „handelnden Lernens" nach Galperin (1972) zurückgegriffen. Es unterscheidet fünf Phasen: eine Motivierungsphase, bei der es um Interessenweckung und Motivauswahl geht; eine Orientierungsphase zur Bestimmung des Handlungsziels, der Einschätzung der Situation, der Ermittlung der Merkmale des Lernstoffes sowie der Auswahl und Bereitstellung von Materialien; ihr folgt die Durchführung, die eine Phase der materiellen Handlung (zum Teil mit sprachlicher Begleitung) und eine Phase der materialisierten Handlung (z. B. Erarbeitung eines Modells oder einer Kopie) umfaßt; danach kommt die Phase der sprachlichen Darstellung der Handlung ohne Durchführung und schließlich die fünfte Phase des gedanklichen Arbeitens ohne Verbalisierung. Damit ist die Handlung Bestandteil des Denkprozesses geworden (vgl. auch Klafki 1985, 102 f., 139 f.; Theunissen 1993 a, 75 f.). Es können allerdings nicht alle Menschen mit geistiger Behinderung von diesem Prozeß geistiger Aneignung profitieren. Deshalb bietet sich bei geistig schwer behinderten Menschen zum Beispiel eher die Strukturierung des Lernprozesses nach Piagets Phasen der senso-motorischen Entwicklung an. Weitere methodische Gestaltungshilfen sind (grobmaschige) Phasenmodelle (Aufgabenentwicklung bzw. Einstieg, Erarbeitung bzw. Aufbau, Stabilisierung bzw. Wiederholung, Anwendung und Transfer sowie Differenzierung von Verhalten), das (Lern-)Prinzip der „kleinen Schritte", das Prinzip „vom Leichten zum Schweren" oder das der „gemäßigten Neuartigkeit" (Ginsburg/Opper), welches besagt, daß erfolgreiches Lernen dann stattfinden kann, wenn die Inhalte/Angebote/Materialien weder über- noch unterfordern sowie in die Zone der nächst höheren Entwicklung führen.

Eine zweite Ebene bilden die sog. *Verfahrensweisen.* Hier hat die Projektarbeit eine herausragende Bedeutung. Sie ermöglicht ein gemeinsames und zugleich ein der individuellen Entwicklung gemäßes Lernen (innere Differenzierung) an einem gemeinsamen Gegenstand, läßt allseitiges Lernen zu, fördert Eigenentscheidungen und selbstbestimmtes, kooperatives und solidarisches Handeln, spricht die Ressourcen und Kompetenzen an und trägt zu ihrer Steigerung bei. Sie bietet Anreize und positive, ich-aufbauende und -stabilisierende Erfahrungen für jeden Kursteilnehmer, ermöglicht die Ausbildung neuer Fähigkeiten und vermeidet Ausgrenzung, Isolation und eine defizitorientierte Praxis, wie sie in der Heilpädagogik noch immer verbreitet ist. Sämtliche Lernzielebenen lassen sich in der Projektarbeit hervorragend integrieren. Neben dieser komplexen Prozeßgestaltung muß aber auch die sachimmanente Methodik oder Technik beachtet werden, da die jeweiligen Arbeitsformen/Angebote einer bestimmten (oft festgelegten) methodischen Strukturierung oder Vorgehensweise bedürfen (z. B. Musik-Malen, druckgraphische Verfahren, Plastisches Gestalten, Selbstbehauptungstraining, Basale Kommunikation, Integrative Körpertherapie).

Die dritte Ebene betrifft die sog. *Sozialformen,* zum Beispiel Gruppen-, Partner- oder Einzelarbeit. Außerdem zählen hierzu das pädagogische Verhältnis, die Häufigkeit der Interaktionen zwischen Erwachsenenbildner und Kursteilnehmer, Formen der Kooperation, Art und Intensität assistierender Hilfestellungen (z. B. Vormachen, gemeinsames Tun).

Auf der vierten Ebene werden von Schulz (1972) *Aktionsformen* genannt, etwa das Gespräch, motivationsstiftende oder anregende Fragen, Vortrag oder Demonstration. Der Lehrende kann aber auch indirekt agieren und auf den Bildungsprozeß Einfluß nehmen, so zum Beispiel durch Gewähren- oder Probierenlassen, durch gemeinsames Beraten, durch Experimente oder über Arbeitsanweisungen oder reformierte Materialien.

Schließlich gibt es fünftens noch sog. *Urteilsformen,* die in Abgrenzung zu den Sozial- und Aktionsformen Einstellungsmuster und Bewertungsmaßstäbe betreffen (soziale Verstärkung, Zustimmung). Die methodische Strukturierung der Erwachsenenbildung verlangt die kritische Reflexion aller fünf Ebenen, zwischen denen wechselseitige Abhängigkeiten bestehen. Denn es muß sichergestellt sein, daß die ausgewählten Methoden das Leitziel der Autonomie fördern können. Dies ist zum Beispiel von heilpädagogischen Übungsprogrammen, die eine dominierende Haltung des Pädagogen vorsehen und sich durch Verhaltensweisen wie Belehren, Befehlen, Programmieren oder Anweisen auszeichnen, die sich „vornehmlich bei Erwachsenen... als unzweckmäßig" erwiesen haben (Bach 1987, 29), kaum zu erwarten.

4.6.2.3. Zu den Arbeitsmitteln

Ein Entscheidungsfeld, das von der methodischen Gestaltung nicht losgelöst betrachtet werden kann, sind die Bildungsmittel (Medien, Materialien). Ihre Auswahl richtet sich nach den gleichen Faktoren wie bei der Methodik, besonders herauszuheben sind jedoch die anthropogenen Voraussetzungen, die im Falle der Erwachsenenbildung für geistig behinderte Menschen einer tiefgreifenderen Reflexion bedürfen. Denn hierbei steht der Lehrende vor der Frage, ob die Medien- und Materialauswahl sich eher nach dem tatsächlichen Alter (Prinzip der Erwachsenengemäßheit) oder nach der aktuellen Handlungskompetenz (Prinzip der Entwicklungsgemäßheit) der geistig behinderten Menschen richten sollte. Gilt das Primat des entwicklungsgemäßen (basalen) Lernens, ist die Gefahr einer infantilisierenden Bildungsarbeit nicht von der Hand zu weisen (z. B. beim Einsatz von Kleinkinderspielzeug, Bauklötzen, Kinderbilderbüchern, heilpädagogischen Rhythmik-, Montessori- oder Fröbelmaterialien; vgl. auch die Kritik von Goll 1993 an Theunissen 1994 a, b). Andererseits kann ein alters- bzw. erwachsenengemäßes Angebot (Stadtplan, Sachbuch, sog. gute Literatur oder schöne Kunst, Gebrauchsanweisung, Kinofilm, Theaterstück) zu Unverständnis führen, überfordern und Lern- und Entwicklungsprozesse hemmen. Die pädagogische Kunst besteht darin, Medien oder Materialien einzusetzen, die beide Anforderungen erfüllen, zum Beispiel ästhetische Mittel zum Werken, bildnerischen oder plastischen Gestalten, Naturmaterialien zur ästhetischen Verarbeitung, Medien wie Fernsehen, Video, Kassettenrecorder, CD-Player, Radio, Foto oder auch selbst hergestellte Lehr- oder Lernmittel (Arbeitsblätter, Vorlagen, Modelle).

4.6.2.4. Zu den Bedingungen

Zwei weitere Momente, die eine Didaktik der Erwachsenenbildung für geistig behinderte Menschen berücksichtigen muß, sind die schon mehrfach genannten anthropogenen (personenbezogenen), soziokulturellen und institutionellen Bedingungen. Aus Platzgründen kann hier keine ausführliche Auseinandersetzung stattfinden, es können nur stichwortartige Hinweise gegeben werden: Um die Kursteilnehmer zu verstehen, muß im Einzelfalle neben einer Interessenermittlung, Verhaltens- und Entwicklungsanalyse auch Biographie- und Sozialisationsforschung (Reflexion der Lebenswelt) betrieben werden. Die Reflexion der gesellschaftlichen Ansprüche und die Analyse der institutionellen und organisatorischen Voraussetzungen wiederum ist wichtig, um den Veränderungsbedarf zu ermitteln und zu einer realistischen Einschätzung der Möglichkeiten einer Erwachsenenbildung für geistig behinderte Menschen zu gelangen.

Zusammenfassend ist festzuhalten, daß eine auf Empowerment abzielende Erwachsenenbildung ein sehr anspruchsvolles Unternehmen ist, das sich als kritisches, geplantes und zeitlich begrenztes Angebot von einer bloßen heilpädagogischen Erwachsenenarbeit (Förderung) oder Freizeitgestaltung erheblich unterscheidet. Die Anforderungen an die Pädagogen sind hoch, denn aus einer gut begründeten Theorie folgt nicht zwangsläufig eine qualifizierte Praxis. Kein „neues Bildungskonzept" kann besser sein als die Konstrukteure oder Anbieter selbst. So kommt es letztlich auf die Erwachsenenbildner an, die die Idee des Empowerment in der Bildungsarbeit mit Leben füllen müssen. Nicht das Konzept allein, sondern auch die persönliche Kompetenz nimmt Einfluß auf die Autonomieentwicklung behinderter Menschen.

Da wir schon an anderer Stelle (vgl. Theunissen 1993 a) auf die Planung und Organisation einer autonomiefördernden Erwachsenenbildung eingegangen sind, wollen wir zum Schluß unserer Ausführungen Beispiele nennen, die für Empowerment richtungsweisend und ermutigend sind.

4.6.3. Beispiele aus der Praxis

Das erste Beispiel stammt aus der Kunstschule von Lange/Krijtenburg (1991). Dort werden unter anderem Kurse für geistig schwer- und mehrfachbehinderte Erwachsene und ihre Eltern durchgeführt, bei denen neben sozialen Prozessen (gemeinsames Tun und Erleben) in erster Linie sinnliche, spielerische und lustbetonte Materialerfahrungen im Mittelpunkt stehen, um Sinne zu sensibilisieren und motorische Verkrampfungen zu lösen. Hatten die Behinderten zu Beginn der Kurse noch Schwierigkeiten, selbst Ideen zu entwickeln, so lernten sie mit der Zeit, Farben und Material selbst auszuwählen und einfache Techniken (z. B. Spurenziehen in nasser Farbe mit einem Kamm, Malen mit dicken Pinseln und kleinen Schwämmchen, Handabdrucke, Klecksographie, Blasen, Tropfen... von Farbe) anzuwenden. „Die Freude am Experimentieren mit Farbe, Wasser, beim Strukturieren ohne Leistungs- und Konkurrenzdruck bedeutete auch für die Eltern eine neue Erfahrung. Es entstanden beispielsweise abstrakte Malereien und Objekte, deren Sinn... vor allem im Erlebnis des Schaffens lag" (ebd., 25). Ähnliche Erfahrungen wurden auch beim plastischen Gestalten gemacht. Dieses Beispiel zeigt, daß auf dem Hintergrund eines „basalen Lernens" auch geistig schwer behinderte Erwachsene befähigt werden können und in der Lage sind, Mitteilungen zu machen, Entscheidungen zu treffen, auszuwählen und einfache Formen einer Selbst- und Mitbestimmung zu zeigen.

Bei einem zweiten Beispiel geht es um „soziales Lernen", z. B. um das Erlernen demokratischer Kommunikations- und Interaktionsformen, so daß Mitverantwortung, Mitwirkungs- und Mitbestimmungsmöglichkeiten besser wahrgenommen werden können. Über eine entsprechende Fortbildungsmaßnahme berichtet Pief (1994). Die erste Einheit dieses Projekts stand ganz im Zeichen des Kennenlernens (über ästhetische Aktivitäten). In der zweiten Einheit wurde „mit einem Rollenspiel begonnen, das Möglichkeiten der Durchsetzung von Wünschen aufzeigen sollte. Um einen Sitzplatz sollten jeweils zwei Leute streiten oder diskutieren. Von körperlicher Gewalt über die Mitleidsmasche bis hin zu überzeugenden Argumenten reichte die Palette der möglichen Strategien" (ebd., 22). Die dritte Phase galt dem Thema der Selbsterfahrung und Fremdwahrnehmung, der Sensibilisierung für die Probleme anderer. Danach folgte in einem vierten Abschnitt das Erlernen „demokratischer Kommunikation". Die Teilnehmer hatten hierzu die Aufgabe, sich auf eine Deutung zu einer Klecksographie zu einigen. „Es zeigte sich, wie Argumente hilfreich eingesetzt werden können, aber auch, welche anderen Faktoren den Entscheidungsprozeß beeinflussen (Macht, Position, Sturheit bzw. Beharrlichkeit)... Da es wegen der Mehrdeutigkeit des Kleckses keine richtige Lösung gab, blieb am Ende nur die Abstimmung und damit der Mehrheitsentscheid. Hierbei war zu lernen, daß die Minderheit den Entschluß mittragen muß, und daß nur selten einhellige Zustimmung zu einem Vorschlag zu erwarten ist" (ebd., 23). In der letzten Einheit wurde die Alltagsarbeit von Heimbeirat und Beschäftigtenvertretung thematisiert.

Die Themen, die in derartigen Projekten wie auch in Selbsterfahrungsgruppen (vgl. Badelt 1984) bearbeitet werden können, erstrecken sich auf eine weite Bandbreite: von Selbst- und Fremdwahrnehmung, der Auseinandersetzung mit der eigenen Behinderung über den Abbau von Ängsten oder Unsicherheiten, Selbstbehauptung, Formen des Auftretens, das Ausdrücken der eigenen Meinung, Situation in der Öffentlichkeit, Sexualität und Partnerschaft bis hin zur Organisation der persönlichen Assistenz oder zum Aufbau selbstorganisierter Gruppen. Hierüber berichtet Kok (1994). Seine Ausführungen sind ein wichtiges Beispiel dafür, daß Empowerment bei Erwachsenen mit geistiger Behinderung Realität werden kann. Deshalb soll zum Schluß ausführlich aus Koks „Darstellung des Interessenvereins ,untereinander stark'" zitiert werden (ebd., 69 ff.): „Wir wollen mit diesem Papier deutlich machen, was wir mit diesem Verein beabsichtigen. Das Wichtigste, an dem wir als Verein arbeiten wollen, ist, selbst mehr Einfluß auf unsere Wohn-, Arbeits- und Freizeitsituation zu bekommen... Wir wollen nicht mehr, daß nur über unsere Köpfe hinweg beschlossen wird, sondern zusammen mit uns... Wir vom Vorstand laden darum alle Menschen mit einer geistigen Behinderung ein, wenn sie unsere Ideen sympathisch finden, Mitglied zu werden oder anderswo selbst einen solchen Verein aufzubauen. Wir wollen gerne dabei helfen...

1. Die Vorgeschichte
Ein Mitarbeiter der Stiftung für sonderpädagogische Berufsbildung in Rotterdam kam über seinen alten Arbeitgeber ,Stiftung Familien ersetzende Heime Schouwen-Duiveland' in Kontakt mit der englischen ,People First'-Bewegung in London. Der Vorsitzende dieser Bewegung, Garry Bourlet, begeisterte ihn dafür auch in den Niederlanden zusammen mit Menschen mit einer geistigen Behinderung etwas Ähnliches aufzubauen...

2. Einsicht des Vereins
Unser Verein will ein Interessenverein sein, in dem Menschen lernen, für ihre eigenen Interessen selbst einzutreten... Wir brauchen nicht beschützt zu werden, sondern man soll uns normal begegnen. Damit wollen wir nicht sagen, daß wir in bestimmten Bereichen keine Unterstützung von anderen nötig haben (denken sie an unsere Berater), aber wer hat keine anderen Menschen nötig? ... Als Verein wollen wir im Erreichen dieser Forderungen eine aktive Rolle spielen, statt der Haltung ,lassen wir über uns kommen', was andere gut für uns finden. Natürlich müssen wir uns selbst noch in Schulen bilden oder trainieren. Wir haben als Verein den Eindruck, daß Eltern, HelferInnen, Behörden, BeamtInnen, Regierungen noch bessere Arbeit verrichten können, wenn sie uns erst zuhören würden...

3. Die Ziele des Vereins
...
einander helfen
lernen, für sich selbst aufzukommen
neue Fähigkeiten lernen
aufkommen für ,normale Rechte'
versuchen, in der Gesellschaft einen Begriff und Respekt für unser ,Menschsein' zu bekommen

4. Wie wir arbeiten

… (Es finden regelmäßige Mitgliederversammlungen statt, es werden gemeinsame Gespräche über bestimmte Theorien geführt, Diskussions- oder Filmabende organisiert, Bildungsaktivitäten angeboten, BeraterInnen konsultiert, Vorträge gehalten, Aktivitäten angeboten, Öffentlichkeitsarbeit betrieben und mit Elternvereinigungen, Arbeits- oder Wohnstätten sowie Ämtern zusammen gearbeitet, die Autoren).

5. Die Organisation

… (Es wurde die Vereinsform gewählt, damit jeder mitbestimmen kann, die Autoren). … Der Vorstand des Vereins kann ‚coaches' und Berater ernennen/wählen. … BeraterInnen können Hilfestellungen im allgemeinen Sinn an den ganzen Vorstand oder Verein geben. Zusätzlich fragen wir natürlich auch andere Gruppen und Gruppierungen um Rat. Es muß aber gesagt werden, daß wir selbst beschließen, ob wir diesen Ratschlägen folgen oder nicht…

6. Zum Schluß

Wir hoffen als Vorstand, daß wir mit dieser Aufzeichnung verdeutlichen konnten, wie unsere Gedanken, Ziele und Arbeitsweisen aussehen. Hoffentlich kann unser Verein dazu beitragen, daß Menschen mit einer geistigen Behinderung selbst mehr Initiative ergreifen, um für ihre eigenen Interessen einzustehen und sie durchzusetzen. Wir sind in erster Linie ‚normale Menschen' und hoffen, dies in verschiedenen Situationen stärker im Alltag zu erleben." Soeben veröffentlichte Berichte (vgl. Sundran 1994; Zirpoli 1993) zeigen auf, daß curriculare Programme, die sich über eine solche eigene Interessenvertretung hinaus explizit auf Lebensplanung, Durchsetzungskompetenz und Inanspruchnahme von Dienstleistungen beziehen, auch in den USA – und dort schon seit mehreren Jahren – erfolgreich durchgeführt werden.

4.7. Empowerment und Alter

In einer Gesellschaft, in der die persönliche Arbeits-Produktivität das zentrale Bewertungskriterium darstellt, führt nicht erst die „Diagnose: geistige Behinderung" zu Ausgrenzung, Isolierung und Marginalisierung. Auch kranke und alte Menschen sind meist nicht in der Lage, die von ihnen erwarteten gesellschaftlichen Leistungen zu erbringen, und werden daher immer häufiger an den Rand der Gesellschaft gestellt. Auch ihnen mangelt es, wie den behinderten Menschen an Lebensräumen, die ihren Bedürfnissen entsprechen.

Wie verhält es sich nun bei Menschen, die geistig behindert sind und dann auch noch krank werden? Da auch geistig behinderte Menschen alt werden, stellt sich die Frage, wie wir mit den spezifischen Bedürfnissen alter geistig behinderter Menschen umgehen; das Empowerment-Konzept, das sich den Rechten geistig behinderter Menschen verpflichtet fühlt, muß sich auch mit der Frage nach dem Alter und dem Sterben geistig behinderter Menschen auseinandersetzen. Wir können nicht ein humanes Leben postulieren, dabei aber den Lebensabend und humanes Sterben vergessen.

4.7.1. Alte geistig behinderte Menschen in Einrichtungen der Behindertenhilfe

In Deutschland und Österreich werden wir erst jetzt zunehmend mit dem „Problem" des alternden und alten geistig behinderten Menschen konfrontiert. Die Tötungen während der Nazi-Diktatur haben hier zu einer extremen Verschiebung der heutigen Altersstruktur geistig behinderter Menschen geführt (vgl. Lebenshilfe Österreich 1993). Obwohl genauere Daten über die Altersstruktur, den Aufenthaltsort oder gar die Lebenssituation alter geistig behinderter Menschen fehlen (vgl. Wieland 1987), konnte in verschiedenen Untersuchungen gezeigt werden, daß sich die Alterspyramide bis ins Jahr 2010 permanent verschieben wird, so daß wir dann mit einem wesentlich höheren Anteil an alten Menschen in unseren Wohneinrichtungen bis hin zu einer Überalterung der Bewohnergruppen rechnen müssen (vgl. Plaute 1992 b; Hofmann 1992; Bruckmüller 1993). Dieser Trend wird auch dadurch beschleunigt, daß die Lebenserwartung geistig behinderter Menschen in den letzten Jahren erheblich gestiegen ist. So hat sich der Anteil der 50jährigen in den letzten zehn Jahren fast verdoppelt. „Es ist also höchste Zeit, daß wir auf nationaler und internationaler Ebene aktiv werden" (Hofmann 1992, 19). Dies ist um so dringender notwendig, da noch häufig entsprechende Konzeptionen fehlen. In diesem Kapitel sollen deshalb erste Überlegungen für Konzeptionen diskutiert werden, die im Zusammenhang mit Empowerment von Bedeutung sind.

In der Diskussion um die Versorgung alter geistig behinderter Menschen spielt immer wieder die Wohnform eine zentrale Rolle. Besondere Schwierigkeiten ergeben sich bei der Frage nach den geeigneten Spezialdiensten, die für die Versorgung alter Menschen notwendig sind. Die intensive Pflege kann nur schwer von kleineren Wohneinrichtungen übernommen werden (vgl. Miller u. a. 1992), da es diesen häufig an finanziellen und personellen Voraussetzungen fehlt. Die Errichtung neuer, spezieller Einrichtungen scheint derzeit ebenso problematisch wie der Versuch, alte geistig behinderte Menschen in „klassischen" Seniorenheimen unterzubringen (vgl. Wieland 1987; Schmidt-Thimme 1994 c). Wurde in der Lebenshilfe Salzburg in den 80er Jahren noch die Errichtung spezieller Seniorenhäuser für geistig behinderte Menschen propagiert, so wird heute einem Modell der Vorzug gegeben, das dem behinderten Menschen die Möglichkeit bieten soll, an seinem angestammten Wohnplatz verbleiben zu können (vgl. Schmidt-Thimme 1994 c). Die notwendigen Zusatzmaßnahmen (u. a. Pflege- und Krankenversorgung, Sterbebegleitung) werden dezentral in den jeweiligen Wohnhäusern (max. 12 Bewohner) angeboten. Dem speziellen Ruhebedürfnis alter Menschen wird dadurch Rechnung getragen, daß auf Wunsch ein individualisierter Tagesablauf ermöglicht werden kann (z. B. späteres Aufstehen, kürzere Arbeitszeit).

Durch diese Maßnahmen kann der alte geistig behinderte Mensch in seiner vertrauten Umgebung, in der er sich zurechtfinden kann und in der er seine sozialen Kontakte (u. a. Familie, Freunde) hat, verbleiben. Dieser Wunsch wird insbesondere auch von den alten Eltern alternder geistig behinderter Menschen geäußert (vgl. Schmidt-Thimme 1994 b). Gerade für einen geistig behinderten Menschen ist die Umstellung auf neue Lebensbereiche oft besonders schwierig. Um diese Probleme in einer zudem schwierigen Lebenssituation zu vermeiden, ist einem Verbleib in der gewohnten Umgebung der Vorzug zu geben, wenn verschiedene Voraussetzungen erfüllt werden können (vgl. Bruckmüller 1992). Dazu zählen vor allem eine ausgewogene Bewohnerschaft (nicht zu große Altersunterschiede), die Möglichkeit, auf Wunsch ein Einbettzimmer zu erhalten, entsprechende Hilfsdienste (Pflege) und eine hierfür günstige Infrastruktur (u. a. durch Wohnverbundsysteme), kleine familienähnliche Wohneinheiten (acht bis zwölf Bewohner) sowie die Einbindung örtlicher mobiler Hilfsdienste (vgl. Bradl 1987; Böing 1988).

In großen Einrichtungen der Behindertenhilfe sieht man sich zudem dem Problem gegenüber, daß diese verkleinert werden müssen (Generalsanierungen) (vgl. Bradl 1987; Miller u. a. 1992). Da sowohl die Anzahl der alten Menschen als auch die Zahl der schwerstbehinderten Menschen zunimmt, erhöht sich die Arbeitsbelastung der MitarbeiterInnen erheblich, wodurch es zunehmend schwieriger wird, geeignetes Personal für diese Arbeit zu bekommen. Daraus resultiert die dringende Notwendigkeit einer entsprechenden Aus-, Weiter- und Fortbildung. Vor allem aber sind entsprechende Fachkräfte (KrankenpflegerInnen, AltenhelferInnen) in entsprechender Quantität in jedem Team vorzusehen.

4.7.2. Praktische Überlegungen zur Betreuung alter geistig behinderter Menschen

Neben den organisatorischen Fragen spielt hauptsächlich die Frage nach den Inhalten einer adäquaten Begleitung (Betreuung und Förderung) alter geistig behinderter Menschen eine zentrale Rolle. Der Bundesaltenplan (BAP) des deutschen Bundesministeriums für Familie und Senioren nennt vier Schwerpunktthemen für Fördermaßnahmen (Rönsch 1992):
Förderung der Selbständigkeit und der gesellschaftlichen Beteiligung älterer Menschen;
Unterstützung hilfs- und pflegebedürftiger Menschen im Hinblick auf Selbständigkeit;
Angleichung der Lebenverhältnisse im vereinten Deutschland und Ausbau der internationalen Seniorenpolitik.
Oberstes Ziel muß also sein, daß die Selbständigkeit älterer Menschen erhalten bleibt und ihnen die Beteiligung an gesellschaftlichen Aktivitäten (z. B. Ausflüge, Reisen, kulturelle oder religiöse Veranstaltungen) ermöglicht wird (vgl. auch Schmidt-Thimme 1994 a). Da auch in der Arbeit mit alten geistig behinderten Menschen Selbständigkeit und Normalisierung oberste Ziele sein sollten, können wir uns daher an den diesbezüglichen Konzeptionen orientieren, die von „normalen" alten Menschen ausgehen. Insbesondere die Konzepte der „Validation" von Feil (1992) und der „Übergangspflege" von Böhm (1992) nennen einige Grundanforderungen an eine Begleitung alter Menschen, die auch für die Arbeit mit alten geistig behinderten Menschen wichtig sind.
Das Konzept der „Validation" geht grundsätzlich davon aus, den alten Menschen mit seinen Gefühlen und Lebensäußerungen anzuerkennen und ernst zu nehmen. Einfühlungsvermögen ist die Basis für Vertrauen und partnerschaftliches Umgehen miteinander. „Einfühlungsvermögen – ‚in den Schuhen des anderen gehen' – schafft Vertrauen. Vertrauen schafft Sicherheit, Sicherheit schafft Stärke – Stärke stellt das Selbstwertgefühl wieder her, Selbstwertgefühl verringert Streß" (Feil 1992, 11). Dieser Anspruch an die Betreuung alter Menschen muß auch für die Assistenz alter geistig behinderer Menschen gelten. Hierzu gehört vor allem, daß die Begleitung die Vorgänge des Alterns aufgreift, ihre Besonderheiten erkennt und entsprechend darauf reagiert. So ist es dem alten Menschen eigen, seine Lebensgeschichte zu ordnen (vgl. Feil 1992). Doch gerade geistig behinderte Menschen haben Schwierigkeiten, die Lebensgeschichte zu sammeln und eine reflektierte Ordnung vorzunehmen (vgl. Bruckmüller 1992). Aber geistig behinderte Men-

schen fragen ebenso nach dem Sinn ihres Daseins und setzen sich ebenso mit den Fragen des „Todes" auseinander. Es ist natürlich in vielen Fällen wesentlich schwieriger, ihre Fragen zu verstehen. Eine besondere Bedeutung unserer Arbeit liegt also darin, diese existentiellen Fragen alter, geistig behinderter Menschen zu deuten und zu verstehen, um ihnen die entsprechenden (verständlichen) Antworten geben zu können. Bei alten geistig behinderten Menschen ist das Bedürfnis nach Sicherheit oft in einem hohen Maß ausgeprägt. Veränderungen in der sozialen Struktur, aber auch in der Objektwelt lösen häufig Unsicherheit und Angst aus (vgl. Bruckmüller 1993). Es ist daher darauf zu achten, daß der persönliche Lebensraum ein hohes Maß an Stabilität aufweist. Eigene Möbel und Gebrauchsgegenstände spielen dabei ebenso eine Rolle wie die Möglichkeit, seine sozialen Beziehungen aktiv leben zu können (hierzu zählt auch die Möglichkeit, daß Frauen und Männer zusammenleben können).

Ein wesentliches Merkmal für die meisten Beziehungen zwischen Mitarbeitern und den alten, geistig behinderten Bewohnern ist das unterschiedliche Lebensalter (vgl. Bruckmüller 1992). Viele Fragen, die für alte Menschen zum Leben gehören (u. a. Pflegebedürftigkeit, Krankheit, Tod), werden von den jüngeren Menschen wenig thematisiert oder sogar weggeschoben. Um mit diesen Fragen im beruflichen Alltag umgehen zu können, sind die Mitarbeiter selbst auf Unterstützung und Hilfe angewiesen. In entsprechenden, vorbereitenden Fortbildungsveranstaltungen (z. B. Sterbebegleitung) und in Supervisionsgruppen sollten diese Fragen erörtert werden.

Eine weitere wesentliche Maxime in der Begleitung alter, geistig behinderter Menschen sollte das Prinzip „Akivierende Pflege" (Böhm 1992) darstellen. Durch die eingeschränkten Fähigkeiten im Alter (Mobilität, Leistung der Sinnesorgane, Altersdemenz) werden viele Tätigkeiten unmöglich, die in jüngeren Lebensjahren zur Alltagsroutine gehört haben. Der alte, geistig behinderte Mensch wird zunehmend passiver. Die Mitarbeiter übernehmen immer mehr alltägliche Aufgaben (u. a. Einkauf, Pflege, Versorgung), so daß der behinderte Mensch immer hilfsbedürftiger und unselbständiger wird. Eines der wichtigsten Prinzipien ist daher, jeden Menschen soviel tun zu lassen, wie er in der Lage ist. Nur die Teilhabe am täglichen Leben und die Erkenntnis, für das eigene Leben einen Beitrag zu leisten, verhindert ein frühzeitiges Altern und ermöglicht ein würdevolles und sinnerfülltes Altern (vgl. Grond 1992). „Statt den Patienten in seiner Patientenrolle zu belassen, ihn also voll zu versorgen, soll er aktiviert – emanzipiert – werden" (Böhm 1992, 180). Somit ist dies ein Ansatz, der der Empowerment-Philosophie voll entspricht.

4.7.3. Begleitung geistig behinderter Menschen beim Sterben

„Wie man lebt, so stirbt man" (Wanschura 1992, 152). Dieser Satz sollte gerade im Zusammenhang mit geistig behinderten Menschen zu denken geben. Behinderte Menschen leben oft anonym, fremdbestimmt und ausgegrenzt. Ihre täglichen Lebensbezüge sind bestimmt durch „Helfer". So wie sie im Leben oft isoliert sind, müssen sie auch sterben. Empowerment dagegen will den geistig behinderten Menschen andere Lebensperspektiven eröffnen. Das bedeutet auch, daß ein anderes Sterben ermöglicht werden muß. Sterben gehört zum Leben – ohne Sterben gibt es auch keine Leben. Der Tod ist das Ereignis im Leben, das alle Menschen in gleicher Weise betrifft. Jeder muß sterben. Das betrifft behinderte wie nicht-behinderte Menschen (vgl. dazu auch Spitzer u. a. 1992). Wir können daher auch geistig behinderten Menschen die Auseinandersetzung mit dem Sterben nicht ersparen, ebenso dürfen wir damit nicht warten, bis sie mit dem eigenen Tod konfrontiert sind (vgl. Huber 1992). Wir haben für einen Verbleib alter geistig behinderter Menschen in ihrem natürlichen Lebensraum plädiert, und ebenso plädieren wir dafür, daß geistig behinderte Menschen dort sterben dürfen, wo sie auch gelebt haben. „Für Max B, wurde ein eigenes Krankenbett bestellt, das mitten im Gruppenraum stand. So konnte er noch am Geschehen teilhaben und wurde mit seiner Krankheit nicht in die Isolation getrieben. Für die anderen in der Gruppe... war seine Krankheit und sein Tod nichts ungewöhnliches" (Bauer 1994, 15). Neben der theoretischen Vorbereitung auf die Themen „Alter – Krankheit – Tod" ist Vorsorge zu treffen, daß geistig behinderte Menschen möglichst dort wo sie ihr Leben verbracht haben, gepflegt werden und hier auch sterben können.

Bei der Vorbereitung auf das Sterben haben wir es mit zwei Grundfragen zu tun, die nur miteinander beantwortbar sind: Wie kann man den behinderten Menschen auf seinen eigenen Tod vorbereiten? Und: Wie kann man Mitarbeiter auf den Tod des behinderten Menschen vorbereiten? Wir haben schon im normalen Alltag unsere Schwierigkeiten, die Empfindungen und Gedanken geistig behinderter Menschen zu verstehen. Um wieviel schwerer ist es dann, nachzuvollziehen, was diese Menschen im Zusammenhang mit dem Tod empfinden? Trotzdem müssen wir uns mit dem Thema Sterben beschäftigen, indem wir z. B. den Jahreszyklus als Anlaß nehmen, das Werden und das Vergehen in der Natur zu besprechen oder anläßlich der verschiedenen Kirchenfeiertage den Tod zum Thema machen (vgl. Huber 1992). Auch wenn wir oft nur schwer die richtigen Worte für das Sterben, für den Tod finden, so bleibt trotzdem wichtig: „Auch beim Tod:

191

Ehrlich sein!" (Wanschura 1992, 124). Wichtiger als eine völlig korrekte und richtige Vorgehensweise ist es, das Thema überhaupt angesprochen und behandelt zu haben. „Auch wenn man dabei Fehler macht, eines zählt mehr als alles andere: Das Gefühl zu vermitteln, daß man Schutz bietet, daß das Kind (der behinderte Mensch, die Autoren) nicht allein gelassen ist, und daß man es ehrlich meint" (Wanschura 1992, 126). Auch wenn geistig behinderte Menschen die Worte vielleicht nicht hundertprozentig verstehen können, so spüren sie doch die Wärme und den Klang der Worte. Die Beziehung zum geistig behinderten Menschen kann nicht nur auf verbaler Ebene, sondern muß vor allem auch auf taktiler Ebene hergestellt werden.

Die Vorbereitung der Mitarbeiter sollte im Rahmen von Sterbebegleitungsseminaren erfolgen. Dies darf allerdings nicht zu einer Ausbildung von „Sterbebegleitungsexperten" führen, die dann die Sterbebegleitung stellvertretend übernehmen. „Halt geben kann dem Sterbenden im Grunde nur eine vertraute, nahestehende Person. Echte Begleitung kann nur geben, wer mitteilen kann, daß er den Sterbenden liebt. Für die Begleitung eines sterbenden geistig Behinderten kommen zunächst alle jene in Betracht, die in seiner näheren Betreuung stehen. Das sind seine Angehörigen, die Erzieher und Betreuer der Wohngruppe in den Heimen, das können auch die Krankenschwestern im Krankenhaus sein. Vorrangig kommt für diese Begleitung aber die Person unter den genannten in Frage, die das Vertrauen des sterbenden Behinderten im Alltag in besonderer Weise erworben und dort auch unter Beweis gestellt hat, mit einem Wort: der ‚Lieblingsbetreuer' oder die ‚Lieblingskrankenschwester' " (Huber 1992, 237).

Besonders wichtig ist für die Mitarbeiter, daß sie sich während der Vorbereitung auf den Tod auch damit auseinandersetzen, daß sie selbst eine Phase des Schmerzes und der Traurigkeit erleben werden, denn Sterbebegleitung ist in emotionaler Distanz nicht möglich. Mitleiden und Mitweinen gehören ebenso zur Sterbebegleitung, wie die Phasen des Mutschöpfens und des Zuspruchs. Durch die emotionale Betroffenheit wird aus dem Betreuer ein Betroffener (vgl. Spitzer u. a. 1992). In der Vorbereitung auf eine aktive Sterbebegleitung muß auf verschiedene Fragen eine Antwort gesucht werden (nach Wanschura 1992, 69 f.): Wie kommuniziere ich mit einem Sterbenden? Wie rede ich mit ihm, wenn er bewußtlos ist? Welche Wünsche an Wahrheiten und Information hat er? Welche religiösen Bedürfnisse hat er? Welchen Begleiter will er haben? Hat er Botschaften, die ich für ihn erledigen kann? Gibt es sonst etwas, das er auf dem Herzen hat?

Eine solche Umgangsweise nimmt den behinderten Menschen auch am Ende seines Lebensweges ernst und ermöglicht ihm ein würdevolles und begleitendes Sterben. Empowerment in dieser letzten Lebensphase bedeutet, über humanes und individuelles Sterben nachzudenken und jene Veränderungen herbeizuführen, die auch geistig behinderten Menschen dieses Grundrecht gewähren (vgl. Spitzer u. a. 1992).

5. Empowerment und spezielle Themen

Im letzten Kapitel werden zwei spezielle Themen unter dem Aspekt des „Empowerments" beleuchtet. Wenn sich Empowerment als Grundkonzept durchsetzen soll, dann muß sie für jede spezielle Fragestellung Antworten geben können. Aus diesem Grund sollen in diesem Kapitel noch zwei für die Geistigbehindertenarbeit wichtige Themen diskutiert werden: die „Erlebnispädagogik", ein für die Förderung und Betreuung von geistig behinderten Menschen richtungsweisendes Konzept, sowie das Thema „Sexuelle Mißhandlung".

5.1. EMPOWERMENT UND ERLEBNISPÄDAGOGIK

5.1.1. Einführung

So neu wie Empowerment, so neu ist auch die Erlebnispädagogik als heilpädagogisches Handlungskonzept, das konstitutiv auf die Gewinnung von mehr Selbstbestimmung, Selbstvertrauen, sozialer Kompetenz und Realitätskontrolle angelegt ist. Zahlreiche Initiativen, Fachtagungen, Workshops und Publikationen im In- und Ausland dokumentieren die enorme Attraktivität dieses Ansatzes, der im jugendpolitischen und -rechtlichen Bereich immer mehr Resonanz findet. Wohl an keine anderen Aktivitäten im Bereich der Sozialen Arbeit werden heute so viele Erwartungen geknüpft wie an die Erlebnispädagogik (vgl. zusammenfassend Theunissen 1992, 163 ff.). In der heilpädagogischen Arbeit mit geistig behinderten Menschen jedoch ist von Erlebnispädagogik noch kaum die Rede. Vielmehr drängt sich der Eindruck auf, daß die Heilpädagogik hier wieder einmal den aktuellen sozialpädagogischen Strömungen und zukunftsträchtigen Entwicklungen hinterherläuft. Auch die Bedeutung der Emanzipationspädagogik und der sog. Alltagswende oder Lebensweltorientierung in den Erziehungswissenschaften für die Theorie und Praxis der Arbeit mit geistig behinderten Menschen war lange Zeit verkannt worden. So verwundert es nicht, daß die Erlebnispädagogik für geistig behinderte Menschen erst in blassen Anfängen steckt.
Nun ist aber die Erlebnispädagogik keineswegs so neu, wie es den Anschein hat. Historisch betrachtet begegnet man ihr schon in der Reformpädagogik und in der Jugendbewegung der Jahrhundertwende. Als Antwort auf die damals weitverbreitete Drillpädagogik und

die einseitig intellektuell ausgerichtete, lebensfremde Bildungs- und Schulpolitik gründete Kurt Hahn sog. Kurzschulen, die Jugendliche in mehrwöchigen Kursen für Einsätze im Rettungs-, Bergwacht- oder Seenotdienst ausbilden sollten (vgl. Hahn 1954). Im Stil der Lebensphilosophie seiner Zeit klagte er über mangelnde menschliche Anteilnahme und soziale Verantwortung, über den Egoismus im Denken und Handeln, über fehlende Motivation und Fähigkeit zur (Eigen-)Initiative, mangelnde Sorgfalt und körperliche Untauglichkeit. Gegen diese „Verfallserscheinungen" entwickelte Hahn seine „Erlebnistherapie", die in erster Linie präventiv wirksam sein sollte. Durch körperliches Training, Expeditionen, Projekte, Übungen in erster Hilfe und Dienste sollte sowohl die „körperlich-seelisch-geistige" Einheit des Menschen als auch seine Beziehung zum Mitmenschen und zur Natur (wieder) hergestellt und entfaltet werden – eine Idee, die heute wieder modern geworden ist. So knüpfen die erlebnispädagogischen Outward Bound-Einrichtungen unmittelbar an dieses Konzept an. Es handelt sich hierbei um einen alten Begriff aus der englischen Seemannssprache, der ein Schiff bezeichnet, „das – nach vielen Vorbereitungen – ‚auslaufen' kann. Im übertragenen Sinne ist damit gemeint, daß Schüler und Auszubildende als Teilnehmer an Outward Bound-Kursen bei herausfordernden natursportlichen und sozialen Aktivitäten Außergewöhnliches erleben und dabei Pesönlichkeitseigenschaften festigen oder entwickeln, die ihnen bei der ‚Bewältigung des Lebens' helfen" (Jagenlauf 1990, 15). Outward Bound versteht sich zuallererst als Prävention, um ein „Abgleiten" in Verhaltensauffälligkeiten, die nur noch durch pädagogische oder therapeutische Intervention aufgefangen werden können, zu verhindern. Zugleich eröffnet dieses Konzept aber auch ein alternatives Lern- und Erfahrungsfeld für Kinder- und Jugendliche, die heute unter dem Verlust von Lebenserfahrungen aus „erster Hand", von Sinnlichkeit und unmittelbarem Erleben zu leiden haben. Denn die gesellschaftlich produzierte Zerstörung kindlicher Lebens- und Spielräume und der von den Medien ausgelöste Wandel der kindlichen Aneignungsformen der Wirklichkeit (z. B. Aneignung durch Bildkultur) hat zu einer Situation geführt, in der ein „learning by doing", ein „ganzheitliches" Lernen durch „Kopf, Herz und Hand" kaum mehr stattfinden kann. Dem soll durch erlebnispädagogische Unternehmungen abgeholfen werden. Die Erlebnispädagogik ist somit eine praktische Anwendung der Kulturkritik, wie sie von den systemischen Wissenschaften und ökopsychologischen Forschung vorgetragen wird. Allerdings verbergen sich unter dem Begriff der Erlebnispädagogik zwei unterschiedliche Tendenzen, weswegen es keine allgemein gültige Definition gibt.

Zum einen können wir eine Erlebnispädagogik „im weiteren Sinne" ausmachen. Ihr ist es z. B. um die Bereicherung des pädagogischen Alltags durch sog. in door-Aktivitäten (Schwarze Theater, Zirkus- oder Theaterprojekte) – einer polyästhetischen Erziehung – zu tun. Außerdem strebt sie keine spektakulären out door-Unternehmungen an, sondern sie bevorzugt einen „sanften Weg" (Dewald) durch Wanderungen, Abenteuerwochenenden, Exkursionen oder Übernachtungen im Freien, wobei unmittelbare Naturerfahrungen wie Tierbeobachtung, Pflanzen bestimmen, „einen Baum erleben" ihren festen Platz haben. Damit rückt sie in die Nähe einer Ökopädagogik. Aspekte wie Natur, Erlebnis, Bewußtsein, Gemeinschaft, Bewegung sowie die Beziehung zwischen Mensch und natürlicher Umwelt sollen in diesem Konzept harmonisch miteinander verknüpft werden.

Zum anderen gibt es erlebnispädagogische Angebote „im engeren Sinne", die in der Regel als „Zielgruppenarbeit" aufbereitet werden und großen Anklang vor allem in der stationären Erziehungshilfe und im Jugendstrafvollzug finden. Hauptadressat sind „schwierige" Jugendliche oder junge Erwachsene, die die herkömmliche Heilpädagogik oder Psychotherapie nicht erreichen kann. Die einschlägige Literatur vermittelt hierzu inzwischen eine Fülle von Anregungen, die angesichts ihrer Exklusivität sehr medienwirksam geworden sind. Zu den bekanntesten Unternehmungen zählen: Hochgebirgswanderungen, alpine Klettertouren, Kajakwanderungen, Floßfahrten, Wildwassertouren, Meeresfahrten in alten Segelschiffen, Überlebenstraining in der Wildnis, Exkursionen mit survival-Charakter. Derartige Angebote schaffen „Grenzsituationen", die man gemeinsam durchleben und durchhalten muß, „in denen Jugendliche Erlebnisse mit sich, mit anderen Mitmenschen und der Natur machen können, die in der gegebenen Alltagssituation nicht möglich sind" (Nickolai 1993, 93). Darin liegt zugleich auch ihre heilpädagogische Bedeutung. So sollen die Jugendlichen durch diese exklusiven Outward Bound-Kurse in ihrem Erfahrungshunger, ihrer Neugierde und Abenteuerlust befriedigt werden; es sollen Aha-Erlebnisse hergestellt, die Bereitschaft, sich auf aktives Erleben einzulassen, unterstützt und Stimmungen erlebt und verarbeitet werden; die Auseinandersetzung mit der Natur und das Erlebnis angsterzeugender Grenzsituationen schafft Selbstvertrauen und Selbstwertgefühl. Die Jugendlichen sollen auf dem Hintergrund eines handlungsbezogenen und problemlösenden Lernens sich selbst entdecken, eine realistische Selbst- und Fremdeinschätzung des Handelns entwickeln, Ängste überwinden und Emotionen kontrollieren lernen sowie ermutigt werden, selbstbewußter auf zukünftige (Leistungs-)Anforderungen zu reagieren. Darüber hinaus verlangt die

Gruppensituation soziale Integration (Einfügen) und die Fähigkeit zum Zusammenleben. Die erlebnispädagogische „Ausnahmesituation" (Nickolai) ist das Fundament einer tragfähigen Beziehung zwischen dem Erzieher (Projektleiter) und dem Jugendlichen. In der Gruppe kommt es zum Aufbau, zur Erprobung und Entfaltung sozialer Kompetenzen: gegenseitige Unterstützung, Anerkennung, Kooperation. Schließlich dient die Erlebnispädagogik der Aneignung psychomotorischer und sozialer Fertigkeiten. All dies soll zum eigenständigen und verantwortungsbewußten Handeln führen. So hat sich die Erlebnispädagogik ganz der Maxime K. Hahns „Handeln statt Behandeln" verschrieben, der zunehmend auch die Heilpädagogik folgt (vgl. Theunissen 1992; 1993 a; 1994 a).

Trotzdem gibt es aber auch kritische Stimmen, die vor allzu großer Euphorie und einem unreflektierten Einsatz erlebnispädagogischer out door-Aktivitäten in der stationären Erziehungshilfe warnen. So wird zum Beispiel die noch eindeutig männliche Orientierung erlebnispädagogischer Unternehmungen bemängelt. Ferner ist es wichtig, die exklusiven Outward Bound-Kurse in ein pädagogisches Gesamtkonzept einzubauen. Denn fernab vom Alltag durchgeführte erlebnispädagogische Unternehmungen stellen nur dann ein sinnvolles Angebot dar, wenn ihre heilpädagogische Wirkung sich auch im alltäglichen Leben der Heranwachsenden bewähren kann, wenn also der Transfer gelingt. Deswegen bedarf es neben einer sorgfältigen Vorbereitung auch einer gewissenhaften Nachbereitung der Projekte. Überdies bietet es sich an, die Erlebnispädagogik als Breitbandangebot zu organisieren, so daß eine einseitige Ausrichtung auf spektakuläre out door-Aktivitäten vermieden werden kann. Damit haben wir die wichtigsten Aspekte der Erlebnispädagogik im Bereich der Sozialpädagogik und Sozialarbeit skizziert. Im folgenden gilt es nun zu fragen, ob dieser Ansatz auch für Menschen mit geistiger Behinderung konstruktiv und wertvoll sein kann.

5.1.2. Erlebnispädagogik mit geistig behinderten Menschen

Auf den ersten Blick hat man den Eindruck, als ob die Erlebnispädagogik insbesondere in ihrer exklusiven Gestalt einzig und allein eine Abenteuerwelt für Nichtbehinderte sei: Gehören doch Wagemut, Entdeckerlust, Selbstüberwindung, Risikosituationen, Ringen mit Naturgewalten oder Überlebenskampf zum herrschenden erlebnispädagogischen (Männer-)Kodex. Menschen mit geistiger Behinderung wird demgegenüber wenig zugetraut. So mutet es fast absurd an, zu behaupten, auch geistig behinderte Jugendliche oder junge Erwachsene könnten an solchen Unternehmungen partizipieren.

Betrachten wir kurz ihre Situation: Sie ist gekennzeichnet durch einen hohen Grad an sozialer Abhängigkeit. Viele Menschen mit geistiger Behinderung erhalten allerdings kaum Chancen zu mehr Unabhängigkeit; vielmehr werden sie in ihrer Autonomieentwicklung gedämpft, häufig auf die Stufe eines „ewigen Kindseins" fixiert, als erwachsene Person infantilisiert, reglementiert und fremdbestimmt. Hinweis- und Stoppschilder, eine überbehütete und/oder überversorgende Erziehung sowie der kontrollierende Einfluß von (Heil-)Pädagogik und Therapie behindern in unnötiger Weise das Erwachsenwerden und Erwachsensein geistig behinderter Menschen. Häufig fehlt das notwendige Maß an Vertrauen in die Ressourcen geistig behinderter Menschen wie aber auch die Bereitschaft, den Ablösungs- und Verselbständigungsprozeß durch entsprechende Gelegenheiten zu unterstützen. Demgegenüber haben sie wie alle anderen Mitmenschen ein Recht darauf, „aus dem unmündigen Status eines ‚Zöglings' entlassen zu werden" (Gröschke 1991, 63), eine Forderung, die sich vollständig mit den Anliegen der Empowerment-Philosophie deckt.

Die möglichen Folgen einer mangelnden Autonomieentwicklung beschreibt Seligman in seiner Theorie der „erlernten Hilflosigkeit" (1986): Menschen, die die „Erfahrung der Unkontrollierbarkeit" machen, erleben ihr Handeln als „sinnlos" und reagieren häufiger als andere mit Apathie, Rückzug, Hilflosigkeit oder gar schweren Depressionen. Ein in diesem Zusammenhang nicht zu unterschätzendes Problem ist die mangelnde Risikoerfahrung, die eine überbeschützende Pädagogik oder Rundumversorgung nach sich ziehen. In einem überbehüteten geistig behinderten Menschen werden sich nicht nur diffuse Ängste vor einer „gefährlichen" Welt festsetzen, sondern auch das Gefühl, hilflos dieser „Gefahr" ausgeliefert zu sein. Deswegen glaubt der Betreffende jegliche Risiken meiden zu müssen, außerdem benötigt er stets andere Menschen, um sich sicher fühlen zu können. Menschen mit geistiger Behinderung, die in ihrer Sozialisation in hoher Abhängigkeit gehalten werden und deshalb ein starkes Sicherheitsbedürfnis entwickeln, denen Erfahrungen wie Risiko, Wagnis oder Abenteuer fehlen, wird die Gelegenheit genommen, sich die Welt handelnd anzueignen und dabei die Grenzen des Körpers zu erfahren. Es werden aber nicht nur Körper-Kompetenzen mangelhaft entwickelt, ebenso fehlen Erfahrungen des eigenen Könnens, so daß sich auf dem Hintergrund der Sozialisationserfahrung des „Nicht-Dürfens" das innere Bild des „Nicht-Könnens" verfestigt. Folglich wird jede „gefährliche" Handlung vorsorglich vermieden – eine Angstbarriere, die in realen Gefahrensituationen oder bei unvorhergesehenen Momenten ins Panische oder zu Katastrophenreaktionen führen kann.

Deshalb ist Erlebnispädagogik auch für geistig behinderte Menschen sinnvoll. Sie bietet ihnen ausgezeichnete Möglichkeiten, Abenteuer zu erleben, Lernprozesse nachzuholen und neue Erfahrungen zu machen, die für ein relativ selbstbestimmtes Leben und auch für alternative Freizeitperspektiven unabdingbar sind. Damit leistet die Erlebnispädagogik auch einen wichtigen Beitrag zur personalen und sozialen Integration von Menschen mit geistiger Behinderung. Dies belegen die Praxisbeispiele über Outward Bound-Unternehmungen mit geistig behinderten Menschen. Harder (1990) berichtet über ein gezieltes Programm mit out door-Aktivitäten wie Wanderungen, Bewegungsübungen im alpinen Gelände, Zelttouren, Klettern auf Leitern, Mauern und Felsen, das geistig behinderten Menschen eine Fülle an Erfahrungen vermitteln sowie zu einer selbständigen aktiven Lebensführung verhelfen soll. „Bereits vorhandene Fähigkeiten werden gefördert, neue werden entdeckt und individuell ausgebaut. Ein weiteres Repertoire an Fertigkeiten und Verhaltensmustern erleichtert eine Integration in die Gemeinschaft" (ebd., 14). Die Outward Bound-Kurse sind nach dem Prinzip „vom Leichten zum Schweren" systematisch aufgebaut: „Eine langsame Steigerung der Schwierigkeit führt von Spaziergängen auf angelegten Wegen hin zu Wanderungen in unwegsamen Gelände durch den Wald, über Geröll, steile Grashänge und durch ausgetrocknete Bachbette. Während anfangs bereits kleine Unebenheiten von den Teilnehmern als nur schwer überwindbare Hindernisse empfunden werden, lassen sich durch bewußt langsame Steigerung im Verlauf des Kurses sichtbare Erfolge erzielen. Vielfältige Bewegungserfahrungen werden durch Geschicklichkeitsübungen gesammelt" (ebd., 15). Daß die entsprechenden, im Niveau gesteigerten Aufgaben wie z. B. das Balancieren über einen Balken in 5 Meter Höhe unter sorgfältigster Vorbereitung und Sicherung ablaufen, ist selbstverständlich. Ergänzt wird das natursportliche Programm durch Aktivitäten aus dem ästhetischen Bereich (z. B. Töpfern, Gestalten, Malen), die der Ruhe und Entspannung dienen sollen. Ein weiterer Erfahrungsbericht stammt von Herbst (1982), der das survival-Training für Jugendliche und junge Erwachsene mit geistiger Behinderung (unter IQ 50) der 1975 eröffneten britischen Outward Bound-Einrichtung „Churchtown Farm" (vgl. Cotton 1981) vorstellt. Im Auftrag der Spastic Society werden hier für Menschen mit unterschiedlichen Behinderungen out door-Kurse angeboten. Ausgangspunkt des survival-Training bilden die Entdeckung und Erkundung der Natur sowie das Vertrautwerden mit der natürlichen Umgebung. In diesem Zusammenhang spielen zum Beispiel die Beobachtung und das Fangen von Mäusen mit „live traps" eine wichtige Rolle, „um Aufmerksamkeit zu trainieren" (Herbst 1982, 26). Ferner finden Segelfahrten, Wanderungen mit „Durchqueren von Wildwassern, Muschelnsammeln zwischen Ebbe und Flut, wobei es darum geht, möglichst viele unterschiedliche Muscheln zu finden. Geländeübungen, bei denen man anhand von Fotos bestimmte Punkte in der Landschaft wiedererkennen muß" (28), wie auch Klettertouren unter alpinen Bedingungen statt. Freilich werden die behinderten Menschen nicht zu Höchstleistungen „gezwungen", sondern die individuellen Voraussetzungen und emotionalen Befindlichkeiten finden die notwendige Beachtung. Entscheidend ist, daß jedem einzelnen, den nichtbehinderten wie auch den behinderten Teilnehmern, „die Erlebnisse mit der Natur, die Erfahrungen mit dem Lebendigen viel Selbstvertrauen für den Alltag geben" (ebd., 28). Hierbei wird unterstellt, daß bei geistig behinderten Menschen ähnlich spontane Erlebnisweisen auftreten können wie bei Nichtbehinderten. Dies läßt sich schwer nachweisen, da sich das Erleben einer empirischen Erfassung weitgehend entzieht. Außerdem sind Erkenntnisse im Rahmen erlebnispädagogischer Unternehmungen nur unter Vorbehalt generalisierbar, da das Erleben von Person zu Person unterschiedlich ist. Wichtig ist, daß erlebnispädagogische Projekte Emotionen, subjektive Befindlichkeiten oder individuelle Bedürfnisse bei Menschen mit geistiger Behinderung anerkennen und ernstnehmen, was lange Zeit in der medizinisch-therapeutisch präformierten Heilpädagogik alles andere als selbstverständlich war (vgl. die orthodoxe heilpädagogische Übungsbehandlung).

Neuere Ansätze (z. B. basale Kommunikation, körperorientierte Verfahren, Musiktherapie in einem „Pränatalraum", basale Stimulation, Sensorische Integration, Snoezelen) stehen dieser defizitorientierten Arbeitsweise zum Teil diametral gegenüber, indem sie das focussieren, was zuvor vernachlässigt wurde. Störmer (1989) konstatiert für diesen Trend einen „neuen Kult der Innerlichkeit", der mit Irrationalismen und Mystifizierungen behaftet ist, wenn zum Beispiel über den „Leib" die „ganze Welt des Schwerstbehinderten" erreicht oder erfaßt werden soll. Damit bewegt sich die heilpädagogische Förderung zwischen Extremen und wird von Gegensätzen geprägt: Am einen Ende des Spektrums steht die geforderte Norm (Leistungszuwachs; Anpassung), am anderen Ende befinden sich Konzepte, die Anforderungen und „geschlossenes Lernen" ablehnen und dagegen das So-Sein des behinderten Menschen und ein „Geschehenlassen" hochhalten. Zwischen diesen gegensätzlichen Ansätzen steht die Erlebnispädagogik für geistig behinderte Menschen. Ihr Bestreben ist einerseits eine allgemeine Persönlichkeitsbildung, indem durch Erlebnisräume mit Abenteuercharakter Möglichkeiten einer aktiven Auseinandersetzung mit der Welt geschaffen werden. Zugleich sollen dadurch physische und psychische Grenzen erweitert sowie der Sinn für das Ästhetische entfaltet werden. Andererseits erzeugt sie therapeutische Wirkungen, wenn es um mehr Selbstvertrauen, Angstabbau, soziales Lernen sowie um die Förderung „handfest" erfahrener Stärke- und Schwächeerlebnisse und einer realistischen Selbsteinschätzung geht. Aufgrund von Beobachtungen in erlebnispädagogischen Ferienfreizeitmaßnahmen sind wir davon überzeugt, daß psychosoziale Probleme nicht selten „authentischer", realer und schneller bewältigt werden können als durch zahllose heilpädagogische Förder- oder (Psycho-)Therapiestunden. Gerade das erlebnispädagogische Setting (z. B. Lagerfeuer, gemeinsame und kooperative Überwindung von Hindernissen) ist von großem therapeutischen Nutzwert und leidet weniger unter einer „Verkrampfung" als manche Therapiesitzung. Indem die Erlebnispädagogik öffentliche Räume besetzt und emanzipatorische Entwicklungsimpulse offeriert, begreift sie sich als ein lebensweltorientiertes Konzept, das den „Inselcharakter" der herkömmlichen heilpädagogischen Arbeit mit geistig behinderten Menschen aufhebt. Dies gilt sowohl für die in door-Aktivitäten als auch für die out door-Kurse. Zum Beispiel beim Aufenthalt auf Selbstversorgungshütten oder in Zelten werden hohe Anforderungen an soziale Kompetenzen sowie an lebenspraktische Fähigkeiten gestellt: „Selbständiges Zubereiten des Essens, Organisation des Abspülens und Aufräumens, Zelte aufbauen und Schlafstatt richten, sich selbständig anziehen und die Rucksäcke packen sind Aufgaben, die nur schwer zu lösen sind. Aber bevor die Anleiter eingreifen, wird darauf hingewirkt, daß sich die Teilnehmer untereinander helfen, was auch gut funktioniert" (Harder 1990, 15). Ohne Zweifel dürfen insbesondere bei den exklusiven Unternehmungen gewisse Grenzen nicht überschritten werden; so darf etwa die „Selbstüberwindung" nicht zum wichtigsten Kodex erkoren werden. Viele geistig behinderte Menschen mußten in ihrem Leben schon oft bedrohliche Situationen aushalten und haben bestimmte „Überlebensstrategien" (Coping) entwickelt, die von ihren Umkreispersonen in der Regel als stereotyp, primitiv oder sozial unerwünscht beurteilt werden. Ist die erlebnispädagogische Anforderungssituation zu hoch, können sich diese Bewältigungsformen in einer neuen Variante (Symptomverschiebung) wiederholen. Deshalb dürfen Menschen mit geistiger Behinderung nicht in Situationen gebracht werden, in denen ihre Sicherungsbedürfnisse keinen Platz mehr haben.

Wichtig ist die Frage nach der geeigneten Risikodosierung. Didaktisch kommt es darauf an, die geistig behinderten Menschen dort abzuholen, wo sie gerade stehen. Hierbei geht es um die Erfassung des aktuellen Entwicklungs- und Handlungsniveaus, um die Berücksichtigung der subjektiven Befindlichkeit, Interessen- und Bedürfnislage. Überdies gilt es, die eingeschränkten Risikoerfahrungen (Angst vor Unbekannten, unzureichende Abschätzung von Risiken, subjektive Ereigniswahrnehmung) und impliziten mangelnden (psycho-)motorischen Kompetenzen und Körpererlebnisse zu beachten. Wichtig ist auch die Einschätzung der individuellen Problemlösungsentwürfe in vertrauten und unbekannten Situationen. Erlebnispädagogische Maßnahmen müssen somit stets sensibel und sorgfältig vorbereitet und durchgeführt werden. Hierzu gehören auch Gelegenheiten für sog. Annäherungshandlungen, indem den behinderten Menschen genügend Zeit gelassen wird, sich in ihrem Tempo den Erlebnisraum anzueignen und den Anforderungen zu nähern. Mit solchen „Vorübungen" unterscheidet sich die Erlebnispädagogik für Menschen mit geistiger Behinderung von der allgemeinen erlebnispädagogischen Praxis. Darüber hinaus macht sie auch ein Stück Elternarbeit notwendig, um elterliche Vorbehalte oder Abwehr gegen Segelfahrten, alpine Klettertouren oder Kanuwanderungen abzubauen. Argwohn äußern auch viele MitarbeiterInnen. Welche Wohngruppe unternimmt schon eine erlebnispädagogische Ferienfreizeit mit Bergsteigen unter alpinen Bedingungen oder Wildwasserwanderungen? Bei dieser Skepsis oder Abwehr spielt aber nicht nur das mangelnde Vertrauen in die Ressourcen oder Fähigkeiten der geistig behinderten Menschen eine Rolle, häufig traut man sich selbst auch wenig zu und fühlt sich als Laie auf dem Gebiet erlebnispädagogischer out door-Aktivitäten überfordert. Sicherlich ist eine spezielle Ausbildung in einzelnen Bereichen sinnvoll, dennoch muß nicht jeder Betreuer eine Zusatzausbildung in Erlebnispädagogik nachweisen, um entsprechende Unternehmungen durchführen zu können. Durchaus denkbar ist eine Kooperation mit Experten oder Praxisanleitern aus Outward Bound-Einrichtungen. Dies könnte sogar den Vorteil haben, daß der einzelne geistig behinderte Teilnehmer die fehlende Kompetenz oder Angstbewältigung seines Betreuers erleben und an diesem Beispiel lernen kann. Ferner sollte eine erlebnispädagogische out door-Expedition kein „Strohfeuer", sondern wegbereitend sein für mehr Autonomie und soziale sowie praktische Handlungskompetenz. Hierzu bedarf es entsprechender Freiräume im Alltag, die den geistig behinderten Menschen wirklich zugestanden werden müssen. Das scheint nicht selbstverständlich zu sein, weswegen auch dieses Thema in Elterngruppen wie auch in Mitarbeiterteams zur Sprache kommen sollte. Abschließend sei erwähnt, daß neben den herausgestellten out door-Aktivitäten mit gleichem Engagement die erlebnispädagogischen Entwicklungs- und Gestaltungsmöglichkeiten im in door-Bereich genutzt werden sollten. Hier besteht eine deutliche Affinität zur ästhetischen Praxis (vgl. Theunissen 1994 a, b, c). Zum Beispiel können Zirkusprojekte oder das Schwarze Theater zu einem „Grenzerlebnis" werden, wenn sowohl die Akteure als auch die Zuschauer von einer Faszination und Begeisterung angesteckt werden, die die Performance und die mit ihr verbundene Atmosphäre erzeugen. Zur psychischen Stabilisierung und zum emotionalen Wohlbefinden bedarf es somit nicht unbedingt gesteigerter Anforderungen oder Höchstleistungen, sondern es genügt ein ästhetisches Erleben oder die ästhetische Erfahrung, die an sich wertvoll sein kann. Exklusive erlebnispädagogische out door-Unternehmungen sollten demnach nicht als Allheilmittel mißverstanden werden, sondern sie stellen einen wichtigen Bereich der Erlebnispädagogik für geistig behinderte Menschen dar, dem jedoch noch viel zu wenig Aufmerksamkeit gezollt wird. Ein weiteres in door-Angebot, welches die Außenaktivitäten ergänzen kann, ist die Gestaltung und Aneignung sog. Erlebnisräume. Neben den Erlebnismöglichkeiten in der freien Natur können vielfältige und sinnvolle Erfahrungen durch einen bewußt gestalteten Fußparcours aus unterschiedlichen Naturmaterialien, durch Tastwände oder durch eine Höhlen-, Kletter- und Liegelandschaft mit basalen Aktivitätszonen im Innenbereich gewonnen werden. Dieses Konzept erinnert an das sog. Snoezelen (Hülsegge & Verheul 1993). Der Begriff stammt aus dem Holländischen und läßt sich mit dösen, schlummern, schnuppern, riechen, sich wohlfühlen umschreiben; im wesentlichen geht es hierbei um stimulierende, eigens für schwerstgeistig- und mehrfach behinderte Menschen angelegte Erfahrungsräume. Im Unterschied zum Snoezelen werden in der Erlebnispädagogik für Menschen mit geistiger Behinderung aber keine „vermarkteten" Erfahrungs- oder Erlebnisfelder „präsentiert", sondern von Grund auf (naturnah) erarbeitet, gemeinsam geplant, kooperativ gestaltet und sozial-emotional verwirklicht. Kernstück des in door-Angebots bleibt die Projektarbeit, die ein mehrperspektivisches, interessenbezogenes Lernen, Eigeninitiative, Selbständigkeit, kreatives Handeln, Realitätskontrolle sowie individuelle und kollektive Verfügung über die Lebensumstände ermöglicht. Der Bezug zur Alltagswelt wird damit nicht aufgehoben, sondern beibehalten – wohl aber bewußter, eben sinnvoller erlebt.

5.2. Empowerment und sexuelle Misshandlung

Seit kurzem ist die sexuelle Mißhandlung von Kindern und Jugendlichen zu einem in Fachwelt und Öffentlichkeit intensiv diskutierten Thema geworden. Die inzwischen nahezu unüberschaubare Fülle an einschlägiger Literatur macht deutlich, daß es sich um ein hochbrisantes Problem handelt, das alle gesellschaftlichen Schichten und pädagogischen Sozialisationssysteme betrifft und wesentlich weiter verbreitet zu sein scheint, als je zuvor angenommen wurde. Gerade auch aus der Empowerment-Idee, die auf die Rechte geistig behinderter Menschen ausgerichtet ist, ergibt sich die dringende Nowendigkeit, alle jene Bereiche aufzuzeigen und anzuprangern, die diese (Grund-)Rechte verletzen. Aus diesem Grund scheint uns das Thema „Sexuelle Mißhandlung" von besonderer Bedeutung. Empowerment kann nur dann als Leitidee für die Geistigbehindertenpädagogik fungieren, wenn sie sich auch jenen besonders abstoßenden Formen des Umgangs mit geistig behinderten Menschen stellt.

Auch in der rehabilitativen Arbeit mit geistig behinderten Menschen bahnt sich derzeit die Erkenntnis an, daß sexuelle Mißhandlung keineswegs ein seltenes Phänomen ist, sondern mit großer Wahrscheinlichkeit „ein verheerender Tatbestand des alltäglichen Lebens" (Dunand 1987, 438). Allerdings fehlen hier noch fundierte Untersuchungen zum Ausmaß und zu den Formen sexueller Mißhandlung in Familien, Anstalten oder anderen Systemen der Behindertenhilfe. Fachleute behaupten die Ubiquität sexueller Übergriffe oder Gewalt sowohl im familialen Nahraum geistig behinderter Menschen als auch in institutionellen Wohn- und Betreuungssystemen (vgl. Degener 1990, 113). Diese beunruhigende Erkenntnis, die zugleich deutlich das Bild von Familie oder Heim als einem „sicheren" Ort erschütterte (vgl. Wittrock 1992, 164; Degener 1990, 113), hat einen wichtigen Prozeß der Auseinandersetzung mit diesem Problem eingeleitet, was sich unschwer an der zunehmenden Zahl von Fachtagungen, Diskussionen und Fortbildungsveranstaltungen für MitarbeiterInnen in der Behindertenhilfe ablesen läßt. Angesichts der hohen emotionalen Besetzung des Themas können in einen solchen Prozeß leicht Übertreibungen, voreilige Schlüsse, Vorurteile oder Mißverständnisse einfließen, die unter Umständen eher das Gegenteil von dem bewirken, was angestrebt werden sollte: mehr Sensibilität und Interesse für Probleme und Belange geistig behinderter Menschen sowie verbesserte assistierende Hilfen bei psychischen Krisen und psychosozialen Auffälligkeiten. Für diese Befürchtung gibt es in der Kinder- und Jugendhilfe bereits gewisse Anzeichen (vgl. Offe u. a. 1992; Fernsehbeitrag „Kontraste"

v. 25. 1. 93). So wird immer häufiger über Fälle von Vorverurteilungen und Fehldiagnosen mit daraus folgenden familialen Diskriminierungen berichtet, die aus einer gut gemeinten aber „falsch ausgestalteten" (Offe) Parteilichkeit für potentielle Opfer resultieren. Um diese Gefahr zu vermeiden, ist ein sachlich fundierter, kritisch-reflexiver Umgang mit dem Problem dringend geboten.

5.2.1. Zur Definition

In der einschlägigen Literatur wie auch in der (Fach-)Öffentlichkeit wird das Thema meistens unter „sexuellem Mißbrauch" diskutiert. Nach Gloer (1989, 13; Gloer/Schmiedeskamp-Böhler 1990, 15) handelt es sich hierbei um „eine sexuelle Ausbeutung eines Kindes durch eine/n meist ältere/n Täter/in. Der/die erwachsene oder jugendliche Täter/in benutzt dabei Macht und Autorität, die im scharfen Gegensatz zur emotionalen und materiellen Abhängigkeit des Kindes stehen, um eigene Bedürfnisse (nach Zuwendung, Nähe und Macht) in Form von sexuellen Handlungen zu befriedigen". Ähnlich äußern sich auch Offe u. a. (1992, 246) und Enders (1990, 21), die ergänzend herausstellt, daß „Kinder und Jugendliche... aufgrund ihrer kognitiven und emotionalen Entwicklung nicht in der Lage (sind), sexuellen Beziehungen zu Erwachsenen wissentlich zuzustimmen". Tiefe Traumatisierungen sind die Folge: „Sexueller Mißbrauch ist ein traumatisches Erlebnis (eine Noxe), das auch mit konkreten körperlichen Traumata verbunden sein kann und psychische Sofort-, Früh- oder Spätfolgen zeitigen kann" (Fegert 1989, 69).
Unseres Erachtens hat man mit dem Leitbegriff des sexuellen Mißbrauchs allerdings keine glückliche Wahl getroffen. Denn mit „Mißbrauch" wird zugleich der „Gebrauch" assoziiert. Dies ist höchst mißverständlich. Dürfen demnach Kinder und Jugendliche „gebraucht" werden – nur nicht auf eine falsche Weise? Die Antwort von Fischer (1992, 508) ist eindeutig: „Kinder sind aber autonome Wesen, natürlich auch sexuell autonome Wesen, sie sind keine Objekte, die gebraucht werden können zum Selbstzweck anderer Personen".
Ebenso kritisierbar sind Parallelbezeichnungen wie „sexuelle Belästigung", „Inzest" oder „sexuelle Ausbeutung". Bei der „sexuellen Belästigung" bleibt zum Beispiel die Verletzungskomponente unberücksichtigt. Der Begriff „Inzest" stellt nur eine Sonderform des Problems dar, da er sich auf den Geschlechtsverkehr zwischen Blutsverwandten bezieht. Bei dem Begriff der „sexuellen Ausbeutung" werden – wie schon oben angedeutet – der Objekt- und Warencharakter sowie der Machtaspekt bei sexuellen Übergriffen überbetont, der Gewaltcharak-

ter und die daraus resultierenden Verletzungen dagegen werden eher verschleiert.

Wohl wissend, daß alle Leittermini nicht weit auseinander liegen, ihre Vorzüge und Schwächen haben, bevorzugen wir die Formulierungen „sexueller Übergriff", „sexuelle Gewalt" und „sexuelle Mißhandlung". Im Unterschied zur „Belästigung" wird beim „Übergriff" auch der Schweregrad einer „verbrecherischen" Tat mitberücksichtigt. Durch „sexuelle Gewalt" soll auf den Zwangs- und Verletzungscharakter beim Mißbrauch hingewiesen werden; dies gilt auch für die sexuelle Mißhandlung, die die Nähe zur körperlichen Mißhandlung hervorhebt und eine Handlung bezeichnet, bei der eine überlegene und/oder erwachsene Person ein Kind, einen Jugendlichen oder einen (erwachsenen) Menschen mit geistiger Behinderung entweder zur Befriedigung eigener sexueller Bedürfnisse, zur Bewältigung psychosozialer Probleme oder zur Kompensation schwerer psychischer Krisen sexuell benutzt.

Nach Fischer (1992, 508) beginnt die sexuelle Gewaltanwendung „bereits mit der Verhinderung von Selbstbestimmung"; d. h. sie beginnt mit Situationen, in denen Kinder, Jugendliche oder (geistig behinderte) Menschen im Erwachsenenalter gegen ihren Willen getätschelt, geküßt oder gestreichelt werden, in denen sie bei Ignoranz ihres Empfinden (Scham, Abscheu, Erregung o. ä.) am Körper und an den Genitalien betatscht, geküßt o. ä. bis hin zu Verletzungen mißhandelt werden, in denen sie nicht allein sein dürfen (z. B. im Bad) und ihr „Nein" mißachtet wird. Diesen psychischen Verletzungen muß eine ebensolche Aufmerksamkeit gewidmet werden, wie den schweren körperlichen sexuellen Übergriffen. Schwierig bleibt allerdings die Abgrenzung zum lebensnotwendigen Austausch von Zärtlichkeiten, Körperkontakt und Wärme. „Diese Grenzlinie ist nicht generell zu ziehen, vielmehr muß hier in jedem einzelnen Fall nach den allgemein akzeptierten Umgangsformen (z. B. nicht Nacktheit) in der Familie, der Intention des Täters und insbesondere nach dem Gefühl des Kindes und seinem Selbstbestimmungsrecht auf (körperliche) Unversehrtheit gefragt werden" (Wittrock 1992, 167). In der pädagogischen und therapeutischen Arbeit mit geistig behinderten Menschen gilt es hierbei vor allem, die körperorientierten Verfahren, die in der Schwerstbehindertenbetreuung hoch im Kurs stehen, selbstkritisch zu reflektieren und zu kontrollieren (z. B. Festhaltetherapie, basale Körpertherapie).

5.2.2. Zur Häufigkeit

Da das Thema der sexuellen Mißhandlung trotz der zunehmenden Zahl an Veröffentlichungen und Berichterstattungen in den Medien weiterhin stark tabuisiert und andererseits durch Empörung und emotionale Betroffenheit überfrachtet wird, ist es unmöglich, exakte Angaben zur Häufigkeit zu machen. Neuere Kriminalstatistiken weisen jährlich 10 000 bis 15 000 Fälle sexueller Mißhandlung bei Kindern und Jugendlichen in den alten Ländern der Bundesrepublik Deutschland auf (vgl. Offe u. a. 1992, 242; Jugendwohl 3/1993, 159). Fachleute sind sich darüber einig, daß die tatsächliche Häufigkeit wesentlich höher liegt als die Zahl der angezeigten Fälle. Für die alte Bundesrepublik wird immer wieder die Dunkelziffer von 300 000 Kindern und Jugendlichen genannt, die pro Jahr einmal oder mehrfach sexuell mißhandelt werden (vgl. Remschmidt 1987; Pischner 1992). Nach Offe u. a. (1992, 242) ist diese Zahl allerdings zu hoch gegriffen. Außerdem kritisieren sie in aller Schärfe das unseriöse, auf Skandalisierung zielende Vorgehen einiger Autoren und Medien, die aus der hohen Dunkelziffer auf einmal „300 000 jährlich registrierte Fälle" machen (ebd., 243), wobei die Bild-Zeitung sogar „eine Schätzung von 1,2 Millionen Fällen im Dunkelfeld behauptet" (ebd.). Die möglichen Folgen einer solchen Panikmache liegen auf der Hand: „Vor allen Dingen... trägt der so übersteigerte Eindruck von einer riesigen Welle des sexuellen Mißbrauchs dazu bei, Kritik- und Reflexionsfähigkeit sowie das notwendige Mindesmaß an professioneller Distanz und Besonnenheit bei Diagnose und Interventionsplanung zu verlieren" (ebd., 243). Realistischer scheint die Annahme einer Dunkelziffer von 60 000 bis 180 000 Fällen zu sein.

Alle Untersuchungen stimmen darin überein, daß die Opfer sexueller Mißhandlung vorwiegend weiblich sind (bis zu 90 %). Aus amerikanischen und holländischen Statistiken geht hervor, daß 33 % aller erwachsenen Frauen in ihrer Kindheit sexuell mißhandelt worden seien (vgl. Stoppa 1992, 16). Denkbar ist, daß auf Dauer mit einer höheren Zahl sexuell mißhandelter männlicher Personen gerechnet werden muß, da „der Mißbrauch an Jungen... derzeit noch eindeutig stärker tabuisiert" ist (Wittrock 1992, 168). Überdies scheint „bei mißbrauchten Jungen... der Anteil der Autoritätspersonen aus dem weiteren sozialen Umfeld (Lehrer, Gruppenleiter etc.) größer zu sein als bei den Mädchen" (ebd., 168; vgl. auch Steinhage 1989).

Auch in bezug auf Kinder, Jugendliche und Erwachsene mit geistiger Behinderung sind wir auf Schätzungen angewiesen. Strasser-Hui (1992) und Stoppa (1992) vermuten, daß hier die Dunkelziffer (in

Relation zur Gesamtzahl der jeweiligen Population) höher ist als bei nicht behinderten Kindern und Jugendlichen. Auf jeden Fall kann davon ausgegangen werden, daß geistig behinderte Mädchen und Frauen gefährdeter sind als Jungen oder Männer mit geistiger Behinderung. In einer Studie von Furey (1994) waren von 461 untersuchten Fällen von sexueller Mißhandlung an geistig behinderten Menschen in 72 % der Fälle Frauen betroffen. Dies belegt auch die Statistik von Sinason (1992) über in einer psychiatrischen Klinik vorgestellten geistig behinderten Menschen mit psychischen Störungen. Bei 70 % der Fälle lag sexuelle Mißhandlung vor, davon waren 67 % weiblich. Von insgesamt 160 vorgestellten geistig behinderten Erwachsenen mit psychischen Problemen waren 69 % sexuell mißhandelt worden (davon 66 % Frauen), von 40 vorgestellten Kindern mit geistiger Behinderung und psychischen Auffälligkeiten waren 75 % sexuell mißbraucht worden (davon 70 % Mädchen). Bei den Tätern handelt es sich überwiegend – wie auch bei nicht behinderten Kindern und Jugendlichen – um Männer (ca. 80 %), die meistens aus dem sozialen Nahbereich stammen (z. B. Väter, Stiefväter, Onkel, Brüder, Bekannte oder auch Betreuer) und nicht selten als rechtschaffene, angesehene Personen gelten (vgl. Furey 1994).

5.2.3. Zur Symptomatik und Diagnose

Bis heute bestehen große Unsicherheiten und Schwierigkeiten, wenn es darum geht, sexuelle Mißhandlungen aufzudecken und eindeutig zu diagnostizieren. Dies hat mehrere Gründe: Soll „sexuelle Mißhandlung" diagnostiziert und angegangen werden, so setzt dies die Bereitschaft der untersuchenden Person voraus, das Phänomen anzuerkennen, zu enttabuisieren und aufzudecken. Denn die Tabuisierung nützt weder dem Opfer, noch verhilft sie dem Mißhandler zu einem anderen Verhalten. Einrichtungsbetreiber oder -leiter sowie Mitarbeiter in Behindertenheimen oder Anstalten tun sich hierbei mitunter schwer, fürchten sie doch entweder Repressionen oder um den „guten Ruf" ihrer Einrichtung, wenn Gewalt oder sexuelle Mißhandlung ans Tageslicht kommen. Anstatt offensiv für geistig behinderte Menschen Partei zu ergreifen – wie wir es im Sinne der Empowerment-Philosophie fordern –, gibt es immer noch Bestrebungen, die Probleme herunterzuspielen oder zu verheimlichen. Neben dem „Entdecken-Wollen" ist die Fähigkeit, mit dem Problem in seiner Komplexität umzugehen, unabdingbar. Jede helfende Person muß dies für sich selbst prüfen. Hier stoßen wir auf das Problem der gut gemeinten Absicht, aber „falsch ausgestalteten" Parteilichkeit (Offe). Es zeigt sich insbesonre beim Versuch des Aufdeckens und Diagnostizierens einer sexuellen Mißhandlung.

Experten betonen, daß es alles andere als einfach ist, sexuelle Mißhandlung sicher zu diagnostizieren und nachzuweisen. Denn sexuell mißhandelte Kinder, Jugendliche oder geistig behinderte Menschen können ein breites Spektrum an Verhaltensauffälligkeiten zeigen, das auch bei anderen Personen, die nicht sexuell benutzt worden sind, beobachtet werden kann. Mit anderen Worten: Fast jede typische Verhaltensstörung kann in Verbindung mit einer sexuellen Mißhandlung auftreten (vgl. Fegert 1989). „Ein Syndrom sexuellen Kindesmißbrauchs konnte bislang nicht bestätigt werden" (Offe u. a. 1992, 247).

Damit stellt sich die Frage nach spezifischen Hinweisen oder Indikatoren. Der einschlägigen Literatur zufolge senden sexuell mißhandelte Personen oft bestimmte Signale, vor allem auf der Ebene der Körpersphäre und der Motorik aus, die eine Aufdeckung erleichtern. So hat Lamers-Winkelmann (1990, 39 f.) zum Beispiel bei sexuell mißhandelten Kindergartenkindern eine unnatürliche Sprechweise, Ängste vor Körperkontakt oder beim Auskleiden in Umkleideräumen sowie ein sexualisiertes, kokett wirkendes Verhalten beobachten können. Darüber hinaus können

körperliche Auffälligkeiten wie unklare Infektionen oder Verletzungen im Genital-, Blasen- oder Analbereich, Schwangerschaft;

unklare Schmerzen im Unterleib, vegetative Veränderungen wie Schlaf- oder Eßstörungen;

verändertes Verhalten wie Rückzug oder Weglaufen, Promiskuität, auffallende Scham oder aber sexuell provozierendes Verhalten;

Selbstverletzungen, Suizidversuche, Ohnmachten oder Depressivität sowohl bei nicht behinderten Kindern und Jugendlichen (vgl. Fürniss/ Phil 1986) als auch (insbesondere) bei Menschen mit geistiger Behinderung (vgl. Lingg & Theunissen 1993) weitere Indikatoren abgeben. Dies gilt ebenso für Identitätsstörungen wie etwa gestörter Körperbezug, Selbsthaß, sexuelle Neurotisierung sowie für Kontaktstörungen oder psychosomatische Störungen. Dunand (1987, 442) schreibt, daß sexuell mißhandelte Kinder häufig auch „aggressiv, bockig, unzugänglich, schweigsam, verstockt (werden, die Autoren) und zu Unaufrichtigkeit" neigen. „Oder sie verhalten sich betont unauffällig. Jugendliche zeigen Tendenzen, ihre Erfahrungen offen auszuagieren" (ebd.), z. B. durch ein sexualisiertes Verhalten, Drogen oder Delinquenz. Alle diese Auffälligkeiten dienen dazu, die schweren psychischen und/oder physischen Verletzungen zu „überleben". Das Ausmaß der Symptombildung ist dabei immer abhängig vom Alter des Opfers, von der Dauer und vom Grad der Mißhandlung.

Aus dieser Fülle möglicher „Überlebensstrategien" dürfen freilich keine voreiligen Schlüsse gezogen werden. Die Tatsache, daß sich ein Mädchen im Kindergarten von Anfang an sehr zurückzieht und häufig über Bauchschmerzen klagt, ist nicht automatisch ein Beleg für das Vorliegen einer sexuellen Mißhandlung. Allenfalls können sich aus dem Verhalten Hinweise ergeben, wobei es wichtig ist, auch andere Erklärungen in Betracht zu ziehen.

Um zu relativ eindeutigen Schlußfolgerungen zu gelangen, ist zweifelsohne eine umfassende diagnostische Vorgehensweise geboten, die ein hohes Maß an Sensibilität, Empathie und Behutsamkeit verlangt. So bedarf es neben einer medizinisch-körperlichen und psychiatrischen Untersuchung in begründeten Ausnahmefällen auch einer gynäkologischen Vorstellung, da sexuell übertragbare Krankheiten bei „präpubertären Kindern als einer der härtesten Indikatoren für sexuellen Mißbrauch" gelten (Pischner 1992, 384; vgl. Fegert 1989). Hierbei ist aber vor der Gefahr einer zusätzlichen Traumatisierung durch die Untersuchung ausdrücklich zu warnen (vgl. Steinhage 1989). Darüber hinaus zählen Verhaltensbeobachtungen, die Aufbereitung der Lebensgeschichte, Familien- oder Sozialanamnesen, Explorationsgespräche mit den Betroffenen und ihren Umkreispersonen (Eltern, Freunde, Geschwister, Betreuer, Mitbewohner) zu zentralen Bestandteilen des diagnostischen Prozesses. Für Fegert (1989) ist es in diesem Zusammenhang wichtig, die „Systemgrenzen" zu erfassen, da sich anscheinend viele Familien (wie auch Wohngruppen), in denen sexuelle Mißhandlungen vorkommen, nach außen hin stark abgrenzen; innerhalb des familialen Systems scheinen sich demgegenüber die Grenzen zwischen den Generationen eher zu verwischen. Überdies bieten „familiäre Moral- und Wertvorstellungen, der im Alltag der Familie übliche Umgang mit Sexualität und Körperlichkeit sowie die Reaktionen der Kinder auf die Aktivitäten Erwachsener wichtige Anhaltspunkte zur Differenzierung" (Offe u. a. 1992, 246).

Bei den explorativen Gesprächen und Verhaltensbeobachtungen gilt es, die „Beobachterrolle" selbstkritisch zu reflektieren, um Fehlschlüsse zu vermeiden. Denn alles, was gesagt oder gesehen wird, unterliegt einem interpretativen Prozeß, in dem individuelle Wirklichkeitskonstruktionen, Meinungen, Alltagstheorien, Vorurteile, Werte, persönliche Erfahrungen o. ä. eingehen, die den Aussagen ein „subjektives Gepräge" geben (vgl. auch Theunissen 1992). Offe u. a. (1992, 251 f.) berichten z. B. darüber, daß Mütter im Zusammenhang mit Scheidung oder Ehestreitigkeiten „sehr viel leichter als in anderen Fällen Vätern sexuellen Mißbrauch zutrauen" und dementsprechend die Ehepartner angreifen. Gerade solchen Situationen entstammen die meisten Falschbeschuldigungen, unter denen die Kinder zum Teil erheblich zu leiden haben. Deswegen ist ein sorgfältiges diagnostisches Vorgehen, eine „Besonnenheit im Denken und Handeln" (Offe), unabdingbar. Einige Autoren (vgl. Steinhage 1989; Fegert 1989) heben auch die diagnostische Bedeutung des Puppenspiels sowie projektiver Tests (Szenotest, Familie in Tierbildern) oder Sandkastenspiele (vgl. Zemp 1992) hervor. Solche Verfahren können sicherlich im Einzelfalle hilfreich sein, Gefühle oder erlebte sexuelle Mißhandlungen zum Ausdruck zu bringen. Dies setzt allerdings eine möglichst neutrale Haltung der helfenden Person voraus, die nicht voreingenommen (z. B. durch bestimmte Symboldeutungen) auf die Spiele reagieren darf, um „suggestiv eine Bestätigung ihrer Vorannahmen zu erreichen" (Offe u. a. 1992, 248). Vor allem dürfen diese Hilfsmittel nicht „absolut", d. h. losgelöst vom sozialen Kontext, der Lebensgeschichte oder von anderen Erhebungen betrachtet werden.

Die Gefahr des Mißbrauchs und der Fehldiagnose ist insbesondere auch bei der Interpretation von Kinderzeichnungen gegeben. Anscheinend besteht seit den Arbeiten von Baumgardt (1988) und Raak (1990) bei vielen HelferInnen die Meinung, daß sich durch Kinderzeichnungen mit eindeutig sexueller Thematik ein bestehender Verdacht bzw. Hinweise auf sexuelle Mißhandlung erhärten ließen (vgl. Pischner 1992, 386). Demgegenüber führen Offe u. a. (1992, 248 f.) mehrere Untersuchungen an, die den Nachweis erbringen, „daß eine eindeutige Interpretation von Kinderzeichnungen hinsichtlich sexuellen Mißbrauchs nicht möglich ist, da zum einen viele mißbrauchte Kinder dies in ihren Zeichnungen nicht erkennen lassen und umgekehrt auch nicht mißbrauchte Kinder Genitalien zeichnen. Zeichnungen als entscheidendes diagnostisches Datum sind daher nicht ausreichend."

5.2.4. Zur Situation geistig behinderter Menschen

Im Unterschied zu nicht behinderten Kindern und Jugendlichen befinden sich Menschen mit geistiger Behinderung nicht nur im Kindes- und Jugendalter sondern vielfach auch als Erwachsene in einer erhöhten sozialen Abhängigkeit. Allein aus diesem Grunde ist „die Gefahr groß, einer möglichen Form des sexuellen Mißbrauchs zu unterliegen" (Strasser-Hui 1992, 3). Eine Ursache hierfür sei die „Unterdrückung sexueller Ausdrucksformen", indem Menschen mit geistiger Behinderung als „geschlechtslose Wesen" betrachtet werden. Dies kann z. B. schon bei der alltäglichen Körperpflege, beim Prozeß des Badens, Anziehens oder beim Toilettengang beobachtet werden.

Neben solchen unreflektierten, zur Routine erstarrten Betreuungsformen werden von behinderten Frauen immer wieder die Formen der ärztlichen Behandlung beklagt: „So darf an dem Körper eines behinderten Mädchens jeder herumfummeln: der Arzt, der Pfleger, der Therapeut, etc. Aus der Perspektive des Mädchens stellt es sich so dar: Jeder darf meinen behinderten Körper begutachten, betasten, verrenken, operieren. Dabei werden allzuoft auch die Geschlechtsteile angefaßt. Aber es wird so getan, als seien sie keine Genitalien, denn Behinderte haben ja keine Sexualität" (Degener 1990, 114; auch Bartzok 1989, 7). Weil behinderte Frauen als „sexuell abstinent lebende Wesen" gelten, werden sie (auch vor Gericht) erst gar nicht als Opfer einer sexuellen Mißhandlung anerkannt (vgl. Terstappen 1992). Diese Ansicht ist nach Auffassung der beiden Autorinnen noch weit verbreitet. Behinderte Frauen passen anscheinend „nicht ins gängige Klischee der Frau, die ihn (den Täter, die Autoren) aufgereizt hat, und das bekommen sie zu spüren, falls sie es überhaupt wagen, den Täter anzuzeigen" (ebd.).

Blickverengend und personverachtend war auch die über viele Jahre hinweg vertretene Lehrmeinung der Psychiatrie, psychosoziale Auffälligkeiten bei geistiger Behinderung seien direkter Ausdruck der individuellen Schädigung. Denn wer sich auf diese These stützt, wird wohl kaum spezifische Verhaltensauffälligkeiten bei Menschen mit geistiger Behinderung als Indikatoren für eine sexuelle Mißhandlung in Betracht ziehen. Im Gegenteil: Eher fehlt jegliches Verständnis für psychosoziale Probleme der Betroffenen. Dies gilt insbesondere auch für den Bereich der Sexualität. So wurden die sexuellen Bedürfnisse geistig behinderter Menschen lange Zeit mißachtet oder als „pathologisch" umgedeutet: „Exzessives Masturbieren oder sexuelle Auffälligkeiten seien ein natürlicher Ausdruck der geistigen Behinderung... Geistige Behinderung hat (aber, die Autoren) mit übertriebenem Masturbieren nichts zu tun" (Sinason 1992). Und ebensowenig besitzen Menschen mit geistiger Behinderung „die Tendenz zu sexuell abartigen Verhaltensweisen" (Strasser-Hui 1992, 4). Noch heute herrscht vielerorts Ratlosigkeit, welche Form sexueller Betätigung welchem Entwicklungsniveau adäquat sei. „Normalisierung" ist auf diesem Gebiet kaum erreicht. In der psychiatrischen Lehre und Praxis wurde die sexuelle Seite der geistig behinderten Menschen meist einseitig defizient gesehen, außerdem wurde der psychosoziale Kontext hierbei völlig vernachlässigt. Geradezu bezeichnend sind die Ausführungen von Bleuler (1972, 581): „Sexuelle Gefühle und Triebe sind verschieden ausgeprägt. Oft erscheinen sie gegenüber der Norm vermindert, ja fehlend, besonders bei Schwachsinnigen, die auch körperlich infantil sind. In anderen Fällen ist ein ausgeprägter Sexualtrieb durch Ängstlichkeit und scheues Wesen gehemmt; es kann dann zu häufiger Onanie kommen. In wieder anderen Fällen tritt der Sexualtrieb durch rohe und hemmungslose Art in Erscheinung; uneheliche Geburten oder Absinken in Prostitution sind bei schwachsinnigen Mädchen häufiger als bei Vollsinnigen; allerdings braucht die gesteigerte Sexualität nicht immer daran schuld zu sein, vielmehr können auch Verführbarkeit und mangelnde Bildung sittlicher Begriffe sich im selben Sinne auswirken. Einzelne Perversionen (Exhibitionismus, Pädophilie, Sodomie) sind bei Schwachsinnigen häufiger als sonst." Hier wird die aus der Art der Behinderung und dem Vorhandensein oder Fehlen der Möglichkeit sexueller Aktivität resultierende Spezifizität psychosexueller Entwicklung und Orientierung völlig ignoriert, ferner fehlt jeglicher Hinweis auf die in Institutionen womöglich nicht nur unterdrückte, sondern auch ausgebeutete Sexualität geistig behinderter Menschen. Dem ansonsten als „unmündig" klassifizierten geistig behinderten Menschen wird gar noch die alleinige Verantwortung für Abweichungen, ungewollte Schwangerschaften und „Haltlosigkeit" zugewiesen.

Doch erwachsene Menschen mit einer geistigen Behinderung sind durchaus in der Lage, partnerschaftliche Beziehungen einzugehen, wenn eine entsprechende verantwortungsbewußte pädagogische Begleitung garantiert wird. Auch schwer geistig behinderte Menschen zeigen sexuelle Ausdrucksformen, die in erster Linie Akzeptanz und eine verständnisvolle pädagogische Haltung benötigen (vgl. auch Strasser-Hui 1992).

Möglich sind – wie bei nichtbehinderten Menschen – Störungen der Geschlechtsidentität, der Sexualpräferenz, der sexuellen Entwicklung oder Orientierung, die vor allem bei erschwerter Sozialisation und mangelnder Förderung in – an ungestörter Entwicklung gemessen – „unreifen" Sexualpraktiken Ausdruck finden. Dadurch kann der geistig behinderte Mensch mit sich oder seinem Umfeld in Konflikt geraten. Für geistig behinderte Menschen ist es besonders schwierig, ihre sexuellen Bedürfnisse in ein Verhalten umzusetzen, das von ihren Bezugspersonen, Familien oder in Wohneinrichtungen (Heim, Wohnhaus) akzeptiert wird. Häufig wird etwa übersehen, daß für Menschen mit geistiger Behinderung autoerotische Verhaltensweisen eine wichtige Kommunikationsfunktion haben und stellvertretend für verbale Äußerungen der Unzufriedenheit oder emotionale Überforderung zum Ausdruck bringen können (vgl. Buddeberg 1983).

In Anbetracht dessen können wir mit Strasser-Hui (1992, 4 ff.) resümieren, daß Sexualität von Menschen mit geistiger Behinderung weniger behinderte Sexualität, sondern viel häufiger eine "verhinderte Sexualität" ist. Die tatsächlich vorkommenden sexuellen Verhaltensauffälligkeiten werden nur selten durch das Wesen der geistigen Behinderung hervorgerufen, sondern sind zumeist bedingt durch Lebenssituationen wie z.B. geschlechtertrennende Erziehungs- und Wohnformen, das Leben in Abhängigkeit, unter Fremdbestimmung oder Isolation, durch das Nichtzugestehen einer Individualität und einer Intimsphäre, durch Einschränkungen in allen sexuellen Ausdrucksformem oder aber durch die Tendenz der Bezugsperson, nur ganz bestimmte Ausdrucksformen zu erlauben. Zum anderen unterliegen geistig behinderte Kinder, Jugendliche und vor allem junge Frauen in vermehrtem Maße der „sexuellen Ausbeutung" (ebd.). Ein Grund hierfür ist darin zu sehen, daß die ausgebeutete Sexualität geistig behinderter Menschen lange Zeit noch stärker tabuisiert war als das Gewalt- oder Mißhandlungsthema überhaupt. Weiterhin können sich dermaßen ausgebeutete Menschen mit geistiger Behinderung oft nicht artikulieren, haben Schwierigkeiten, sexuelle Mißhandlungen klar und deutlich auszusprechen, und/oder wagen aus Abhängigkeit von ihrer Familie oder einer Institution keine Gegenwehr oder Anzeige, weswegen häufig für den Täter die Gefahr, entdeckt und zur Verantwortung gezogen zu werden, entfällt. Überdies werden Aussagen geistig behinderter Menschen nur selten überhaupt ernst genommen. Insgesamt wird diesem Problemkreis in Forschung und Praxis noch viel zu wenig Aufmerksamkeit geschenkt. Vordringlich erscheint uns die Behandlung dieser Themen in Aus- und Fortbildung von Mitarbeitern sowie in der Angehörigenarbeit. Eine verantwortungsbewußte Mitarbeiterschulung ist allein deswegen schon so wichtig, weil die Juristin Degener (1990, 114) vermutet, gestützt auf eine immer größer werdende Zahl von behinderten Frauen, die sich hierzu äußern, daß Heime und Sondereinrichtungen „die Orte sind, an denen die meisten Vergewaltigungen an behinderten Frauen stattfinden, obwohl das Strafgesetzbuch hierfür ein besonderes hohes Strafmaß ansetzt". Anscheinend profitieren die Mißhandler von der Tabuisierung und „Verheimlichungspraxis", andererseits ist es die „allgemeine Unglaubwürdigkeitshürde", die die Täter vor strafrechtlichen Konsequenzen weitgehend schützt (ebd., 113; vgl. auch Terstappen 1992).

5.2.5. Folgerungen und Anregungen für die Praxis

Über das Thema der sexuellen Mißhandlung nachzudenken und entsprechende Handlungsmöglichkeiten zu entwickeln fällt uns recht schwer. Denn selten löst ein Thema so viel Betroffenheit und Sprachlosigkeit aus, und selten stehen wir einem Problem so handlungsunsicher gegenüber. Dieses Gefühl begleitet uns auch in den folgenden Ausführungen. Ausgangspunkt für die Praxis – vor allem vor dem Hintergrund des Empowerment-Gedankens – muß das Wohl des geistig behinderten Menchen sein. Darüber scheinen sich alle einig zu sein. Unklar ist allerdings, was „zum Wohle des behinderten Menschen" bedeutet. Hier gibt es sehr unterschiedliche Ansichten mit entsprechenden verschiedenen Interventionsformen. Ist es zum Beispiel im Sinne eines Menschen mit geistiger Behinderung, wenn schon bei erstem Verdacht auf sexuelle Mißhandlung einschneidende Maßnahmen eingeleitet werden, etwa durch sofortige Herausnahme des betreffenden Jugendlichen aus seiner Familie und/oder durch eine Strafanzeige? Einschlägigen Berichten zur Folge gibt es wohl einige Helfer im Bereich der Sozialen Arbeit und des Gesundheitswesens, die sich dieser Strategie verschrieben haben (vgl. Fernsehbericht „Kontraste" v. 25. 1. 1993). Sie verkennt allerdings die Gefahren eines voreiligen, unüberlegten und unkoordinierten Handelns (vgl. Stoppa 1992, 17). Leidtragende von überstürzten Maßnahmen sind häufig ganze Familien, insbesondere aber auch die betreffende (behinderte) Person, die womöglich „zum Opfer von Amts wegen" (Dunand 1987, 440) gemacht wird.

Heute weiß man, daß die Offenbarung einer innerfamilialen sexuellen Mißhandlung „immer auch eine Gefährdung familiärer Beziehungsstrukturen sowie die Übernahme von Verantwortungs- bzw. Schuldgefühlen gegenüber dem angeschuldigten Täter" (Offe u. a. 1992, 244) bedeuten kann. „Scham- und Schuldgefühle von Kindern, Loyalität gegenüber Familienmitgliedern, Angst vor Verlust von Liebe und Geborgenheit sowie Angst vor der Realisierung der Drohungen des Mißbrauches sind einige der vielfältigen Ursachen, die dazu führen, daß Kinder ihre Erfahrungen sexuellen Mißbrauchs nicht verbalisieren" (ebd. 247). Mit anderen Worten: Nicht selten nehmen sexuell mißhandelte Personen die Schuld für die sexuellen Übergriffe auf sich, wollen ihre Angehörigen schützen und nicht verlieren, schämen sich für sich selbst, für die gesamte Familie und für den Mißhandler, zu dem sie nicht nur negative sondern auch positive Gefühle haben (vgl. auch Fischer 1992, 507). Diese Ambivalenz sollte man in der Praxis nicht übersehen. Was sexuell mißhandelte Personen aufs Schärfste ablehnen und verurteilen, sind zweifellos die Übergriffe, „was sie sich wünschen, ist das Eingeständnis der Tat und ihre Anerkennung als eigenständige Persönlichkeit" (Dunand 1987, 440). Um dies zu erreichen, ist es notwendig, das „Schweige-Gebot" (ebd.) zu brechen, was aber kaum durch eine Herausnahme und/oder Strafanzeige bewirkt werden kann (vgl. ebd., 438 f.). Im Gegenteil: „So lange jedoch die individuelle und kollektive Verdrängung aufrechterhalten wird und in jedem Fall eine Strafanzeige droht, kann man auch von den Betroffenen oder der Familie keine Offenheit erwarten" (438). Nach Ansicht von Fachleuten ist die Wahrscheinlichkeit eher gering, daß sexuell mißhandelte Personen von sich aus das Thema ansprechen. Überdies wird von Mißhandlern die Tat in der Regel geleugnet. Dies bedeutet, daß stets ein behutsames, wohl überlegtes und kooperatives Vorgehen geboten ist – sei es, um einem Verdacht nachzugehen, sei es, um die Wiederholung einer sexuellen Mißhandlung auszuschließen. Dabei kommt es darauf an, sowohl die vermutlich sexuell mißhandelte Person so weit wie möglich vor (weiteren) negativen Folgen zu schützen und ihr zu helfen als auch ein familiales System so wenig wie möglich zu beeinträchtigen. Gerade aus diesem Grund ist es nach Offe u. a. (1992, 254) „sehr fragwürdig, den Kontakt eines Mädchens zu dem verdächtigen Vater generell bis zur Klärung des Vorwurfs auszusetzen". Insbesondere wenn Betroffene selbst den Kontakt nicht ablehnen, „erscheint es sinnvoller, Umgangs-Arrangements zu finden, die einen sexuellen Mißbrauch ausschließen und es dennoch gestatten, den Kontakt aufrecht zu erhalten" (ebd.). Solche Arrangements sollten mit allen relevanten Personen im Gespräch ausgehandelt werden.

Um so weit zu kommen, bedarf es einer um- und weitsichtigen Vorarbeit. Sie beginnt beim Verdacht einer sexuellen Mißhandlung, wobei nicht selten die HelferInnen in eine akute Krise geraten, nicht aber das Opfer. Sobald an einen Helfer/eine Helferin Vermutungen herangetragen werden oder sobald er/sie selbst Beobachtungen macht, sollte er/sie mit KollegInnen darüber sprechen und sich im Einzelfalle an weitere fachkompetente Personen (z. B. einer Beratungsstelle, des Jugendamts, einer Klinik oder vom Kinderschutzbund) wenden. „Es ist wichtig, daß Fachleute sich Hilfe und Unterstützung von außen organisieren, damit sie ‚aushalten' können, sei dies durch Fachberatung, Supervision oder durch Kolleginnen oder Kollegen" (Stoppa 1992, 18). Es sollten gemeinsam weitere Handlungsschritte und Maßnahmen zur Intervention überlegt werden. Grundsätzlich sollte jeder geäußerte Verdacht oder vollzogene sexuelle Übergriff „uns immer neu auf die Suche gehen lassen nach speziellen und wirkungsvollen Aufarbeitungsstrategien, Lösungsmöglichkeiten, denn jede Situation, in der ein Kind (oder Behinderter, die Autoren) mißhandelt wird, ist unterschiedlich, jeder von uns hat nur individuelle Möglichkeiten und Grenzen der Aufarbeitung" (Fischer 1992, 507). Unabhängig von dieser individualisierenden Vorgehensweise ist es auf jeden Fall nötig, mit allen relevanten Personen zu sprechen. Die ersten Kontakte und/oder Gespräche mit dem betreffenden Kind, Jugendlichen oder geistig behinderten Menschen sollten ganz im Zeichen des Aufbaus einer Vertrauensbasis stehen. Sexuell mißhandelte Personen befinden sich zumeist in einer sehr isolierten Situation, außerdem haben viele von ihnen ein tiefgreifendes Mißtrauen gegenüber Erwachsenen entwickelt (vgl. Dunand 1987, 442), so daß sie genügend Zeit brauchen, um Vertrauen in eine Person gewinnen zu können (vgl. auch Stoppa 1992, 17). Die Frage nach einer sexuellen Mißhandlung sollte in dieser Phase des Kontaktaufbaus nur beiläufig angesprochen werden, um unnötige Verängstigung oder Bedrohung zu vermeiden. Dunand (1987, 443) betont, daß sexuell mißhandelte Personen den Wunsch haben, „endlich über sich selbst entscheiden und zu bestimmen, wann und mit wem sie das Geheimnis teilen können". Hier kommt dem Helfer die verantwortungsvolle Aufgabe zu, die sexuell mißhandelte Person in diesem Prozeß zu unterstützen und sie zur (gemeinsamen) Entwicklung von weiteren Schritten und neuen Perspektiven zu ermutigen. Fachleute unterstreichen in diesem Zusammenhang immer wieder die Notwendigkeit, den Betroffenen zu glauben und ihre Aussagen ernst zu nehmen. Dies gilt uneingeschränkt auch für Menschen mit geistiger Behinderung. Sicherlich ist es mitunter nicht einfach, bedingungslos zu glauben, weil wir selbst in Auffassungen gefangen sind wie: „Dieser (beschuldigte, die Autoren) Mensch, der ist doch so nett, der tut so was nicht" (Stoppa 1992, 18). Ferner ist es in dieser Phase der „Öffnung" wichtig, der sexuell mißhandelten Person so weit wie möglich das Gefühl zu nehmen, selbst Schuld an den Übergriffen zu tragen, und ihr zu verdeutlichen, daß jeder für sein Handeln Verantwortung trägt.

Da die Familie eine wesentliche Bedeutung für die Entwicklung und seelische Gesundheit von Kindern und Jugendlichen hat, sollten wir es aber keineswegs beim Prozeß der „Wahrheitsfindung", beim Verurteilen oder Anklagen belassen, sondern wir sollten unsere volle Unterstützung bei der Suche nach Wegen aus der Krise anbieten und die „Selbstheilungskräfte" des Systems, vor allem auch die Ressourcen und Position der Mutter, stärken. „Dabei sollten nicht alte Fehler der Entmündigung und Belehrung durch Fachleute einmal mehr wiederholt werden" (Strasser-Hui 1992, 7 f.).

Die helfenden Berufe haben die Pflicht, eindringlich und unmißverständlich zu vermitteln, daß die bisherigen Verhaltensweisen und „pathologischen" interpersonellen Muster oder Verstrickungen der Täter unbedingt zu verändern sind. Dies kann im Einzelfall – zum Wohle des Betroffenen und zur „Entlastung" anderer – eine rechtliche Maßnahme bedeuten, z. B. in der BRD gemäß § 1361 BGB Verbot für den Ehemann (Täter), die häusliche Wohnung zukünftig zu betreten; Übertragung des alleinigen Sorgerechts auf die Mutter, gemäß § 1634 II 2; Verbot des Umgangs und des Kontaktes des Vaters (Täters) mit dem Kind; Scheidung bzw. Trennung der Ehepartner, eine Suspendierung oder Entlassung von Mitarbeitern wie auch eine Fremdunterbringung (Heimeinweisung, Pflegefamilie) sexuell mißhandelter Kinder oder geistig behinderter Menschen. Solche Maßnahmen müssen grundsätzlich durch therapeutische Hilfen begleitet werden. Leider fehlen gerade auf diesem Gebiet noch viele Fachkräfte, „die die möglichen Opfer sexueller Unterdrückung oder Ausbeutung behandeln können" (ebd., 7). Dies hängt unter anderem auch damit zusammen, daß das Thema der „Psychotherapie bei Menschen mit geistiger Behinderung und psychischen Störungen" erst seit kurzem überhaupt ernst genommen und diskutiert wird. Nach Lingg & Theunissen (1993), die sich mit diesem Thema intensiv auseinandersetzen, kann davon ausgegangen werden, daß sich Ansätze, die sich in der psychotherapeutischen Arbeit mit geistig behinderten Menschen bewährt haben, auch zur Behandlung psychischer Störungen durch sexuelle Mißhandlungen eignen. Dies gilt insbesondere für Trainingsprogramme zur Selbstbehauptung und zum Sozialen Lernen auf verhaltenstherapeutischer Basis, für modifizierte Formen einer Psychotherapie auf psychoanalytischer oder individualpsychologischer Grundlage, für körper- und gestalttherapeutische Verfahren, für systemtherapeutische und gesprächspsychotherapeutische Konzepte. Ausdrücklich warnen die Autoren aber vor einer engen, einseitigen Auslegung der Psychotherapie. Entscheidend ist ihr Lebensweltbezug, ihre Einbettung in den sozialen Kontext, denn dauerhafte Veränderungen sind kaum zu erwarten, wenn sich das soziale Bezugsfeld nicht mitverändert. Ohne die Einbeziehung der Bezugsperson (Eltern, Mitarbeiter) sieht sich die sexuell mißhandelte Person nicht selten als „Problemfall" bestätigt (vgl. Dunand 1987, 442). Überdies lehren die Erfahrungen mit sexuell mißhandelten Jugendlichen, daß ein sozialtherapeutisches Milieu im Sinne eines lebensweltorientierten Konzeptes weniger Widerstand und damit eine günstigere Entwicklung erwarten läßt, als eine symptomorientierte Einzeltherapie außerhalb der Einrichtung (vgl. ebd., 444). Verdienstvoll ist zweifelsohne die Arbeit von Zemp (1992), die sich auf eine Therapie bei sexueller Mißhandlung geistig behinderter Menschen spezialisiert hat. Ihren Ausführungen ist zu entnehmen, daß „der Heilungsprozeß bei sexueller Ausbeutung ... ein langer, oft auch langsamer Weg (ist), weil sexuelle Gewalt jeden Menschen in seiner Integrität, in der Mitte seiner ganzen Persönlichkeit verletzt, vernichtet. Daher braucht dieser Weg sehr viel Zeit und Geduld, bei Opfern mit einer geistigen Behinderung oft noch mehr, jedenfalls ist die Arbeit mit ihnen noch subtiler zu gestalten" (ebd.,12). Für die Autorin ist es wichtig, daß sexuell mißhandelte Menschen mit geistiger Behinderung in der Therapie Gelegenheit bekommen, die Verdrängung und Abspaltung ihrer Gefühle zu überwinden, Gefühle wie Wut oder Lust auszudrücken, Freude wiederzuentdecken und ihren Körper als „Ort der Lust" wieder anzunehmen (ebd., 13). In diesem Zusammenhang unterstreicht Zemp vor allem auch die Bedeutung körperorientierter Arbeitsformen: „Massagen helfen auf sinnlich erfahrbarer Ebene, daß mit dem Körper auch liebe- und respektvoll umgegangen werden kann. Es ist wichtig, daß Betroffene auf diese Weise lernen, selber sorgsam ihren Körper zu pflegen. Dazu gehört aber auch, sich für den eigenen Körper zu wehren, Grenzen zu setzen. In diesem Zusammenhang sind Selbstverteidigungskurse für Menschen mit einer geistigen Behinderung unumgänglich" (ebd., 13). Manche Therapeuten oder Heilpädagogen sind aber geradezu im Umgang mit Nähe und Distanz, in der Grenzziehung zwischen vertretbaren Formen des Körperkontaktes, der Befriedigung der Bedürfnisse nach Körperkontakt, Körpergefühl, Zuneigung und Geborgenheit zu einer nicht mehr vertretbaren Unterdrückung oder zur offensichtlichen Ausbeutung verunsichert. Ohne Zweifel sind der körperorientierten Arbeit dort Grenzen gesetzt, wo durch zu engen Körperkontakt sexuelle Gefühle oder Empfindungen geweckt werden. Dies ist vor allem in der Körperarbeit oder Therapie mit pubertierenden Mädchen, jungen Frauen und Erwachsenen mit geistiger Behinderung zu beachten. Deswegen sollte auf jeden Fall zu zweit gearbeitet werden. Einzig ausreichende Selbstkritik, Reflexion und möglichst große Transparenz dürften die Gewähr für einen angemessenen Umgang bieten.

Abschließend sei erwähnt, daß neben den sozialen und therapeutischen Hilfen auch eine präventive Arbeit von großer Bedeutung ist. Hierzu gibt es einen ganzen Katalog an (Einzel-)Maßnahmen (vgl. Terstappen 1992):

Ausbau ambulanter Dienste und des betreuten Wohnens, um eine größere Unabhängigkeit und mehr Autonomie behinderter Menschen zu erreichen;

Schaffung von Anlaufstellen, z. B. von zusätzlichen Beratungsdiensten, an die sich Betroffene wenden können (vgl. auch Lingg & Theunissen 1993);

Öffnung der Frauenhäuser auch für (geistig) behinderte Frauen;

Verbesserung der Aus- und Fortbildung für MitarbeiterInnen in der

Behindertenhilfe unter besonderer Berücksichtigung der Themen „Sexualität" und „sexuelle Mißhandlung";
Supervision für MitarbeiterInnen;
Prävention und psychosoziale Hilfe für geistig behinderte Menschen, die besonders gefährdet sind.

Über ein Projekt „Prävention sexuellen Mißbrauchs" berichtet Nelder (1993, 251). Ein Schwerpunkt dieses Projekts sind Selbstbehauptungskurse, die dazu beitragen sollen, „das Selbstbewußtsein von Frauen mit Behinderungen zu stärken sowie Mittel und Wege zu zeigen, eigene Gefühle und Grenzen wahrzunehmen und auszudrücken. Zentrales Anliegen der Selbstbehauptungskurse ist nicht das Erlernen einer Kampfsportart, sondern die Entwicklung von Strategien zur Selbstbehauptung im Alltag. Konkret heißt dies, mit Rollenspielen, Körperarbeit u. ä. zu lernen:
gefährliche und unangenehme Situationen frühzeitig zu erkennen und darauf vorbereitet zu sein;
bewußt damit umgehen zu lernen, welche Signale mit dem eigenen Körper gesetzt werden können;
eigene Stärke so einzusetzen, daß lästige und gefährliche Situationen bewältigt werden können.

Die Trainerinnen gehen in ihrer Arbeit davon aus, daß jede Frau – auch mit Behinderung – Möglichkeiten hat, Strategien zu entwickeln, sich zu schützen und sich zu wehren. Eine Frau kann vielleicht besonders laut schreien, die andere schnell rennen, und die nächste ist vielleicht stark. Zentral bei der Teilnahme an den Kursen ist, daß die Teilnehmerinnen selbst entscheiden, wann sie eine Übung machen wollen und wann nicht. Auch im Kurs sollen eigene Grenzen und Bedürfnisse wahrgenommen und durchgesetzt werden." Wichtig ist hierbei die Zusammenarbeit mit den relevanten Bezugspersonen (Mitarbeiter), die solche Projekte im Alltag mittragen und unterstützen müssen.

Neben den erwähnten Kursen zur Selbstbehauptung oder Selbstverteidigung gibt es inzwischen spezielle Übungsprogramme und Arbeitsbücher zum „Aussprechen" und „Nein"-Sagen (vgl. Braun 1989; Hollins-Sinason 1992; Fischer 1992, 510). Hierbei wird auch auf personale Botschaften aufmerksam gemacht, die als „belästigend" gelten und wegbereitend für sexuelle Übergriffe sein können. Ziel dieser Hilfen ist es, Kinder, Jugendliche oder geistig behinderte Menschen darin zu bestärken, daß sie das Recht haben, selbst über ihren Körper, der ihnen gehört, zu bestimmen. Ferner gilt es, sie zu ermutigen, ihr Körpergefühl zu bewahren und sich nicht eigene Empfindungen ausreden zu lassen. Im wesentlichen kommt es – wie es generell in der Empowerment-Philosophie postuliert wird – auf die Entwicklung von Handlungsmustern an, die dem geistig behinderten Menschen mehr Sicherheit geben können. Die MitarbeiterInnen in Einrichtungen sollten generell, ausgehend von den Grundüberlegungen des Empowerment, das Selbstwertgefühl und Selbstbewußtsein von Menschen mit geistiger Behinderung weit möglichst stärken. Diese Unterstützung der Autonomieentwicklung ist nicht zuletzt von zentraler Bedeutung, da „Mobilität, Unabhängigkeit, Autonomie und Selbstbewußtsein... wichtige Bedingungen der Verhütung sexueller Gewalt" (Bartzok 1989, 7) sind.

Literatur

Adorno, Th.: Zur Kritik der instrumentellen Vernunft, Frankfurt 1947

Ders.: Theologie der Halbbildung. In: Ders.: Gesammelte Schriften Bd. 8, Frankfurt 1972

Ders. u. a.: Der Positivismusstreit in der deutschen Soziologie, Darmstadt ^{9}1979

AG Freizeit e. V. Anti-Diskriminierungs-Treff: Es ist besser, wenn wir das erzählen, Marburg: AG Freizeit e. V. für Behinderte und Nichtbehinderte (1993)

Albert, H.: Plädoyer für kritischen Rationalismus, München 1971

Amelung, H./Held, J./Hoffmann, H./Klein, M./Pilz, M./ Sommerfeld, R./ Wolff, W.: Rahmenrichtlinie für die Werkstufe der Schule für Geistigbehinderte in Sachsen-Anhalt, Halle 1993 (unveröff.)

Andritzky, M./Selle, G. (Hrsg.): Lernbereich Wohnen, Reinbek 1987

Aslin, R./Pisoni, D./Juszyk, P.: Auditory development and speech perception in infancy. In: Haith, M./Campos, J.: Infancy and developmental Psychobiology – P. Mussen Handbook of Child Psychology, Vol. 2, New York et al. 1983, Wiley, pp. 573–687

Bach, H.: Grundlagen der Förderung behinderter Erwachsener unter pädagogischem Aspekt. In: Heilpädagogik heute: Theorie und Praxis heilpädagogischer Arbeit mit jungen Erwachsenen. Tagungsbericht der Bundesfachgruppe der Heilpädagogen im BSH, Essen 1987 (Selbstverlag)

Badelt, I.: Selbsterfahrungsgruppen geistig behinderter Erwachsener. In: Geistige Behinderung 4/1984, 243–254

Ders.: Erwachsenenbildung geistig behinderter Menschen. In: Geistige Behinderung 1/1992, 4–14

Baier, Chr.: Das Normalisierungsprinzip als Leitidee für eine positve Ablösung geistig behinderter Menschen vom Elternhaus – eine Untersuchung in der Lebenshilfe Salzburg, unveröffentlichte Diplomarbeit, Salzburg 1993

Balke, K./Thiel, W. (Hrsg.): Jenseits des Helfens. Professionelle unterstützen Selbsthilfegruppen, Freiburg 1991

Barcus, M. et al.: An instructional guide for training on job site: a supported employment ressource, Virginia Commonwealth University, Rehabilitation Research and Training Center, Richmond 1987

Bartzok, M.: Bericht einer Tagung „Sexueller Mißbrauch im Kindes- und Jugendalter und bei behinderten Menschen" v. 8.–10. Juni 1989, in Ulm, unv. Manuskript.

Barzen K. (Hrsg.): Behinderte Frauen in unserer Gesellschaft, Bad Godesberg 1988

Bauer, I.: Das Leben ist lebenswert. In: Lebenshilfe – Die Zeitschrift der Lebenshilfe Österreich 4/1994, 15

222

Baumgardt, U.: Verschlüsselte Botschaften. In: Kazis, C. (Hrsg.): Dem Schweigen ein Ende, Basel 1988

Baumgart, E. (Hrsg.): Ablösung – geistig behindert sein und erwachsen werden, Luzern 1986

Begemann, E.: Sonder-(schul)-Pädagogik: Zur Notwendigkeit neuer Orientierungen. In: Zeitschrift für Heilpädagogik 4/1992, 217–267

Behneke, R. u. a.: Arbeiten außerhalb der Werkstatt. In: Geistige Behinderung 4/1993 (Praxisteil)

Berger, P. L./Neuhaus, R. J.: To empower people. The role of mediating structures in policy, Washington D. C. 1977

Binding, K./Hoche, A.: Die Freigabe der Vernichtung lebensunwerten Lebens, Leipzig 1922

Black, D.: A curriculum guide for supported employment educators. University of South Florida, Center of Developmental Disabilities 1989

Blankertz, H.: Theorien und Modelle der Didaktik, München 1986

Ders./Gruschka, A.: Handlungsforschung: Empiriefeindlichkeit oder neue Erfahrungsdimension? In: Zeitschrift für Pädagogik 21. Jg. 1975, 677–686

Bleidick, U.: Pädagogik der Behinderten, Berlin 1974

Ders.: Einführung in die Behindertenpädagogik, Stuttgart 1977

Ders.: Erziehungswissenschaftliche Aspekte der Pädagogik Geistigbehinderter. In: Geistige Behinderung 3/1983, 167–179

Ders.: Wissenschaftsystematik der Behindertenpädagogik. In: Ders. (Hrsg.): Theorie der Behindertenpädagogik, Handbuch der Sonderpädagogik, Bd. 1, Berlin 1985, 48–86

Bleuler, E.: Lehrbuch der Psychiatrie, Berlin 1972

Bobzien, M./Stark, W.: Empowerment als Konzept psychosozialer Arbeit und als Förderung von Selbstorganisation. In: Balke/Thiel 1991, 169–187

Bodenberger, E.: Zur psychosozialen Situation geistig behinderter Kinder. In: Geistige Behinderung 1/1981, 5–16

Bohleber, W./Leuzinger, M.: Narzißmus und Adoleszenz. In: Psychoanalytisches Seminar Zürich (Hrsg.): Die neuen Narzißmustheorien, Frankfurt 1981

Böhm, E.: Ist heute Montag oder Dezember? Erfahrungen mit der Übergangspflege, Bonn 1992

Böing, W.: Das höhere Alter: Überlegungen für die Zeit der letzten Lebensstufe in Wohnfamilien für geistig Behinderte. In: Bundesvereinigung Lebenshilfe: Hilfen für alte und alternde geistig behinderte Menschen, Marburg 1988, 48–50

Bönsch, M.: Unterrichtskonzepte, Baltmannsweiler 1986

Bopp, L.: Allgemeine Heilpädagogik in systematischer Grundlegung und mit erziehungspraktischer Einstellung, Freiburg 1930

Ders.: Heilerziehung aus dem Glauben, zugleich eine theologische Einführung in die Pädagogik überhaupt, Freiburg 1958

Bradl., Chr.: Gemeindeintegrierte Hilfen für ältere Menschen mit geistiger Behinderung. Gesellschaftliche, sozialrechtliche und sozialpolitische Aspekte. In: Wieland 1987, 141–184

Brändle, K.: Eltern geistig Behinderter. In: Geistige Behinderung 3/1989, 194–202

Braun, G.: Ich sag nein – Arbeitsmaterialien gegen den sexuellen Mißbrauch an Mädchen und Jungen, Mühlheim 1989

Brazelton, B./Koslowski, B./Main, M.: The origins of reciprocity. The early mother-infant interaction. In: Lewis, M./Rosenblum, L.: The effect of the infant on ist caregiver. New York 1974, Wiley, pp. 49–76

Breuer, P./Piatke, M.: Weil es ja um Behinderte geht. In: Lebenshilfe-Zeitung 1/1992, 5

Brezinka, W.: Von der Pädagogik zur Erziehungswissenschaft, Weinheim 1971

Bronfenbrenner, U.: Die Ökologie der menschl. Entwicklung, Stuttgart 1981

Bruckmüller, M.: Begleitung und Förderung behinderter Menschen im Alter. In: Rapp/Strubel 1992, 69–85

Dies.: Menschen mit geistiger Behinderung werden alt... In: Lebenshilfe – Die Zeitschrift der Lebenshilfe Österreich 4/1993, 4–6

Buber, M.: Zwiesprache. In: Ders.: Die Schriften über das dialogische Prinzip, Heidelberg 1954

Ders.: Philosophische Schriften, Bd. I, Stuttgart 1962

Ders.: Reden über Erziehung, Heidelberg 1969

Buddeberg, C.: Sexualberatung, Stuttgart 1983

Carr, J.: The effect of the severely subnormal on their families. In: Clarke, A. M./Clarke, A. D. B.: Mental deficiency. The changing outlook. London 1974, 807–839

Cotton, M.: Out of doors with handicapped people, London 1981 (Souvenir press)

De Jong, Ph. D.: Independent Living: Eine soziale Bewegung verändert das Bewußtsein. In: VIF 1982 (a), 132–161

Ders.: Die Rolle des Akademikers bei der Fortentwicklung der Independent Living-Bewegung. In: VIF 1982 (b), 162–171

Degener, Th.: Vergewaltigung behinderter Frauen. In: Pro Familia (Hrsg.): pro familia magazin 1/1990, 3 ff.

DeMyer, M.: Familien mit autistischen Kindern, Stuttgart 1986

Dewey, J.: Das Kind und der Lehrplan. In: Petersen, P. (Hrsg.): Der Projektplan, Weimar 1935, 142–160

Dilthey, W.: Über die Möglichkeit einer allgemeingültigen pädagogischen Wissenschaft, Weinheim 1954

Dornes, M.: Der kompetente Säugling. Die präverbale Entwicklung des Menschen, Frankfurt/Main 1993

Dunand, A.: Sexueller Mißbrauch in der Familie – neue Handlungskonzepte für die Sozialarbeit. In: Soziale Arbeit 12/1987, 438–444

Elster, M./Nake, R./Stichling, M.: Sicherlich gibt es mich: Ich bin ich. In: Lernen konkret. Unterricht mit Geistigbehinderten. [3]1994, 25–31.

Empfehlungen für den Unterricht in der Schule für Geistigbehinderte (Sonderschule). Entwurf der Ständigen Konferenz der Kultusminister in der BRD 1979, Neuwied

Enders, U. (Hrsg.): Zart war ich, bitter war's, Köln 1990

224

Erikson, E.: Identität und Lebenszyklus, Frankfurt 1973

Fegert, J.: Diagnostik und klinisches Vorgehen bei Verdacht auf sexuellen Mißbrauch bei Kindern und Jugendlichen. In: Walter, J. (Hrsg.): Sexueller Mißbrauch im Kindesalter, Heidelberg 1989, 68–101

Fehlhaber, C.: Ablösungskrisen bei geistig behinderten Jugendlichen. In: Lempp, R. (Hrsg.): Reifung und Ablösung, Bern/Stuttgart/Toronto 1987, 157–160

Feil, N.: Validation, Wien [2]1992

Feuser, G.: Beiträge zur Geistigbehindertenpädagogik. Geistige Behinderung: In: Behindertenpädagogik in Theorie und Praxis 2/1984, 127–133

Filipp, H.-S.: Kritische Lebensereignisse als Brennpunkte einer angewandten Entwicklungspsychologie des mittleren und höheren Erwachsenenalters. In: Oerter/Montada 1982, 769–790

Dies. (Hrsg.): Kritische Lebensereignisse, Donauwörth [2]1990

Fischer, E.: Sexueller „Mißbrauch"/sexuelle Gewalt – (k)ein Thema für Schule und Familie? In: Unsere Jugend 12/1992, 507–510

Freud, S.: Die Frage der Laienanalyse (1926) GW Bd. 14, Frankfurt 1969, 207–286

Fromm, E.: Die Furcht vor der Freiheit, Frankfurt/Main 1941

Ders.: Haben oder Sein, Stuttgart 1976

Furey, E. M.: Sexual Abuse of Adults with Mental Retardation: Who and Where. In: Mental Retardation, Vol. 32, No. 3, June 1994, 173–180

Fürniss, T./Phil, M.: Diagnostik und Folgen von sexueller Kindesmißhandlung. In: Monatsschrift für Kinderheilkunde 134. Jg. 1986, 335–340

Gaedt, Ch.: Einrichtung für Ausgeschlossene oder „Ein Ort zum Leben", Überlegungen zur Betreuung Geistigbehinderter. In: Jahrbuch für kritische Medizin Bd. 7, Berlin 1981, 96–109

Ders.: Normalisierung und Integration als orientierende Begriffe bei der Reform von Einrichtungen für Geistigbehinderte, hrsg. vom Ludwig-Boltzmann-Institut für Medizinsoziologie, Sonderdruck, Wien 1982

Galperin, P. J.: Die geistige Handlung als Grundlage für die Bildung von Gedanken und Vorstellungen. In: Ders./Leontjew, A. N. u. a. (Hrsg.): Probleme der Lerntheorie, Berlin [5]1972, 29–41

Gehrmann, G./Müller, K. D.: Neue Fachlichkeit. Professionalisierung in der sozialen Arbeit. In: Socialmanagement 1/1991, 30–33

Georgens, J. D./Deinhardt, H.: Die Heilpädagogik mit besonderer Berücksichtigung der Idiotie und der Idiotenanstalten, 2 Bde., Leipzig 1861 u. 1863

Gieseke, H.: Einführung in die Pädagogik, München 1971

Ginsburg, H./Opper, S.: Piagets Theorie der geistigen Entwicklung, Stuttgart 1975

Glänzer, W.: Demokratie und Heimbeirat. In: Zur Orientierung 1/1994, 17

Gloer, N.: Sexueller Mißbrauch von Jungen. In: Pro familia magazin 2/1989, 13–15

Ders./Schmiedeskamp-Böhler, I.: Verlorene Kindheit. Jungen als Opfer sexueller Gewalt, München 1990

Goll, H.: Heilpädagogische Musiktherapie, Frankfurt 1993

Göppel, R.: Anfänge der menschlichen Subjektivität. In: Zeitschrift für Pädagogik, 40. Jg. 2/1994, 247–263

Gromann-Richter, P.: „Ich wohne hier". Individuelle Wohnraumgestaltung mit schwerstbehinderten Menschen, Stuttgart 1989 (hrsg. v. Diakonischen Werk)

Grond, E.: Die Pflege verwirrter alter Menschen, Freiburg [7]1992

Groothoff, H.-H.: Ästhetische Erziehung. In: Ellwein, Th. u. a. (Hrsg.): Erziehungswissenschaftliches Handbuch Bd. I, Berlin 1969, 211–226

Gröschke, D.: Heilpädagogik mit geistig behinderten Erwachsenen – Aspekte und Prinzipien. In: Köhn, W. (Hrsg.): Auf der Suche nach dem Verbindenden in der Heilpädagogik, Köln 1991 (KFH-Selbstverlag), 56–64

Gudjons, H.: Handlungsorientiert lehren und lernen. Projektunterricht und Schüleraktivität, Bad Heilbrunn 1986

Guski, E./Langlotz-Brunner, C.: Die Ablösung von der Familie. In: Geistige Behinderung 1/1991, 37–43

Habermas, J.: Erkenntnis und Interesse, Frankfurt 1968

Ders.: Technik und Wissenschaft als „Ideologie", Frankfurt [4]1970

Ders.: Zur Entwicklung der Interaktionskompetenz, unveröffentlichtes hekt. Manuskript, Frankfurt 1975

Ders.: Theorie des kommunikativen Handelns, 2 Bde., Frankfurt 1981

Haeberlin, U.: Empirische Analyse und pädagogische Handlungsforschung. In: Zeitschrift für Pädagogik 21. Jg. 1975, 653–676

Ders.: Wertgeleitete Integrationsforschung. In: Heilpädagogische Forschung 1/1991, 34–42

Ders.: Die Verantwortung der Heilpädagogik als Wissenschaft: In: Zeitschrift für Heilpädagogik 3/1993 (a), 170–182

Ders.: Begleitforschung in sonder- und heilpädagogischen Praxisprojekten. In: Zeitschrift für Heilpädagogik 6/1993 (b), 369–374

Hahn, K.: Erziehung zur Verantwortung, Stuttgart 1954

Hahn, M.: Behinderung als soziale Abhängigkeit, München 1981

Ders.: Von der Freiheit schwerbehinderter Menschen: anthropologische Fragmente. In: Hartmann, N. (Hrsg.): Beiträge zur Pädagogik der Schwerstbehinderten, Heidelberg 1983, 132–141

Ders.: Selbstbestimmung im Leben, auch für Menschen mit geistiger Behinderung. In: Geistige Behinderung 2/1994, 81–94

Hanselmann, H.: Grundlinien zu einer Theorie der Sondererziehung (Heilpädagogik), Zürich 1941

Harder, G.: „Ich kann was!" Erlebnispädagogik für geistig Behinderte. In: Jugendschutz heute 2/1990, 14–15

Hassenstein, B.: Verhaltensbiologie des Kindes, München/Zürich 1987

Heinrichs, H.: Der Begriff Heilpädagogik und seine Forderungen. In: Die Hilfsschule 24. Jg. 1931, 648–653

Hentig, H. v.: Systemzwang und Selbstbestimmung, Stuttgart 1970

Herbst, H. R.: Mäuse, Berge, Selbstvertrauen. Survival-Training für Geistigbehinderte. In: Pro Integration 5–6/1982, 22–28

Herriger, N.: Familienintervention und soziale Kontrolle, Strategien der Kolonisierung von Lebenswelten. In: Kriminologisches Journal 4/1980, 283–300

Ders.: Der mächtige Klient. In: Soziale Arbeit 5/1989, 165–174

Ders.: Empowerment – Annäherungen an ein neues Fortschrittsprogramm der Sozialen Arbeit. In: Neue Praxis 3/1991, 221–229

Hofmann, Th.: Alte behinderte Menschen in der Bundesrepublik Deutschland und im Ausland, in: Rapp/Strubel 1992, 9–23

Hofmann, Ch. u. a.: Versuch mit geistig behinderten Frauen ins Gespräch zu kommen. In: Geistige Behinderung 2/1993, 99–115

Hollins, S./Sinason, V.: Jenny speaks out, London 1992

Holmes, T. H./Rahe, R. H.: The social readjustment rating scale. Journal of Psychosomatic Research 11/1967, 213–218

Horkheimer, M.: Kritische Theorie, 2 Bde., Frankfurt 1968

Huber, N.: Begleitung geistig behinderter Menschen beim Sterben. In: Rapp/Strubel 1992, 232–242

Hülsegge, J./Verheul, A.: Snoezelen. Eine andere Welt, Marburg 1993

Innerhofer, P./Peterander, F.: Belastungen von Familien mit einem behinderten Kind. In: Görres, S./Hansen, G. (Hrsg.): Psychotherapie bei Menschen mit geistiger Behinderung, Bad Heilbrunn 1992, 59–80

Jacobs, K.: Berufliche Integration von Menschen mit Behinderung. In: Behinderte 5/1992, 13–29

Ders.: Schulische Integration und Arbeitswelt: In: Windisch, M./Miles-Paul, O. (Hrsg.): Diskriminierung Behinderter, Kassel 1993 (a), 33–76

Ders.: Wege in die Zukunft bauen – Aspekte zur Realisierung der beruflichen Integration von Menschen mit Behinderungen. In: Windisch, M./Miles-Paul, O. (Hrsg.): Diskriminierung Behinderter, Kassel 1993 (b), 77–90

Jagenlauf, M.: Outward Bound-Prävention durch Erlebnispädagogik. In: Jugendschutz heute 2/1990, 15–19

Jakobs, H./König, A./Theunissen, G. (Hrsg.): Lebensräume – Lebensperspektiven. Erwachsene mit geistiger Behinderung in der Bundesrepublik Deutschland, Frankfurt 1987

Jank, W./Meyer, H.: Didaktische Modelle, Frankfurt a. M. 1991

Jantzen, W.: Abbild und Tätigkeit. Studien zur Entwicklung des Psychischen, Solms-Oberbiel 1986

John, E.: Zur gegenwärtigen Situation an Schulen für Geistigbehinderte. In: Heits, H./John, E.: Unterrichtsarbeit an der Schule für Geistigbehinderte, Berlin 1993, 11–54

Jonas, M.: Behinderte Kinder – behinderte Mütter?, Frankfurt 1990

Dies.: Gesellschaftliche Bedingungen und individueller Prozeßverlauf bei Müttern behinderter Kinder. In: Hennicke, K./Rotthaus, W. (Hrsg.): Psychotherapie und geistige Behinderung, Dortmund 1993, 134–141

Jung, H.: Vertrauensmitarbeiterin für den Heimbeirat. Ein Interview. In: Zur Orientierung 1/1994, 19 f.

Junglas, J.: Psychische Risiken geistig behinderter Kinder und Jugendlicher. In: Geistige Behinderung 2/1990, 94–99

227

Katholische Fachhochschule Freiburg (Hrsg.): Erlebnispädagogik in der Jugendhilfe, Tagungsbericht 1991, Freiburg

Katschnig, H. (Hrsg.): Sozialer Streß und psychische Erkrankung, München 1980 (a)

Ders.: Lebensverändernde Ereignisse als Ursache psychischer Krankheiten. In: Ders. 1980 (b), 1–93

Kautter, H. u. a.: Das Kind als Akteur seiner Entwicklung, Heidelberg 1988

Keeney, B. P.: Konstruieren therapeutischer Wirklichkeiten. Praxis und Theorie systemischer Therapie, Dortmund 1987

Keupp, H.: Gemeindepsychologie. In: Speck, O./Martin, K.-R. (Hrsg.): Sonderpädagogik und Sozialarbeit, Handbuch der Sonderpädagogik Bd. 10, Berlin 1990, 107–122

Kilpatrick, W.-H.: Die Projektmethode. In: Petersen, P. (Hrsg.): Der Projektplan, Weimar 1935, 163–179

Kiphard, E.: Motopädagogik, Dortmund 1984

Kirchler, E. u. a.: Auf der Suche nach einem Weg ins Erwachsenenalter. In: Psychologie, Erziehung, Unterricht 4/1992, 277–295

Klafki, W.: Formen der Strukturierung von Lehrplänen. In: Ders./Nicklas, H. W./Lingelbach, H. (Hrsg.): Probleme der Curriculumentwicklung. Entwürfe und Reflexion, Frankfurt a. M. 1972

Ders.: Handlungsforschung im Schulfeld. In: Zeitschrift für Pädagogik 19. Jg. 1973, 487–516

Ders.: Handlungsforschung. In: Wulf, Ch. (Hrsg.): Wörterbuch der Erziehung, München 1974, 267–272

Ders.: Die Bedeutung der klassischen Bildungstheorien für ein zeitgemäßes Konzept allgemeiner Bildung. In: Zeitschrift für Pädagogik 32. Jg. 1986, 455–476

Ders.: Neue Studien zur Bildungstheorie und Didaktik. Beiträge zur kritisch-konstruktiven Didaktik, Weinheim, Basel 1985

Ders.: Neue Studien zur Bildungstheorie und Didaktik. Zeitgemäße Allgemeinbildung und kritisch-konstruktive Didaktik, Weinheim 1991 (veränderte Aufl. von 1985)

Ders. u. a.: Erziehungswissenschaft Bd. 3, Frankfurt 1971

Klauß, Th.: Probleme der Loslösung bei geistig Behinderten und ihren Familien. In: Geistige Behinderung 2/1988, 111–120

Klein-Jäger, W.: Fröbel-Materialien. Werkhefte zur heilpädagogischen Übungsbehandlung, Ravensburg 1978

Kluge, K.-J. (Hrsg.): Entwickungsphänomene, Pubertätsprobleme und sexualpädagogische Aufklärung behinderter Kinder und Jugendlicher, Neuburgweier/Karlsruhe 1971

Kultusministerkonferenz (Hrsg.): Empfehlungen für den Unterricht in der Schule für Geistigbehinderte, Neuwied 1980 (hrsg. v. Sekretariat der Ständigen Konferenz der Kultusminister der Länder)

Kok, R.: Emanzipation und Partizipation von Menschen mit geistiger Behinderung. Darstellung des Interessenvereins „füreinander stark". In: Gaedt-Sachse, F. (Hrsg.): Aufgreifen – öffnen – Gestalten. Erwachsenenbildung als Alltagsgeschehen, Neuerkerode 1994, 69–74

König, E. u. a.: Einführung in die Wissenschaftstheorie der Erziehungswissenschaft, Düsseldorf 1983

Konrath, A.: Soziales Lernen in der ästhetischen Erziehung. In: Richter 1977 (a), 186–207

Krenberger, S.: Vorwort, in: Seguin 1912, IX–XXXIV

Laga, G./Salig, A.: Zur Problematik der Mitbestimmung Behinderter in der WfB. In: Sonderpädagogik 3/1993, 156–160

Lamers-Winkelmann, F.: Diagnostik und Therapie mit sexuell mißhandelten Kindern. In: Sexuelle Mißhandlung von Kindern, Dokumentation der Fachtagung 1989 v. Frauenministerium des Landes Schleswig-Holstein, Kiel 1990

Lange-Krijtenburg, M.: Die gelbe Blume darf nicht übermalt werden. Künstlerisch arbeiten mit Behinderten, Seelze 1991

Largomarcino, Th. R. et al.: Utilizing Self-Management to Teach Independence on the Job. In: Education und Training of the Mentally Retarded 6/1989, 139–148

Lauri, G.: Independent Living. In: VIF 1982, 120–131

Lebenshilfe Salzburg: Grundkonzept „Wohnen" (internes Konzept), Salzburg 1993 (a).

Dies.: Ergänzungskonzept „Betreutes Wohnen" (internes Konzept) Salzburg 1993 (b)

Dies.: Konzept „Beschäftigungstherapie" und drei Ergänzungskonzepte (interne Konzepte)

Dies.: Wohnvertrag (internes Konzept), Salzburg 1994

Leifeld, P.: Wohlstandsgesellschaft – entsozialisierte Gesellschaft? In: Page, F. W./Schoch, W. (Hrsg.:) Aus der Geschichte lernen. Die Zukunft gemeinsam gestalten, Bericht einer Jahrestagung, Stuttgart/Freiburg 1991, 107–114

Lempp, R.: Psychische Störungen und Verhaltensstörungen in der Pubertät behinderter Kinder. In: Kluge 1971, 101–129

Leontjew, A. N.: Probleme und Entwicklung des Psychischen, Frankfurt/ Main 1973

Ders.: Tätigkeit, Bewußtsein, Persönlichkeit. Stuttgart 1977

Lersch, Ph.: Aufbau der Person, München 1952

Levinson, A./Sagi, A.: Das geistigbehinderte Kind, Freiburg 1970

Linden, H./Schwarte, N.: Erwachsenenbildung für Menschen mit geistiger Behinderung. Überlegungen zu einem systemischen Ansatz. In: Geistige Behinderung 3/1985, 171–179

Lingg, A./Theunissen, G.: Psychische Störungen bei geistig Behinderten, Freiburg 1993

Litt, Th.: Führen und Wachsenlassen, Stuttgart ^{2}1952

Lobe, M.: Das kleine Ich bin ich, München 1986

Lutz, I.: Kinderpsychiatrie, Zürich, Stuttgart 1961

Mahler, M.: Die psychische Geburt des Menschen, Frankfurt 1980

Dies.: Psychosen im frühen Kindesalter, Bd. I, Stuttgart 1983

Maturana, H. R.: Erkennen: Die Organisation und Verkörperung von Wirklichkeit, Braunschweig 1982

Matzat, J.: Spezialistentum und Kooperation. Selbsthilfegruppen-Unterschätzung als Element eines umfassenden regionalen Versorgungssystems. In: Balke/Thiel, 1991, 188–201

McQueen, P. C. et al.: Prevalence of major mental retardation and associated disabilities in the Canadian Maritime Provinces. In: American Journal of Mental Deficiency 81. Vol. 1987, 460 ff.

Miles-Paul., O.: „Wir sind nicht mehr aufzuhalten". Behinderte auf dem Weg zur Selbstbestimmung, München 1992

Ders./Frehse, U.: Behinderte. Eine Bewegung macht mobil. In: Sozial Extra 3/1992, 2–4

Miller, P.: Problembewältigungsverhalten. In: Katschnig 1980 (a), 250–261

Miller, R.:/Vinatzer, R.: Belegungs- und Aufnahmesituation im regionalen Mit- und Nebeneinander von Wohnheim und stationärer Einrichtung. In: Rapp/Strubel 1992, 53–68

Mirandola, D. P.: Über die Würde des Menschen, Stuttgart 1990

Mollenhauer, K.: Erziehung und Emanzipation, München 1968

Ders.: Diskussionsbeitrag zur Frage pädagogischer „Handlungsforschung". In: Beiträge zur Bildungstechnologie 3/1972 (a), 12–16

Ders.: Theorien zum Erziehungsprozeß, München 1972 (b)

Montada L.: Themen, Traditionen, Trends. In: Oerter, R.; Montada, L. (Hrsg.), a. a. O., 3–90

Moon, S. et al.: The supported work model of competitive employment for citizens with severe handicaps: a guide for job trainers. Virginia Commonwealth University, Rehabilitation and Training Center, Richmond 1986 (revised)

Moor, P.: Heilpädagogische Psychologie, 2 Bde., Bern 1951 u. 1958

Ders.: Heilpädagogik, Bern 1965

Moser, H.: Praxis der Aktionsforschung, München 1977

Ders.: Aktionsforschung als Kritische Theorie der Sozialwissenschaft, München 1978

Mühl, H.: Handlungsbezogener Unterricht an der Schule für Geistigbehinderte, Bonn/Bad Godesberg 1979

Ders.: Handlungsorientierter Unterricht mit geistig behinderten Schülern, Bonn/Bad Godesberg 1986

Ders.: Einführung in die Geistigbehindertenpädagogik, Stuttgart 1991

Nelder, S.: Sexuelle Gewalt an Menschen mit geistiger Behinderung. In: Geistige Behinderung 3/1993, 248–253

Nickolai, W.: Erlebnispädagogik mit Jugendlichen im Strafvollzug. In: Caritas 2/1993, 91–97

Ders./Quensel, St./Rieder H.: Erlebnispädagogik mit Randgruppen, Freiburg [2]1991

Niehoff, U.: Mitwirkung, Mitbestimmung, Selbstbestimmung... auf dem Weg – Selbstbestimmung im Leben geistig behinderter Menschen, hekt. Manuskript, Lebenshilfe Marburg 1994 (a)

Ders.: Wege zur Selbstbestimmung. In: Geistige Behinderung 33. Jg. 3/1994 (b), 186–201

Nietzsche, F.: Zur Genealogie der Moral, Stuttgart 1988

Noetzel, W.: Humanistische ästhetische Erziehung, München 1992

Oerter, R./Montada, L.: Entwicklungspsychologie, München/Wien/Baltimore 1982

Offe, H. u. a.: Zum Umgang mit dem Verdacht des sexuellen Kindesmißbrauchs. In: Neue Praxis 3/1992, 240–257

Olk, Th.: In produktiver Bewegung halten. Über die gesellschaftlichen, politischen und strukturellen Bedingungen der Unterschätzung von Selbsthilfegruppen. In: Balke/Thiel, 1991, 201–219

Oy, v. C./Sagi, A.: Lehrbuch der heilpädagogischen Übungsbehandlung, Ravensburg 1977 (Heidelberg 1988[8])

Papousek, H./Papousek, M.: Lernen im ersten Lebensjahr. In: Montada, L.: Brennpunkte der Entwicklungspsychologie. Stuttgart 1979, 194–212

Pestalozzi, J. H.: Gesammelte Werke Bd. XVIII, Zürich 1959

Ders.: Über Volksbildung und Industrie, Paderborn 1962

Petermann, F.: Einzelfallanalyse, München/Wien 1989

Piaget, J.: Das Erwachen der Intelligenz beim Kinde, Stuttgart 1975

Ders.: Theorien und Methoden der modernen Erziehung, Frankfurt 1974

Pischner, E.: Sexueller Mißbrauch von Kindern. Hinweise zur Diagnostik. In: Unsere Jugend 9/1992, 383–387

Plaute, W.: Erwerb und Generalisation von lebenspraktischen Fertigkeiten bei geistig- und mehrfachbehinderten Menschen – eine Metaanalyse. In: Heilpädagogische Forschung Bd. 18, Heft 1, 4/1992 (a), 35–43

Ders.: Wohnen in der Lebenshilfe Salzburg (interner Forschungsbericht der Lebenshilfe Salzburg), Salzburg 1992 (b)

Ders.: Ergänzungskonzept „Wohnverbund" (nicht offizielles, internes Konzeptpapier der Lebenshilfe Salzburg), Salzburg 1994

Pöggeler, F.: Inhalte der Erwachsenenbildung, Freiburg/Basel/Wien 1965

Popper, K.: Das Elend des Historizismus, Tübingen [3]1971

Ders.: Logik der Forschung, Tübingen [6]1976

Portmann, A.: Entläßt die Natur den Menchen?, München 1970

Ders.: Biologie und Geist, Frankfurt 1973

Preuß-Lausitz, U.: Fördern ohne Sonderschule. Konzepte und Erfahrungen zur integrativen Förderung in der Regelschule, Weinheim/Basel 1981

Raak, G.: „Das sind die Beine, die sind zum Weglaufen". Diagnostik an Hand von Kinderzeichnungen. In: Enders 1990, 144–150

Rapp, N./Strubel, W. (Hrsg.): Behinderte Menschen im Alter, Freiburg 1992

Rappaport, J.: Ein Plädoyer für die Widersprüchlichkeit. Ein sozialpolitisches Konzept des „empowerment" anstelle präventiver Ansätze. In: Verhaltenstherapie und psychosoziale Praxis 2/1985, 257–278

Ders.: Terms of empowerment/exemplars of prevention: toward a theory for community psychology. In: American Journal of Community Psychology 15/1987, 121–129

Rauh, H.: Frühe Kindheit. In: Oerter, R.; Montada, L. (Hrsg.), a. a. O., 124–194

Remschmidt, H.: Etwa 300 000 Kinder werden jährlich sexuell mißbraucht. In: Deutsches Ärzteblatt 84. Jg. 1984, B 1029–B 1030

Richter, H. G. (Hrsg.): Therapeutischer Kunstunterricht, Düsseldorf 1977 (a)

Ders.: Zur Grundlegung pädagogisch-therapeutischer Arbeitsformen in der ästhetischen Erziehung. In: Ders. 1977 (b), 39–77

Ders.: Pädagogische Kunsttherapie, Düsseldorf 1984

Rönsch, H.: Bundesaltenplan (BAP) – Ältere Menschen mit Behinderung besonders berücksichtigen. In: Vorwort zu der Textbroschüre des BAP, Bundesministerium für Familie und Senioren, Bonn 1992

Rosen, M.: Empowerment: A Two-Edged Sword. In: Mental Retardation 2/1994, 73 f.

Rüggeberg, A.: „Autonom-Leben – Gemeindenahe Formen und Beratung, Hilfe und Pflege zum selbständigen Leben von und für Menschen mit Behinderungen", Stuttgart 1985

Ders.: Autonom-Leben – ein Selbsthilfe-„Konzept" als Alternative zur Rehabilitation und ambulanten Helferservice? In: Speck, O./Martin, K.: Sonderpädagogik und Sozialarbeit, Handbuch der Sonderpädagogik Bd. 10, Berlin 1990, 441–459

Schäfer, K.-H./Schaller, K.: Kritische Erziehungswissenschaft und kommunikative Didaktik, Heidelberg [3]1976

Scheler, P.: Verbesserung der Mitwirkungsrechte und der Rechtsstellung für Mitarbeiter in den Werkstätten für Behinderte: In: Zur Orientierung 1/1994, 30–33

Schibilsky, M.: Ist Menschenwürde teilbar? Eine Herausforderung an die Verantwortung der Christen. In: Page, F. W./Schoch, W. (Hrsg.): Aus der Geschichte lernen, Die Zukunft gemeinsam gestalten, Bericht einer Jahrestagung, Stuttgart/Freiburg 1991, 56–88

Schlack, H.: Paradigmawechsel in der Frühförderung. In: Zeitschrift „Frühförderung interdisziplinär" 8. Jg. 1989, 13–18

Schleiermacher, F. D. E.: Erziehungslehre, Düsseldorf 1957 (Neudruck, hrsg. v. E. Weniger).

Schley, W.: Wissenschaftliche Begleitung von Integrationsklassen in der Sekundarstufe I – was ist das eigentlich? In: Schley, W. u. a. (Hrsg.): Integrationsklassen in Hamburger Gesamtschulen, Hamburg 1989, 27–48

Schmidt-Thimme, D.: Auch wenn man älter ist, hat man Wünsche. In: Zusammen: behinderte und nicht behinderte Menschen Heft 2, 1994 (a), 2–5

Diers.: Alternde Behinderte – Alte Eltern. In: Zusammen: behinderte und nicht behinderte Menschen Heft 2, 1994 (b), 7

Diers.: Wo wohnen, wenn man älter wird? In: Zusammen: behinderte und nicht behinderte Menschen Heft 2, 1994 (c), 8–9

Schön, E.: Frauen und Männer mit geistiger Behinderung auf dem Allgemeinen Arbeitsmarkt, ein Forschungsbericht, hrsg. v. EFH für Sozialwesen Reutlingen, Juni 1993

Schuchardt, E.: Krise als Lernchance, Düsseldorf 1985

Dies.: Erwachsenenbildung/Weiterbildung. In: Diers. (Hrsg.): Schritte aufeinander zu, Bad Heilbrunn 1987

Schulz, W.: Die Theorie. In: Heimann, P./Otto, G./Schulz, W.: Unterricht, Analyse und Planung, Hannover [6]1972, 13–47

Schumacher, J.: Geistig behindert – ein Tabu nicht nur für die Schule für Geistigbehinderte? In: Geistige Behinderung 3/1982, 187–193

Schünemann, U./Müller, D.: Körper und Sexualität. In: Geistige Behinderung 2/1993 (Praxisteil)

Schüßler, G./Bertl-Schüßler, A.: Psychoanalytische Theorien der frühen Kindheit und Ergebnisse der Verhaltensforschung: Ist eine Revision notwendig? In: Zeitschrift „Praxis der Psychotherapie und Psychosomatik" 34. Jg. 1989, 271–281

Schwarte, N.: Anmerkungen zum Konzept systemischer Erwachsenenbildung. In: Gaedt-Sachse, F. (Hrsg.): Aufgreifen – öffnen – Gestalten. Erwachsenenbildung als Alltagsgeschehen, Neuerkerode 1994, 153–158

Seguin, E.: Die Idiotie und ihre Behandlung nach physiologischer Methode, hrsg. v. S. Krenberger, Wien 1912

Seligman, M.: Erlernte Hilflosigkeit, München [3]1986

Siebert, H.: Probleme der Curriculumforschung in der Erwachsenenbildung. In: Knoll, J. H. (Hrsg.): Lebenslanges Lernen. Erwachsenenbildung in Theorie und Praxis, Hamburg 1974, 180–194

Sinason, V.: hekt. Arbeitspapier über „Sexueller Mißbrauch bei geistigbehinderten Menschen", Tavistock Centre and Clinik, 120 Belsize Lane, London 1992

Singer, P.: Praktische Ethik, Stuttgart 1984

Speck, O.: Früherkennung und Frühförderung behinderter Kinder. In: Muth, J.: Behindertenstatistik, Früherkennung, Frühförderung, Stuttgart 1973, 111–150

Ders. (Hrsg.): Erwachsenenbildung bei geistiger Behinderung, München 1982 (a)

Ders.: Leben, Lernen, Arbeiten in der Gemeinschaft. In: VIF 1982 (b), 18–21

Ders.: Die Bedeutung des Wohnens für den geistig behinderten Menschen aus philosophisch-anthropologischer Sicht. In: Bundesvereinigung Lebenshilfe e. V. (Hrsg.): Humanes Wohnen, Marburg 1992 (c), 5–15

Ders.: Behinderung, Eltern und spezielle pädagogische Hilfe. In: Vierteljahresschrift für Heilpädagogik und ihre Nachbargebiete 53. Jg. 1984, 139–151

Ders.: Mehr Autonomie für Erwachsene mit schwerer geistiger Behinderung. In: Geistige Behinderung 3/1985, 162–170

Ders.: Die Bedeutung des Wohnens und die Realität der Wohnformen für geistig schwerstbehinderte Erwachsene in der Bundesrepublik. In: Theunissen, G. (Hrsg.): Integriertes Leben schwer geistig und mehrfachbehinderter Erwachsener. Symposion – Bericht der SPD-Fraktion im Landschaftsverband Rheinland, Köln 1986, 16–28

Ders.: Notwendigkeit und Bedeutung der Erwachsenenbildung. In: Höss, H./Goll, H. (Hrsg.): Heidelberger Kolloquium: Erwachsenenbildung für Menschen mit geistiger Behinderung, Heidelberg 1987, 5–14

Ders.: System Heilpädagogik, München 1988

Ders.: Menschen mit geistiger Behinderung und deren Erziehung, München 1990

Ders.: Chaos und Autonomie in der Erziehung, München 1991 (a)

Ders.: Konzeptionelle Entwicklungslinien im System der Frühförderung. In: Trost, R./Walthes, R.: Frühe Hilfen für entwicklungsgefährdete Kinder, Frankfurt /Main, New York 1991 (b), 17–25

Ders./Thurmair, M.: Fortschritte der Frühförderung entwicklungsgefährdeter Kinder, München/Basel 1989

Ders./Warnke, A.: Das gewandelte Verhältnis zwischen Eltern und Fachleuten in der Frühförderung. In: Speck, O., Warnke, A. (Hrsg.): Frühförderung mit den Eltern, München, Basel 1983, 13–20

Spitz, R.: Vom Säugling zum Kleinkind, Stuttgart 1967

Spitzer, D. R./Spitzer, J.: Sterben in einem Altersheim – Ein Erfahrungsbericht. In: Howe, J. u. a. (Hrsg.): Lehrbuch der psychologischen und sozialen Alterswissenschaft Bd. 4, Heidelberg 1992, 69–77

Stark, W.: Empowerment, health promotion, and the competence for social conflict and change. In: Salmon, W. J./Göpel, E. (Eds.): Community participation and empowerment strategies in health promotion, Bielefeld 1989, 34 ff.

Steinhage, R.: Sexueller Mißbrauch an Mädchen, Reinbek 1989

Steinhausen, A.: Kunsttherapeutische Möglichkeiten in der offenen Jugendarbeit. In: Domma, W.: Praxisfelder Kunsttherapie, Köln 1993, 42–49

Stern, D. N.: Tagebuch eines Babys. Was ein Kind sieht, spürt, fühlt und denkt, München/Zürich 1991

Ders.: Die Lebenserfahrung des Säuglings, Stuttgart 1992

Stöckmann, F.: Pubertätsschwierigkeiten, sexuelle Störungen und ihre medikamentöse Beeinflussung bei behinderten Kindern. In: Kluge 1971, 84–99

Stoppa, V.: Wie weiter? Über die Ratlosigkeit der Fachleute zum Thema der sexuellen Gewalt an behinderten Kindern und Jugendlichen. In: Pro Infirmis 2/1992, 16–18

Stork, J.: Die Ergebnisse der Verhaltensforschung im psychoanalytischen Verständnis. In: Ders.: Zur Psychologie und Psychopathologie des Säuglings – neue Ergebnisse in der psychoanalytischen Reflexion, Stuttgart/Bad Cannstadt 1986 (a), 9–52

Störmer, H.. Trivialisierungen und Irrationalismen in der pädagogisch-therapeutischen Praxis. In: Behindertenpädagogik 2/1989, 157–165

Strasser-Hui, U.: Das gestohlene Ich. Sexuelle Übergriffe bei Menschen mit geistiger Behinderung. In: Pro Infirmis 2/1992, 3–9

Sundram, C. J.: Quality Assurance in an Era of Consumer Empowerment and Choice, in: Mental Retardation, Oct. 1994, 371–374

Taylor, Ch.: Multikulturalismus und die Politik der Anerkennung, Frankfurt 1993

Terstappen, A.: Sexuelle Gewalt in Behindertenheimen – „ein Tabu im Tabu". In: Frankfurter Rundschau 30. 10. 1992

Thalhammer, M.: Geistige Behinderung. In: Speck, O.: Die Rehabilitation der Geistigbehinderten. München 1977, 9–72

The West Virginia Research and Training Center (Eds.): Supported Employment: It works! Morgantown, West Virginia 1988

Thesing, Th.: Betreute Wohngruppen und Wohngemeinschaften für Menschen mit einer geistigen Behinderung, Freiburg 1990

Theunissen, G.: Ästhetische Erziehung bei Verhaltensauffälligkeiten, Frankfurt 1980

Ders.: Der Schule entwachsen – Wege zur Rehabilitation Geistigbehinderter im Erwachsenenalter, Frankfurt ²1987

Ders.: Perspektiven der pädagogischen Frühförderung. In: Zeitschrift „Beschäftigungstherapie und Rehabilitation" 5/1988, 279–284

Ders.: Wege aus der Hospitalisierung. Ästhetische Erziehung mit schwerstbehinderten Menschen, Bonn 1989

Ders.: Heilpädagogik und Soziale Arbeit mit verhaltensauffälligen Kindern und Jugendlichen. Eine Einführung, Freiburg 1992

Ders.: Heilpädagogik im Umbruch. Über Bildung, Erziehung und Therapie bei geistiger Behinderung, Freiburg 1993 (a)

Ders.: Kooperative Praxisberatung in heilpädagogischen Arbeitsfeldern. In: Jugendwohl 6/1993 (b), 286–293

Ders.: Wider die Verdinglichung – ein Plädoyer für mehr Selbstbestimmung von Erwachsenen mit geistiger Behinderung. In: Den Menschen begleiten, Zeitschrift der Lebenshilfe Salzburg 3/4/1993 (c), 6–13

Ders.: Integration auf dem Prüfstand. In: Vierteljahresschrift für Heilpädagogik und Nachbargebiete 1/1993 (d), 9–19

Ders.: Psychosoziale Hilfen für Menschen mit geistiger Behinderung und Verhaltensauffälligkeiten. In: Vierteljahresschrift für Heilpädagogik und Nachbargebiete 4/1993 (e), 422–433

Ders.: Wege aus der Hospitalisierung, Förderung und Integration schwerstbehinderter Menschen, Bonn ³1994 (a)

Ders.: Abgeschoben, isoliert, vergessen. Schwerstgeistig- und mehrfachbehinderte Erwachsene in Anstalten, Frankfurt ⁵1994 (b)

Ders.: Ästhetische Erziehung als basale Pädagogik. In: Zur Orientierung 1994 (c), 4–9

Ders.: Ästhetische Erziehung bei Menschen mit geistiger Behinderung, in: Behindertenpädagogik 4/1994 (d), 359–373

Thiersch, H.: Lebensweltorientierte Soziale Arbeit, München 1992

Tomaszewski, T.: Tätigkeit und Bewußtsein. Beiträge zur Einführung in die Tätigkeitspsychologie, Weinheim/Basel 1978

VIF (Vereinigung Integrationsförderung e. V. München) (Hrsg.): Behindernde Hilfe oder Selbstbestimmung der Behinderten, Munchen 1982

Walter, J.: Pubertätsprobleme bei Jugendlichen mit geistiger Behinderung. In: Geistige Behinderung 1/1985, 23–36

Wanschura, W.: Sag' beim Abschied leise „Servus!", Leoben 1992

Watzlawick, P. (Hrsg.): Die erfundene Wirklichkeit, München 1985

Weiß, H.: Zwischen dem „Gebot optimaler Förderung" und dem Recht auf eigenes Leben. In: Behinderte 2/1993, 5–17

Ders.: Entwicklungen und neue Problemstellungen in der Zusammenarbeit mit den Eltern. In: Speck, O./Thurmair, M. (Hrsg.), a. a. O., 71–102

Wember, F. B.: Über Möglichkeiten und Grenzen des einfühlenden Verstehens als Methode der sonderpädagogischen Forschung. In: Vierteljahresschrift für Heilpädagogik und ihre Nachbargebiete 61. Jg. 1992, 353–375

Wendeler, J.: Geistige Behinderung: Normalisierung und Abhängigkeit, Heidelberg 1992

Ders.: Geistige Behinderung. Pädagogische und psychologische Aufgaben, Weinheim/Basel 1993

Weniger, E.: Die Eigenständigkeit der Erziehung und Theorie einer Praxis, Weinheim [3]1994

Wieland, H. (Hrsg.): Geistig behinderte Menschen im Alter, Heidelberg 1987

Wilken, U.: Humanes Leben, Wohnen und Arbeiten von Menschen mit geistiger Behinderung. In: Geistige Behinderung 1/1985, 37–48

Windisch, M. u. a.: Wohnformen und Soziale Netzwerke von Erwachsenen mit geistiger und psychischer Behinderung. In: Neue Praxis 2/1991, 138–149

Wittrock, M.: Sexueller Mißbrauch an Kindern. In: Sonderpädagogik 3/1992, 164–170

Wygotski, L. S.: Zur Orientierung auf die Zone der nächsten Entwicklung. In: Psychologische Studientexe. Vorschulerziehung, Berlin (Ost) 1974, 48–56

Zemp, A.: Ein Stück Welt gestalten. Therapie – ein möglicher Weg zur „Ganzheit" auch für den mißbrauchten Menschen mit einer geistigen Behinderung. In: Pro Infirmis 2/1992, 10–13

Zimmer, J. (Hrsg.): Curriculumentwicklung im Vorschulbereich Bd. 1 Texte, München 1973

Zirpoli, T. J.: Partners in Policymaking Curriculum, Part One, Highlights 1993, sponsered by Texas Planning Council for Developmental Disabilities, Minnesota Govenor's Planning Council on Developmental Disabilities, St. Paul 1993

Die Autoren

Wolfgang Plaute, Mag. Dr. päd., seit 1984 in der Lebenshilfe Salzburg in verschiedenen Tätigkeiten, seit 1988 Mitglied der Pädagogischen Leitung, seit 1988 Universitätslektor für Heilpädagogik am Institut für Erziehungswissenschaften der Universität Salzburg, verschiedene Forschungs- und Lehraufträge im In- und Ausland. Arbeitsschwerpunkte: Integration geistig behinderter Menschen, Normalisierung, Wohnkonzeptionen, Aus- und Fortbildungsprogramme.

Georg Theunissen, Prof. Dr. päd., Ordinarius für Geistigbehindertenpädagogik am Institut für Rehabilitationspädagogik des Fachbereichs Erziehungswissenschaften der Martin-Luther-Universität Halle-Wittenberg, Forschungs- und Lehrgebiete: Enthospitalisierung und Anstaltsreform, Pädagogik der Schwerst- und Mehrfachbehinderten, therapeutisch-ästhetische Erziehung, Integration Behinderter, Erwachsenenbildung bei geistiger Behinderung, Praxis- und Institutionsberatung.